Man kann auch in die Höhe fallen

Alle Toten fliegen hoch
Teil 6

Joachim Meyerhoff

Man kann auch in die Höhe fallen

Alle Toten fliegen hoch
Teil 6

Roman

Kiepenheuer & Witsch

MIX
Papier | Fördert gute Waldnutzung
FSC® C083411
FSC
www.fsc.org

6. Auflage 2025

Covergestaltung Rudolf Linn, Köln
Covermotiv © privat
Gesetzt aus der Adobe Garamond
Satz Buch-Werkstatt GmbH, Bad Aibling
Druck und Bindung CPI books GmbH, Leck
ISBN 978-3-462-00699-5

Kontaktadresse nach EU-Produktsicherheitsverordnung:
produktsicherheit@kiwi-verlag.de

Für alle Enkel meiner Mutter
Alberta, Al und Aaron
Felix, Leonie und Lukas

Man kann auch in die Höhe fallen,
so wie in die Tiefe. Das letztere verhindert
der elastische Geist, das erstere die
Schwerkraft, die in nüchternem
Besinnen liegt.

FRIEDRICH HÖLDERLIN, »REFLEXION«

Die Frage ist tagtäglich,
wie komme ich durch einen Trick,
einen tagtäglichen neuen Trick,
durch den Tag.

THOMAS BERNHARD, »DER IGNORANT
UND DER WAHNSINNIGE«

Mit Mitte fünfzig zog ich für mehrere Wochen zu meiner Mutter aufs Land nach Schleswig-Holstein, wo sie unweit der Ostsee auf einem weitläufigen, ja parkähnlichen Grundstück lebt. Ich redete mir ein, sie bedürfe dringend meines Beistands, dabei war sie kerngesund, offensiv vital, sah mit ihren sechsundachtzig Jahren fantastisch aus und kam bestens allein zurecht.

Ich hingegen war derjenige, der nicht mehr klarkam und dem viele Fäden gerissen waren. Die Bezeichnung »rüstig« war in der Person meiner Mutter zur Vollkommenheit gelangt, wobei sie selbst diese Zuschreibung wenig schätzte, da sie ihrer Eleganz nicht entsprach und ihr »rüstig« zu sehr nach Ritterrüstung und zäher Rentnerin klang.

Ich haderte mit Berlin, der Stadt, in der ich seit fünf langen Jahren versuchte, heimisch zu werden, und ich haderte mit meinem Beruf, der Schauspielerei, die ich über drei Jahrzehnte mit Hingabe, gar mit Obsession betrieben hatte.

Eigentlich hatte ich vorgehabt, die anfänglich gravierenden, dann aber doch glücklicherweise recht glimpflichen Folgen eines Schlaganfalles, der mich in Wien auf dem Zenit meiner Kraft niedergestreckt hatte, durch einen Neuanfang in Berlin – neues Theater, neue Kollegen, neue Stadt, neue Wege – mit Optimismus und Schwung beiseitezufegen. Vergeblich. Jedes meiner Organe schien maßlos enttäuscht von mir zu sein und genug von mir zu haben. Sosehr ich mich auch bemühte, oft wurde ich eine mir völlig wesensfremde Gereiztheit nicht los. Dinge ärgerten mich, die mir früher in Wien, vor dem Schlaganfall, nicht einmal aufgefallen wären. Unordnung machte mich unverhältnismäßig nervös, ungemachte Betten ließen meine Unterlippe erzittern vor Empörung. Geräusche, welcher Art auch immer, Straßenlärm oder Kinderlärm, wurden mir schlagartig zu viel. Es war vorgekommen, dass ich durch eine neben mir plötzlich aufheulende Krankenwagensirene in Tränen ausgebrochen war. In der Berliner U-Bahn hatte ich einen Mann zu Boden gestoßen, der mich mit einer feucht krachenden Niesattacke in mein Genick zu Tode erschrocken hatte. Empört schlug er meine Hand weg, als ich ihm aufhelfen wollte. Auch waren Dinge auf dem neunten Geburtstag meines Sohnes vorgefallen, die mir zu verzeihen allen Beteiligten einiges an Kraft abverlangte. Ohne wirklich zu begreifen, wie es dazu gekommen war, war ich zu einem Nervenbündel geworden, dessen Unausgeglichenheit für die mir nahestehenden Menschen mehr und mehr zur Zumutung wurde. Mein Leben lang hatte ich stets eine warme Hand am Kreuzbein gespürt, die mich voll der Zuversicht mit leichtem Druck vorwärtsgeschoben, mich durch die Zeit manövriert hatte. Jetzt wechselte diese Hand immer öfter ihre Position. Kalt und knöchern, mit gespreizten Fingern, lag sie nun auf meinem Brustbein und verweigerte mir, auch nur einen einzigen Schritt von der Stelle zu kommen. Ich schlief miserabel und vertrug die zig Medikamente nicht, die ich seit meinem Apoplex ohne Wenn und Aber zu schlucken hatte. Von Betablockern gedämpft lag ich Stunde um Stunde in Unterhose auf dem Sofa herum, verlor mich in weinerlichen Introspektionen, streichelte mein Bäuchlein oder starrte auf den Bildschirm eines kleinen EKG-Gerätes für den Hausgebrauch und wartete sehnsuchtsvoll auf die nächste Extrasystole. Angst und Langeweile vertrugen sich ganz ausgezeichnet. Nie hätte ich es für möglich gehalten, dass man wochenlang auf der faulen Haut liegen und derart entspannt vor sich hin implodieren konnte. Die auf dem Sofa verbrachten Stunden nahmen bizarre Formen an, und oft wusste ich nicht mehr, wo ich aufhörte und die Couch begann. Wie ein geschmolzener Käse war ich in jede Ritze des Sofas hineingeflossen, hatte das Sitzmöbel mit mir selbst überbacken. Und doch wollte ich meine Verstimmtheit nicht Depression nennen oder gar Midlifecrisis, denn es waren ja handfeste Probleme, die ich hatte. Seit Wochen hatte ich nichts geschrieben, und das, obwohl sich in meinem Kopf die Geschichten tummelten. Berlin allerdings entpuppte sich als Säurebad, das tagtäglich meine Inspiration zerfraß. In Wien hatte ich stets vor mich hin gesponnen und gedichtet. Wien war für mich immer Schauplatz und Abenteuerspielplatz gewesen, Berlin hingegen meist Kampfplatz. Kein Tag verging in dieser Stadt, da ich nicht angebrüllt, fast überrollt oder zumindest gemaßregelt wurde. Wer in Berlin vor sich hin träumt, gerät schnell in Lebensgefahr.

Mit meinem Sohn hatte ich kürzlich eine Dokumentation gesehen über eine winzige Affenart, die in Baumwipfeln lebt und deren einziger Feind ein Greifvogel ist, der jederzeit durchs Blattwerk auf sie niederstoßen kann. Diese permanente Todesbedrohung hat dazu geführt, dass die Äffchen alle paar Sekunden hektisch nach oben blicken. Ausnahmslos, bei jeder Tätigkeit. Sie fressen, drehen flink die Früchte zwischen den behaarten Fingerchen, doch dann halten sie inne und starren wie ausgestopft für zwei Sekunden in den Himmel. Einzig die Pupillen in den weit aufgerissenen Affenaugen rucken hin und her und scannen das Firmament nach der tödlichen Gefahr ab. Beim Klettern, beim Lausen, ja selbst bei der Paarung stellen sie sich alle Augenblicke tot. Was ist denn das für ein Leben, hatte ich damals gedacht, wenn sogar der Sex davon bedroht wird, dass sich jederzeit Adlerklauen in den Rücken der einander Liebenden bohren könnten. Wenn dann allerdings der Vogel zuschlägt, haben sie trotz ihrer lebenslangen Überwachungspanik keinerlei Chance, lebend davonzukommen.

Hoch oben kreist der Greifvogel und beobachtet die Äffchen tief unter sich in den Wipfeln. Wie ein Gott schwebt er am wolkenlosen Himmel, majestätisch und unantastbar, außerhalb ihrer Welt. Seine Augen sehen alles, was sie tun. All ihre Geschicklichkeit und Aufmerksamkeit ist völlig überflüssig, wenn der Jäger auf sie niedersaust, so erbarmungslos und pfeilschnell bricht er durch die Blätter. Mein kleiner Sohn und ich waren regelrecht erschüttert, als der schreiende Affe, wie ein kleiner Mensch mit den Armen rudernd und mit von Todesangst verzerrtem Gesichtchen, vom Greifvogel entführt, zu einer Astgabel gebracht und mit einem gezielten Schnabelhacker ins Genick getötet wurde.

Tage- und nächtelang wurde ich überfallartig von diesem Bild heimgesucht. Ebenso ansatzlos, wie die Adler niederstießen, hieb nun unvermittelt die Erinnerung an den Affenmord auf mich ein. Die Moral dieser Geschichte konnte eigentlich nur diejenige sein, keine Lebenszeit damit zu verplempern, sich auch nur im Geringsten über irgendetwas Sorgen zu machen.

Auch war mir in Berlin etwas aufgefallen, und seither beobachtete ich es ständig: Viele in dieser Stadt, egal welchen Alters, egal welcher Herkunft, egal zu welcher Uhrzeit, schüttelten ununterbrochen den Kopf. Dieses unaufhörliche Kopfschütteln, dieser Empörungsparkinson, schien alle zu ergreifen, die sich länger dort aufhielten. Jeder war in seiner winzigen Welt zu einem Wackeldackel der Entrüstung geschrumpft. Wien dagegen war hoffnungslos nostalgisch und überschaubar, politisch verkommen und durch und durch verlogen, aber immerhin amüsant. Das lag mir offenbar näher.

So wie der Schlaganfall in Wien mein Sprachzentrum lahmgelegt hatte, so legte die Stadt Berlin mein Schreibzentrum lahm. Mein mich schon seit Kindheitstagen plagender Zwang, alles anzuknabbern, hatte sich in Berlin mit Wucht zurückgemeldet. Die Bügel zweier Brillen hatte ich bis auf den Metalldraht abgekaut, und auch mein Portemonnaie sah aus, als hätte sich ausgiebig ein Nagetier damit beschäftigt. Es war mehrmals vorgekommen, dass ich in einem Café in Charlottenburg oder Schöneberg, in Moabit oder Kreuzberg gesessen hatte und nach Stunden kein einziges Wort geschrieben, dafür aber einen ganzen Bleistift weggemümmelt hatte.

Dabei hatte ich viel zu erzählen. Ich wollte mich zurück ins Theater schreiben, mir meine Theaterbegeisterung schreibend zurückerobern und hatte unzählige Begebenheiten bereits in Stichworten notiert. Von meiner ersten Rolle am Theater in Ulm als Baghira wollte ich berichten, die in einer schwarzsamtigen Katastrophe geendet war, von Ariel, dem Luftgeist, der in einem Fahrstuhl stecken blieb, und von mir als onanierendem Mönch in Dortmund. Ich wollte über Scham schreiben. Nicht Schuld und Sühne sollte das Buch heißen, sondern: Scham und Bühne.

Nicht erzählte Geschichten, wurde mir klar, können sich entzünden und zu einer lebensbedrohlichen poetischen Sepsis führen.

Auch wollte ich von meinem Berliner Leben berichten, von meinen hilflosen Anstrengungen, heimisch zu werden in dieser Stadt, die immerzu rief: »Was willst du eigentlich hier? Du hast hier nichts verloren!« Ich wollte erzählen von der merkwürdigen Aneinanderreihung und Überlappung der zig

Katastrophen, die sich, seitdem ich mit Sophie und unserem Sohn, wie man in Wien sagt, »nach Berlin übersiedelt« war, ereignet hatten. Sophie versuchte, mich für die Stadt zu begeistern, blühte auf im neuen Umfeld, doch ich wurde von Tag zu Tag mürrischer. Ich musste weg aus dieser Stadt, musste auch weg von meiner Familie, ja ich wollte mich selbst wie einen tiefsitzenden Splitter aus meinem Umfeld herausziehen. Ich wollte aufs Land zu meiner Mutter, ganz allein, nur sie und ich, um mich dort einer strikten selbstverordneten Kur zu unterziehen: jeden Tag vier Stunden schreiben, von neun bis eins, Mittagspause und dann drei Stunden Gartenarbeit auf dem riesigen Grundstück, anschließend eine Stunde laufen oder schwimmen, totaler Handyentzug, Whisky trinken und lesen. Endlich wieder lesen. Denn ich hatte nicht nur meine Schreibfreude eingebüßt, sondern auch meine Leseleidenschaft war durch die letzten Jahre arg ramponiert worden. Ein sich jäh ausbreitendes und wucherndes Desinteresse an geistigen Dingen hatte mich ergriffen. Kaum ein Buch, das ich zu Ende las, kaum ein Theaterstück, das zu verpassen ich bedauerte, kaum ein Film, der es vermochte, mich von der Couch zu bugsieren. Es ekelte mich an, mit welcher Geschicklichkeit ich mein Handy bedienen konnte, wie viel Lebenszeit ich mit diesem obszön glatten Gerät verbrachte. So ging es nicht weiter, keinen einzigen Tag länger, begriff ich, und da rief ich meine Mutter an.

»Mama«, sagte ich zu ihr, »Überraschung! Ich komme morgen zu dir aufs Land. Ich möchte mich besser um dich kümmern, dir im Garten helfen, versuchen zu schreiben und«, ich bemühte mich, es verheißungsvoll klingen zu lassen, »wahrscheinlich bleibe ich sogar länger.«

Mutter isst

Als der Zug im Bahnhof einfuhr, sah ich meine Mutter bereits auf dem Bahnsteig stehen, lässig an ein Geländer gelehnt. Sie aß etwas, beherzt biss sie ab, trug ein leichtes Sommerkleid, Fähnchen nennt sie diese, und war braun gebrannt wie eh und je. Niemand wäre jemals darauf gekommen, dass sie bereits sechsundachtzig war. Dreißig Jahre älter als ich. Als sie so alt war wie ich jetzt, war ich sechsundzwanzig. Ich habe mit diesem Sechsundzwanzigjährigen nicht mehr viel gemein, aber meine Mutter scheint mir unverändert. Der Fahrtwind des einfahrenden Zuges wirbelte in den leichten Stoff ihres Kleides hinein. Ich stieg aus, sie sah mich, und wir gingen aufeinander zu. Sie kaute und schluckte, wischte sich mit einer Serviette über den Mund, und als wir uns umarmten, hielt sie ein durchgefettetes Papier von uns weg. »Was isst du denn da? Das riecht ja heftig.« »Der Döner hier ist köstlich«, meine Mutter wischte sich mit der Serviette über den Mund, »aber zu viel. Dass der Zug so pünktlich kommt, ist ja auch eher ungewöhnlich. Damit war nicht zu rechnen. Ich hatte gehofft, dass ich noch in Ruhe aufessen kann. Willst du mal beißen?« Sie hielt mir den Döner vor das Gesicht und wedelte damit herum, als würde er so schmackhafter. »Machst du das öfter?«, fragte ich erfreut. »Alleine am Bahnhof einen Döner essen?« »Na klar! Immer, wenn ich jemanden abhole oder hinbringe. Bringen ist allerdings viel besser. Da setze ich mich dann auf eine Bank und trinke ein Bier dazu, und meistens bin ich ja auch heilfroh, wenn jemand wieder weg ist!« Wir umarmten uns so, wie wir uns stets aufgrund des enormen Größenunterschieds umarmten. Meine Mutter legte ihren Kopf auf meine Brust und verharrte bewegungslos für einen innigen Augenblick, als würde sie mein Herz abhorchen. Ihr Haar kitzelte unter meinem Kinn. Gab es das sonst noch irgendwo im Tierreich, dass männlicher Nachwuchs derart die Mütter überragte? Es gibt Fotos von mir und meinen beiden Brüdern, auf denen drei Männer von ein Meter neunzig um eine kleingewachsene zierliche Frau gruppiert sind und es kaum möglich scheint, dass diese Riesen ihre Kinder sein könnten. Der Kopf meiner Mutter, ihr Haar unter meinem Kinn. Ich zog meinen orangen Rollkoffer Richtung Auto über den Parkplatz. Meine Mutter war an mir vorbeigeeilt, drehte sich um und rief: »Nun mach mal, mein lieber Sohn, ich hab noch eine Verabredung.« Den nur zur Hälfte gegessenen Döner wickelte sie in die fettige Serviette ein und legte ihn nach dem Einsteigen neben dem Schaltknüppel ab. Da sie nicht sehr groß ist, stapelt sich meine Mutter stets mehrere Kissen auf den Fahrersitz. Jahrzehntelang hatte sie sich nicht angeschnallt, und erst, als es keine Modelle mehr ohne Warnsignale gab, missmutig damit angefangen. Gurte und meine Mutter hatten schon immer auf Kriegsfuß gestanden. Alle paar Minuten rupfte sie sich diesen von der Brust und holte demonstrativ tief Luft, um alle Mitfahrenden auf das ihr auferlegte Gurtmartyrium aufmerksam zu machen. Meine Mutter fuhr schnell und kannte die Strecke gut, so gut, dass sie, wie ich es sonst nur aus Filmen kannte, viel zu lang zu mir herübersah. »Du siehst aber ganz schön mitgenommen aus, lieber Sohn, ganz blass und ernsthaft. Ich werde dich gut aufpäppeln, und im Garten gibt es wahnsinnig viel zu tun. Die grüne Hölle wartet bereits auf dich.« Wir sausten im roten Kleinwagen über die Landstraße, und ich wurde von ihrem rasanten Fahrstil hin und her geschaukelt. »Was sagt denn deine Familie dazu, dass du so ganz allein zu mir aufs Land kommst?« »Die sind heilfroh, dass sie mich los sind. Ich gehe allen schrecklich auf die Nerven. Ich hab mich schlimm benommen. Erzähle ich dir später.« Ich schwieg eine sanft geschwungene Kurve lang. »Ich bin nicht gut beieinander, Mama.« Welche Auswirkungen es haben würde, das Wort Mama auszusprechen, hatte ich nicht geahnt. Es machte mich schlagartig wehrlos. Die zwei Ms und die zwei As sind wohl die älteste Formel, um lang zurückgehaltene Tränen zu lösen. Die Ms summen in der Nase und den Lippen, die As sind Klagelaute, öffnen die Kehle, und los geht es. Ich ließ mich nach vorne auf das Handschuhfach sinken und schluchzte: »Es ist alles so beschissen, Mama, so unendlich beschissen. Diese ganze Zeit ist so unfassbar mühsam. Nichts passt mehr zusammen. Alles knirscht. Jeder einzelne Tag. Ich hab mich danebenbenommen. Ich hab was Schlimmes gemacht. Ich hasse mich!« Meine Mutter beschleunigte und zupfte mir etwas von der Schulter. »Ach, mein lieber Sohn, das klingt ja dramatisch. Jetzt bist du ja da. Wir gehen heute noch schwimmen. Das wird dich erfrischen. Es gibt nur wenige Feuerquallen dieses Jahr, und ich hab schon Kortison für dich besorgt.« Sie streichelte meine Schulter, sah zu mir herüber und drückte das Gaspedal durch. Das kleine Auto erschrak, legte sich zittrig in die Kurven, wodurch der Restdöner mehr und mehr zu riechen begann. Die Fliehkräfte schienen den Gestank zu ermuntern, sich weiter auszubreiten. Ich hatte beim Umsteigen in Kiel, meinen Cholesterinwerten zum Trotz, aus reiner Nordnostalgie eine riesige Puddingbrezel gegessen. Der Kummer und der Döner, der Pudding und die Kurven, der Gurt, das starke Parfüm meiner

Mutter, welches auch das ihrer Mutter, meiner Großmutter, gewesen war – Shalimar –, drehten mir den Magen um. »Mama«, rief ich schluckend, »bitte halt an. Mir wird plötzlich so komisch.« »Komisch? Wovon denn komisch?« »Bitte halt an. Schnell.« »Wo denn? Was machst du denn für Geräusche? Warte, gleich.« Mit viel zu hoher Geschwindigkeit bog sie rechtwinkelig in einen Holperweg ein. Ich hüpfte im Sitz auf und ab, und das Schlaglochballett gab mir den Rest. Der Döner sprang mir auf die Füße. »Halt an!«, schrie ich. »Warte, gleich kannst du raus!«, rief sie zurück, bretterte aber völlig unbeeindruckt weiter über die Piste, Staub wirbelte vom Feldweg auf. »Was tust du denn, Mama?« Ich hielt mir beide Handflächen vor den Mund und versuchte, durch Druck den drohenden Schwall niederzupressen, einen Riegel in meiner Kehle zuzuschieben. Doch es war zu spät. Ich kurbelte die Scheibe hinunter, hielt meinen Kopf aus dem Fenster und übergab mich. Meine Mutter rief: »Um Gottes willen!«, und fuhr Schlangenlinien, um mehreren Schlaglöchern auszuweichen. Das Erbrochene flog teilweise davon, teilweise sauste es vom Gegenwind getrieben über den roten Lack. Ich brüllte: »Stopp! Stopp jetzt!«, und meine Mutter machte eine Vollbremsung, die uns beide katapultartig nach vorne warf. Ich öffnete die Beifahrertür und wankte ein Stück den Feldweg entlang vom Auto weg, ging in die Hocke und übergab mich abermals. Sie kam zu mir, stand neben mir, bewegungslos, und ich spürte ihren Blick im Genick. Ich sah, wie sich ihre rot lackierten Fußnägel in den eleganten hochhackigen Sommersandalen zu Krallen krümmten. Da legte sie mir die Hand auf den Rücken. »Geht's?« Ich atmete tief ein und aus, gegen die Magenkrämpfe an. »Du hättest doch einfach anhalten können«, stöhnte ich entkräftet. »Es hat so geholpert und gestaubt. Tut mir leid.« »Was?« »Na, dass ich da immer weitergefahren bin.« »Ja, aber warum denn nur, Mama? Die

Frage ist doch: Warum?« »Keine Ahnung«, sagte sie heiter, »ich dachte, es kann so schlimm nicht sein.« Als ich aufsah, erstreckte sich vor mir ein Kornfeld. Es war eine wohltuend überschaubare Angelegenheit. Die sommerlich goldgelbe Weite und der blaue Himmel mit den imposanten Haufenwolken. Heimat aus nur drei Zutaten. »Wenn es dir besser geht, würde ich gerne weiterfahren. Hetz dich nicht, ich finde es schön hier, aber ich bin ein bisschen knapp dran.« »Geht gleich wieder, Mama. Hättest du vielleicht einen Schluck Wasser für mich?« »Wasser? Ich trinke kein Wasser. Was ihr immer alle mit diesem permanenten Wassertrinken habt.« »Wo willst du eigentlich so dringend hin?« »Ich muss noch Noten abholen. Ich hab am Sonntag mein Sommerfest der Kantorei. Zwanzig alte Damen kommen da.« Meine Mutter half mir auf, kraftvoll und bestimmt, und ich schlingerte zurück zum Wagen. Plötzlich lachte sie los. »Du lieber Himmel! Wie du aussiehst! Schwarz angezogen und so käseblass. Genauso stelle ich mir den Tod vor, wenn er mich holen kommt. Fehlt nur noch die Sense.« Als ich mich wieder gesetzt hatte, wendete sie nicht etwa auf dem Feldweg, sondern fuhr mit aufjaulendem Motor im Rückwärtsgang auf die Hauptstraße zu. Ein Auto kam mit hoher Geschwindigkeit näher, dennoch schnellte meine Mutter rückwärts vom Feldweg auf die Straße hinaus, schaltete ruckartig in den Vorwärtsgang und sagte, während der Fahrer hinter uns scharf abbremsen musste und wutentbrannt hupte: »Tja, manchmal muss man eben flott sein.« Nach nur wenigen Metern roch ich bereits wieder den Döner zwischen meinen Schuhen. Ich nahm ihn mit spitzen Fingern vom Boden und schleuderte ihn aus dem Fenster, wobei mir ein wenig Dönersoße auf die Hose tropfte. Hinter uns wurde abermals mit Nachdruck die Hupe betätigt. Ich drehte mich um und sah einen Mann, der sich wie wild mit dem Zeigefinger an die

Stirn hämmerte. Meine Mutter blickte bereits wieder ewig lange zu mir herüber, was mich mehr und mehr nervös machte, und schüttelte den Kopf über die entsorgte Köstlichkeit. »Sag mal, hast du da etwa gerade meinen Döner aus dem Fenster geworfen?« »Hab ich, Mama, ja das hab ich. Der lag auf der Fußmatte.« Sie machte ein bekümmertes Gesicht, zog wie ein trauriger Clown die Mundwinkel nach unten: »Schon schade«, beklagte sie sich, »ich hatte eigentlich noch Hunger.« »Mein Gott, Mama«, rief ich ängstlich, »würdest du bitte mal auf die Straße gucken und nicht andauernd zu mir.« »Ach weißt du«, säuselte sie, »ich hab dich so lange nicht gesehen. Du bist mir ganz fremd geworden.« »Zu Hause kannst du mich in aller Ruhe betrachten, falls wir da lebend ankommen sollten. Versprochen.« »Keine Zeit. Ich lasse dich nur kurz raus und muss dann gleich weiter.« Wir fuhren durch die Landschaft, durch das hügelige Angeln. »Gab es nicht mal einen Dr. Döhner, als ich klein war?«, fragte ich. »Na selbstverständlich. Dr. Döhner. Der war jahrelang der Leiter der Erwachsenen-Psychiatrie. Ein guter Freund deines Vaters. Wie kommst du denn jetzt auf den?« »Na wegen dem Gestank.« »Was meinst du?« Meine Mutter mochte es nicht, wenn sie etwas nicht augenblicklich begriff. »Na, dein Lieblingsessen vom Bahnhofsimbiss.« »Du meine Güte!«, stöhnte sie. »Die schreibt man doch völlig verschieden: Döner und Döhner.« »Klingen aber gleich.« »Ich dachte, deine Legasthenie hätte sich gebessert. Dr. Döhner schreibt man mit h.« Ich grinste vor mich hin, berührte nur mit den Schuhspitzen die Fußmatte, in deren Rauten sich Fleischsaft gesammelt hatte. Ich verstellte meine Stimme: »›Guten Tag, Dr. Döhner! Was darf's denn heute sein?‹ ›Lassen Sie mich kurz überlegen: Ich nehm heut mal nen Döner.‹ ›Kommt sofort, Herr Dr. Döhner.‹« Meine Mutter reagierte lange nicht, dann sagte sie trocken: »Na, dir scheint es ja schon wieder besser zu gehen«, und überholte in einer viel zu engen Kurve einen staubenden Mähdrescher. Ich kniff die Augen zusammen ob des waghalsigen Manövers. Ich hatte allmählich genug von dieser Mutter-und-Sohn-Rallye. »Was ist größer als die Freiheitsstatue?«, fragte ich sie und wartete die Antwort nicht ab. »Dein Schutzengel, Mama. Du fährst wie eine besengte Sau.« »Ach was, ich kenn die Strecke so gut. Da kommt selten einer. Und außerdem heißt es nicht ›besengte Sau‹, sondern ›gesengte Sau‹, mein lieber Schriftstellersohn.« Wir bogen in die Sackgasse ein, an deren Ende unser Häuschen lag. In dieses Sträßchen einzubiegen, stimmte mich immer wieder aufs Neue glücklich. »Schau mal da«, forderte mich meine Mutter auf. »Bauer Mommsen hat eine Blumenwiese gesät. Seine Kühe mussten alle geschlachtet werden, die hatten einen Pilz am Euter. Kornblumen und Sonnenblumen. Wunderschön. Blau, Gelb.« Wir kamen an der Stelle vorbei, wo man weit über eine Wiese schauen konnte und jeder aus der Familie etwas langsamer fuhr, um nach Rehen Ausschau zu halten. Sehr verlässlich ästen sie dort, und so auch heute. Eine Ricke mit ihrem nicht mehr ganz jungen Kitz. Wir erreichten unser Haus. Das erst letztes Jahr frisch gedeckte Reetdach, das hell gestrahlt hatte, war bereits wieder ergraut. »Komm, steig aus.« »Halt doch bitte ganz kurz an.« »Steig aus, steig aus. Ich muss weiter.« Wie gut ich das kannte. Schon immer hatte sich meine Mutter schwer damit getan, für jemanden, der einsteigen oder aussteigen wollte, den Wagen kurz vollkommen zum Stehen zu bringen. Egal ob sie mich zum Kindergarten gebracht oder von der Schule abgeholt hatte, immer war ich in das oder aus dem langsam rollenden Fahrzeug gesprungen. So auch heute. Ich lief im Schritttempo hinter dem Wagen her, öffnete den Kofferraum und wuchtete mein Gepäckstück heraus. Sobald ich die Klappe zuschlug, stieg meine Mutter aufs Gas und rief: »Um sechs gibt es Whisky, und um sieben fahren wir ans Meer, dann ist es schön leer.«

Ich ließ meinen Koffer im Hof stehen, da es mir zu mühsam war, ihn über den Kies zu tragen, ging in den Garten und legte mich auf eine der Liegen. Jetzt, in diesem Augenblick, dachte ich, hast du die Stadt, hast du das verhasste Berlin wirklich hinter dir gelassen. Unweit von meinem Liegeplatz war am Stamm eines Kirschbaumes eine metallene Apparatur angebracht, in der eine mehrfach durchlöcherte Zielscheibe steckte, wie ich sie vom Luftgewehrschießen auf Jahrmärkten kannte. Seltsam, dachte ich, während ich mich streckte, wer machte hier Schießübungen, und warum?

Ich wischte mir mit der Hand die Stirn glatt, die sich oft unbemerkt in Falten legte, und drückte mir die Augenlider zu. Nun war ich tatsächlich angekommen. Endlich. Auf dem Land. Bei meiner Mutter.

Mutter taucht

Geweckt wurde ich dadurch, dass meine Mutter neben meinem Ohr die Eiswürfel im Whiskyglas aneinanderklackern ließ. »Oh, ich bin eingeschlafen. Ich bin immer so müde. Weiß gar nicht, warum.« Sie hatte mir, ohne dass ich es gemerkt hatte, Schuhe und Socken ausgezogen und eine Wolldecke über mir ausgebreitet. »Komm, müder Sohn, wir gehen zum Steg. Es ist Whiskyzeit.«

Während wir, einer Familientradition treu ergeben, um achtzehn Uhr am Steg unser Getränk zu uns nahmen, sprach sie schnell und freudig über allerlei nicht länger aufschiebbare Arbeiten. So wie es mir verlässlich zu ihren Lebzeiten bei meinen Großeltern in München ergangen war, so verlässlich erging es mir auch bei meiner Mutter. Nur äußerst selten verspürte ich in Berlin die Lust, einen Whisky zu trinken. Aber sobald ich meiner Mutter auf dem Steg gegenübersaß und sich das Abendlicht in der goldgelben Flüssigkeit fing, war es das beste und einzige aller Getränke. Mein Magen wunderte sich zwar kurz, dass ich ihn, den bisherigen Ereignissen Rechnung tragend, nicht mit Kamillentee beruhigte, gab seinen Widerstand aber relativ rasch auf und entspannte sich. »Auf deine Ankunft. Prosit.«

Hier eine bruchstückhafte Zusammenfassung des darauffolgenden Begrüßungsmonologes meiner Mutter:

»Sieh dir das an, die Gänse haben den ganzen Steg vollgekackt. Wenn das trocknet, braucht man einen Spachtel, um das abzukratzen. Den Schilfstreifen würde ich gerne wegnehmen, damit man vom Haus aus die Wasserfläche sehen kann. Mein Gott, wie rasant dieser Teich zuwächst. Die Jäger waren da und haben versucht, die Marderhunde zu erwischen. Diese Biester fressen mir immer die Gelege der Gänse auf. Das ist nachts ein Höllengeschrei, wenn die kommen, um sich die Eier zu holen. Furchtbare Räuber sind die. Ich bin im Nachthemd raus, um den Gänsen zu helfen, aber da waren die Nester schon wieder leer. Du weißt ja, ich hab hier auf der Wiese seit Jahren immer die gleichen drei Graugänse. Eine Ménage-à-trois. Toll, aber die streiten sich ununterbrochen. Diese Marderhunde können ja auch schwimmen. Die sieht man fast nie. Aber neulich hab ich einen überrascht. Der war total ungepflegt und sah aus wie ein richtiger Verbrecher. Ein zotteliger Kleinkrimineller. Mit frechen Augen hat der mich angegrinst und sich in den Teich gestürzt. Die Jäger haben zwei gefangen. Lebend. Und weißt du, was der alte Mommsen mir gesagt hat, als ich ihn gefragt habe, was sie mit denen machen wollen? Er hat gesagt – der ist ja auch Polizist –, er wollte die mit dem Revolver erschießen, aber die beiden hätten ihn so lieb aus ihren braunen Knopfaugen angeguckt, dass er es nicht übers Herz gebracht habe. Im Auto hat er sie fünfzig Kilometer weggefahren und freigelassen. Jetzt hoffe ich, dass sie nicht zurückfinden. Denn die haben es natürlich schön hier bei mir. Mit den Fischen, den vielen Mäusen und Fröschen, und dann auch noch Gänseeier. Und Kormorane kommen her, immer ganz früh am Morgen. Wenn ich noch schlafe. Das wissen die genau, diese Frühaufsteher. Noch vor dem Reiher kommen die. Aber da hab ich mir jetzt was überlegt. Ich hab mir ein Luftgewehr bei Amazon bestellt. Die werden sich wundern!« Es war unmöglich, meine

Mutter zu unterbrechen. Man musste wie neben einem fahrenden Zug herlaufen, Tempo aufnehmen und versuchen, beschleunigte Sätze in ihren Redefluss zu werfen. »Ich hab die Zielscheibe schon gesehen!«, schnellte ich dazwischen. »Bist du wahnsinnig geworden, Mama. Das kannst du nicht machen! Die stehen unter Naturschutz. Das ist streng verboten. Freu dich, dass du Kormorane hier überhaupt siehst.« »Wieso soll ich mich da freuen? Alle hassen die. Die Fischer haben kaum noch was in ihren Netzen. Und mir holen sie die Graskarpfen aus dem Teich.« Meine Mutter setzte ihre schönste Unschuldsmiene auf und prostete mir zu. »Ich übe schon fleißig mit dem Luftgewehr. Ich will die ja auch nur ein bisschen erschrecken. Denen auflauern und dann in ihre Richtung schießen, damit sie sich woanders wohler fühlen.«

Gegen sieben fuhren wir ans Meer. Noch vor wenigen Jahren war die Wiese mit dem Imbisswagen ein gemächlicher Ort, ja das, was man einen Geheimtipp nannte, gewesen. Ich kannte diesen Strand schon seit Kindertagen. Die beiden Männer, die den Imbiss betrieben, taten dies schon seit über dreißig Jahren. Es waren Iraner, ein Brüderpaar, die, wenn es nach Strandtag aussah, jeden Morgen mit ihrem Wagen aus Flensburg kamen. Es waren nur noch wenige Autos da, und auch bei der Einfahrt musste man nach achtzehn Uhr nicht mehr zahlen, was meine Mutter immer unverhältnismäßig freute. Diese drei gesparten Euro versetzten sie verlässlich in Hochstimmung. »Oh, schau mal, was für ein Glück. Wir müssen nicht mehr zahlen. Wie schön, wie schön.« Sie winkte den Imbissbrüdern zu und rief: »Bis gleich!« Beide winkten zurück. »Wieso bis gleich?«, fragte ich. »Ach, ich esse nach dem Schwimmen so gerne eine Currywurst. Die beiden machen die beste Currywurst der Welt!« »Also so langsam mache ich mir über deine Ernährungsangewohnheiten Sorgen, liebste

Mutter. Döner am Nachmittag, Currywurst am Abend.« Sie rieb sich den Bauch und verdrehte die Augen. »Schmeckt sooo gut!« Wir gingen zum Meer hinunter. Man sah dem zerwühlten Strand voller Spuren, flach gelegenen, handtuchgroßen Abdrücken und Burgen an, dass er einen intensiven Arbeitstag hinter sich hatte. Der Sand machte einen erschöpften Eindruck auf mich, und auch das Meer schien mir müde zu sein. Seit Tagen hatte ein ablandiger Wind das Wasser fortgedrückt. Die Ostsee in diesem Küstenabschnitt war ein wandlungsfähiges Gewässer. Von trostloser, eiskalter Dümpelsee bis hin zu karibisch türkisem Traum hatte sie so einiges im Meeresrepertoire. »Komm, wir gehen ein Stück«, entschied meine Mutter und stapfte los. »Die Leute sind so faul. Fallen am liebsten direkt aus dem Auto ins Wasser. Gut für uns.« »Aber nicht bis zum FKK-Strand, oder?« »Seit wann bist du denn so verklemmt? Keine Sorge, lieber Sohn, ich werde dir meinen nackten Anblick ersparen.« Wir zogen uns um, und meine Mutter lief rank und schlank ins Meer hinein, tauchte und schwamm auf und davon. Nach wenigen Minuten war sie schon jenseits der Bojen, die den vom DLRG überwachten Teil markierten. Ich ging bis zu den Knien hinein und hielt nach Feuerquallen Ausschau. Mit staksigen Beinen schritt ich wasservogelig ins Tiefere. Da entdeckte ich bereits die erste Qualle, als bedrohlich rotlila Wolke waberte sie heran. Ich wich aus, nur um ein paar Schritte weiter die nächste und dann eine dritte zu sehen. Es war kein gutes Zeichen meiner Vitalkräfte, dass ich mir sicher war, dass mich die Quallen mit Leichtigkeit würden einkreisen und angreifen können. Ich hielt nach meiner Mutter Ausschau, konnte sie aber in der Weite des Meeres nicht entdecken. Die Sonne verschwand hinter einer Wolke, und die Wasseroberfläche verwandelte sich in ein graues Brett. Jegliche Wärme verschwand aus der Luft. Es war, als wäre die komplette Landschaft in einen Tunnel hineingefahren. Ich fror und trat den Rückzug an. Ohne dass meine Badehose nass geworden war, erreichte ich nach mehrminütigem Quallenslalom das rettende Ufer. Kurz setzte ich mich auf ein Handtuch, aber der käsige Farbton meiner haarigen Beine und die Bauchwulst, die das Badehosenband geschluckt hatte, ernüchterten mich derart, dass ich mich rasch anzog, um meinen betrüblichen Anblick vor mir selbst zu verbergen.

Als meine älteste Tochter noch klein gewesen war, hatte sich eine nie zuvor da gewesene Quallenkatastrophe ereignet. Der Wind hatte sich damals schlagartig gedreht, von ablandig zu auflandig, und Wellen brandeten gegen das Ufer. Das kam nicht oft vor an unserem Strand, und meine Tochter und ich waren ins Meer gestürmt. Ich hatte sie geworfen und ihr immer wieder den entscheidenden Schubs gegeben, um den Wellenkamm zu erwischen und im weißen Kronenschaum meterweit mitgetragen zu werden. Doch dann hatte sie plötzlich schwer zu atmen begonnen, und ich brachte sie ans Ufer. Wir waren beide von Pusteln und Schwellungen übersät. Wir mussten damals ins Krankenhaus fahren und bekamen hohe Kortisondosen gespritzt. Der Wartebereich, der lange Krankenhausgang waren voller verquollener Touristen, überall Kinder, die sich wanden und weinten und aus ihren verbrannten Körpern hinauswollten. In der Zeitung stand tags darauf zu lesen, dass der plötzliche Windwechsel die Feuerquallen überrascht habe und diese nicht schnell genug aus der Brandungszone ins offene Meer hätten zurückwabern können. Die Wellen hatten die Plagegeister samt ihren meterlangen Tentakeln zu Zigtausenden Partikeln zerhäckselt und die Ostsee in eine heimtückische Feuersuppe verwandelt. Der gesamte Küstenabschnitt musste tagelang bei herrlichstem Wetter gesperrt werden. Eine Person allerdings ließ sich von solch läppischen Warnungen den Badespaß nicht verderben: meine Mutter. Schön leer heute, hatte sie damals gesagt und sich in die Brandung geworfen.

Wo war sie nur? Erst nach längerem Absuchen der Meeresoberfläche erspähte ich ihren Kopf. War das das Weiß ihrer Haare? Ihr Hinterkopf? Schwamm sie etwa noch immer weiter hinaus? Richtung Dänemark? Hatte sie das im Griff? Bei ablandigem Wind?

Ich hörte die Gänse, noch bevor ich sie sah. Hunderte Gänse zogen unter aufgeregtem Geschnatter in gestaffelten Linien über den Himmel. Ich fragte mich, was es da eigentlich so Wichtiges zu besprechen gab. Wäre es nicht viel angenehmer, in Stille seine Schwingen auszubreiten und die Vogelperspektive zu genießen? Wozu dieses Geschrei? Gab es Streitigkeiten über das Ziel, die Formation oder die Flughöhe? Sie zogen vorbei, ein gigantischer schimpfender Schwarm, und meine Mutter kam dem Ufer wieder näher. Alle Augenblicke verschwand ihr Kopf, wenn sie abtauchte. Es war, als würde ich einen Haubentaucher beobachten. Jedes Mal war ich überrascht, wenn ihr grauer Schopf die Wasseroberfläche durchstieß, wie weit sie sich unter Wasser von meiner Erwartung entfernt hatte. Als sie dem Meer entstieg, sah sie toll aus. Meine Mutter im Abendlicht als Bond Girl. Sie warf die Haare zurück und wrang sie im Nacken mit den Händen aus. »Ach, oh mein Gott! Das war ja herrlich!«, rief sie, schon von Weitem. »Was für ein Traum dieses Meer ist!« »Du warst ja wahnsinnig weit draußen, Mama, ich hab dich kaum noch gesehen.« »Der Anblick der Küste wird immer schöner, je weiter man rausschwimmt. Ich liebe das, wenn es tief wird, dunkel unter mir, und es im Bauch kribbelt. Warst du etwa gar nicht drinnen?« »Da waren überall Feuerquallen. Die haben mich umzingelt und angegriffen.« »Ach, die sind doch nur vorne.« Schmerzlich nahm ich wahr, wie entgegengesetzt die Aggregatzustände unserer Körper waren. Meine Schlaffheit schienen alle Farben zu meiden, während meine Mutter gut durchblutet und rosig erfrischt geradezu strahlte. Ich sah, dass ihr linker Oberschenkel von einer rot geschwollenen Quaddel überzogen war. »Die haben dich erwischt. Oh nein, du hast dich am Bein verbrannt.« »Ach, das bisschen, das ist gut für die Durchblutung! So, kurz aufwärmen und dann gibt es Currywurst.« Sie streifte den Badeanzug ab, griff ihn mit den Zehen des rechten Fußes und schleuderte ihn in meine Richtung. Ich duckte mich und sie lachte. Daraufhin legte sie sich nackt in die bereits kraftloser werdende Abendsonne, schloss die Augen und gab wohlige Laute von sich, während sie sich im Sand mit dem Mutterpo eine Liegemulde zurechtruckelte. Ich ging zum Meeressaum hinunter und machte einen kleinen Spaziergang, suchte vergeblich nach Donnerkeilen, die ich nie fand, bis ich meine Mutter nach mir rufen hörte. Da sie bereits ein künstliches Knie und eine künstliche Hüfte hatte, bereitete ihr das Aufstehen im Sand Probleme. Aber meine Mutter hatte sich, um nicht auf fremde Hilfe angewiesen zu sein, eine geschickte Methode antrainiert, sich in die Vertikale aufzurappeln. Sie rollte sich auf den Bauch, schob sich in den Vierfüßlerstand, streckte die Knie durch und drückte sich mit einem kräftigen Armschub in die Aufrechte. Dieses Manöver dauerte keine zwei Sekunden und sah eher wie eine Turnübung denn wie das Kompensieren ihrer Einschränkungen aus.

Meine Mutter hatte sich eingecremt, ihr Sommerfähnchen übergeworfen und glänzte so intensiv gebräunt wie eine frisch aus dem Stachelpanzer geplatzte Kastanie. Sie hakte sich bei mir ein, und wir stapften zum Imbiss. Die Imbissbrüder packten bereits zusammen, hatten aber auf meine Mutter gewartet. Auf der großen, von der anhaltenden Dürre vertrockneten Wiese standen nur noch drei Autos. »Ich bitte keine Wurst, Mama. Mir ist immer noch ein bisschen komisch.« »Wie du willst. Du weißt gar nicht, was du verpasst.« »Oh doch! Ich weiß genau, was ich verpasse.« Die Currywurst sah eindrucksvoll aus, zentimeterweise eingeschnitten, brutzelig geplatzt, halb übergossen mit dickflüssiger Soße und mit Unmengen von Currypulver bestäubt. Ganz offensichtlich hatte sich der Nachmittag für die Wurst ein wenig in die Länge gezogen. Der Geruch allein ließ mich Abstand nehmen. »Das Bier ist ja herrlich kalt!«, freute sich meine Mutter. »Ich danke euch.« Die Brüder kamen aus dem Wagen heraus und setzten sich zu uns. Jeder ebenfalls mit einer Dose. Sie stießen mit meiner Mutter an und unterhielten sich mit ihr über das Geschäft. Wie gereizt alle seien im Vergleich zu früher, wie oft sich Touristen beschweren würden, wie enthemmt sie beschimpft würden neuerdings, wenn die Pommes nicht mehr heiß seien. Ein Vater, berichtete der eine der beiden, hätte dreist ein neues Eis gefordert, weil dem Kind seines in den Sand gefallen war. Alle drei lachten und tranken synchron. Ich sah meiner Mutter, der nasse Haarsträhnen über die Sonnenbrille fielen, beim Kauen zu, sah, wenn sie lächelte, das Rot der Currysoße über ihre weißen Zähne rinnen.

Mutter heilt

Vor einer Woche war ich in Berlin sechsundfünfzig geworden, und am Abend bekam ich nachträglich mein Geburtstagsgeschenk. Da ich nie wusste, was ich mir schenken lassen sollte, hatte ich mir von meiner Mutter eine einstündige Fußreflexzonenmassage gewünscht. Schon immer hatte ich die schematischen Abbildungen von Fußsohlen gemocht, auf denen die Zonen des Körpers markiert waren. Meine Mutter hatte neben ihrer Hauptbeschäftigung als Krankengymnastin auch viele Patienten gehabt, die auf ihre massierenden Hände schworen. Ich durfte mich auf die Liege legen, sie setzte sich zu mir und sah sich meine Füße an. Sie rümpfte die Nase: »Na, die sehen ja aus, als würdest du im Wald wohnen, die müssen wir erst einmal waschen.« Sie holte einen Eimer warmes Wasser, Seife und eine Bürste. Niemand außer meiner Mutter fasste derart selbstverständlich meine Füße an. Meine Füße waren Eremiten und fristeten ihr Dasein weltabgewandt in Einsiedeleien von Adidas. »Bevor ich dich behandele, schneide ich dir die Fußnägel. Und die Hornhaut muss auch weg. Du müsstest dir mal so eine Hornhautsocke kaufen. Die ist mit einer ätzenden Salbe getränkt. Die trägst du über Nacht, und morgens kannst du dann alles abziehen, was nicht nach Fuß aussieht.« »Klingt verheißungsvoll.«

Den Kirschbaum, unter dem ich lag, hatte ich, wie so viele andere Bäume auf unserem Grundstück, selbst gepflanzt. Bereits vor über zwanzig Jahren, als im Jahre 2000 der Pachtvertrag von Bauer Mommsen zu Ende gegangen und meine älteste Tochter geboren worden war. Es war eine Zierkirsche. Eine seltene Sorte, die auch in den Gärten von Kyoto zu bestaunen ist. Prunus x yedoensis. Ich sah in das Blattgrün hinauf, zuckte mit den Zehen, wenn es zu sehr kitzelte, und erfreute mich am Moment, dachte: Wie gut. Ich liege hier bei meiner Mutter, die auch schon meine winzigen Kinderfüße gehalten hat, unter einem selbst gepflanzten Kirschbaum. Der Baum war gewachsen, die Füße waren gewachsen, meine Mutter war vielleicht ein wenig kleiner geworden, aber wir waren beide noch da. Ich nach meinem Schlaganfall und sie mit sechsundachtzig Jahren. Beides wahrlich keine Selbstverständlichkeit. Sie raspelte mir mit dem Hornhauthobel an den Fersen herum, trank zwischendurch große Schlucke Rotwein, bürstete und cremte. »So, nun kann die Behandlung beginnen. Alles Gute nachträglich zum Geburtstag.« Mit den Daumen drückte sie unterschiedliche Stellen. »Hier ist deine Blase, hier deine Lunge.« Ich war überrascht von ihrer Kraft. Sie hatte die Augen geschlossen, sah träumerisch aus, doch in den Daumen diese ungeheure Kraft. Sie ertastete ein Knötchen unterhalb des großen Zehs und drückte darauf herum. »Was ist da, Mama?« »Das ist der Nacken. Bist du oft verspannt?« »Na klar!« »Auch deine Schilddrüse ist da. Isst du genug Jod?« »Keine Ahnung.« »Vielleicht bekommst du einen Kropf.« »Einen Kropf?«, fragte ich augenblicklich besorgt. »Ich wusste gar nicht, dass es so etwas noch gibt.« Der Schmerz war angenehm, kontinuierlich, und ich hatte tatsächlich das Gefühl, dass sich die Verhärtung unter den kreisenden Daumen meiner Mutter aufzulösen begann und ich gleichzeitig Wärme im Nacken spürte. »Mama, mein Genick wird warm!« »Das ist doch gut. So, hier ist deine Wirbelsäule.« Als sie meine Zehen drückte, sirrten Nervensignale durch den Fuß. Die Behandlung der Zehenzwischenräume war kaum auszuhalten, so sehr kitzelte es. Wir lachten, und ich warf mich hin und her, übertrieb ein wenig und verbarg mein Gesicht theatral in der Armbeuge. Sie fand einen Punkt mittig auf der Fußsohle, da, wo sie sich wölbt, der sehr empfindlich war. »Hm, hm«, murmelte sie versunken, »was ist da los?« Sie drückte stärker, und ein stechender Schmerz ließ mich zusammenzucken. Ich wollte meinen Fuß wegziehen, doch sie griff fester zu und bohrte ihre Daumen in die überempfindliche Stelle hinein. Ich rief: »Ahhhh«, und: »Schluss, Mama, da tut es höllisch weh. Was ist denn da?« »Dein Herz, mein lieber Sohn, da ist dein Herz.« Es kam mir so vor, als würden ihre Daumenkuppen durch die Haut in den Fuß eindringen und direkt meine Nerven zerquetschen. Der ganze Fuß verschwand in diesem Schmerz, und in meiner Brust pochte es wild. »Stopp! Bitte, Mama. Hör auf!« »Ich hab es gleich. Reiß dich zusammen!« Ich warf mich hin und her im mütterlichen Daumenschraubstock. »Du spinnst ja!« Ich rollte mich von der Liege, drehte mich im Gras um die eigene Achse und kam frei. Noch während ich fiel, hatte sie weitergedrückt, und fast hätte ich sie von ihrem Gartenstuhl mitgerissen, so sehr hatte sie sich in meinen Fuß gekrallt. »So, jetzt streck dich mal, mach dich ganz lang und atme ruhig.« Behutsam drehte ich den Fuß im Gelenk, hob die Arme über den Kopf. »Und?«, fragte sie mit liebevoller Stimme, schenkte sich vom Rotwein nach. »Geht's?« Es war eigenartig, ganz deutlich fühlte ich eine lange vermisste Weite in meiner Brust. Die Luft strömte tiefer, das Herz hatte deutlich mehr Raum und die Rippen erweiterte Zwischenräume. »Oh Gott, Mama, das war ja wie ein Exorzismus. Du hast so viel Kraft in den Fingern.« »Das kommt von der Gartenarbeit und vom Holzhacken. So, jetzt kommt der andere Fuß dran.« Ich zuckte zurück, aber meine Mutter war schneller.

Zum Abendessen gab es Wurst, Käse und Schwarzbrot. Bei meiner Familie in Berlin gab es stets warmes Essen am Abend. Oft drei verschiedene Gerichte, da es unvereinbare Unverträglichkeiten und Vorlieben gab. Mir gefiel die schlichte Variante eigentlich viel besser. »So, mein lieber Sohn, ich werde jetzt noch lesen. Du musst dich alleine beschäftigen. Bekommst du das hin?« Ich war mir nicht ganz sicher, aber nickte. »Ich muss für meinen Literaturkreis noch ein Buch durchbekommen. Gefällt mir gar nicht. Eigentlich wollen alle immer nur noch Kitsch. Kitsch und Krimis.« Sie machte sich auf den Weg zum Bad, stieg die Treppe hoch und sprach dabei weiter. »Nebenher lese ich deshalb etwas von Knut Hamsun: *August Weltumsegler*. Das ist ganz hervorragend. Ich liebe lange Sätze. Du könntest auch mal versuchen, etwas längere Sätze zu schreiben. So wie Thomas Mann. Oder lies Doderer, das würde deinem Wortschatz wirklich guttun. Morgen erzählst du mir bitte ausführlich, warum es dir nicht gut geht und was da in Berlin vorgefallen ist, dass du mir jetzt hier die Ehre erweist. Auch erwarte ich mir einen ausführlichen Bericht darüber, wie es meinem Enkel und Sophie geht.« Meine Mutter musterte mich mit ratloser Freundlichkeit. »Wenn man dich anguckt, wird man schlagartig unglücklich. Aber jetzt komm erst mal an und schlaf gut. Dein Bett hab ich dir frisch bezogen.« Sie blieb auf dem Treppenabsatz stehen. »Es ist so schön, dass du da bist. Ich stelle mir das oft vor. Ich bin wirklich viel allein. Hin und wieder rede ich mit dir, wenn ich dich vermisse. Wenn ich dann wirklich mit dir spreche, fühlt sich das seltsam an. Bis morgen.«

Mutter backt

Als ich später im Bett lag, in demselben Zimmer, in dem ich schon als Kind gelegen hatte, war ich erfüllt von Verlorenheit, aber doch auch von Geborgenheit. Es war ein schöner, abenteuerlicher Tag gewesen mit meiner Mutter. Mein Fuß schmerzte noch immer, die Stelle war so empfindlich wie ein Wundmal. Doch dieser zentrierte Schmerz tat mir gut. Er war nicht diffus, sondern gebündelt und lokalisierbar. Ich schlief schnell ein, obwohl es noch nicht dunkel war. Nachts wurde ich von einem exotisch enervierenden Vogelruf geweckt. Es klang, als würde der Störenfried darunter leiden, sein ganzes Vogelleben lang nur diesen einen Laut von sich geben zu können. Ich suchte mein Handy, nahm den Vogel mit meiner Bird-App auf und analysierte den Ruf. Zu hundert Prozent Kranich, stand da. Kein schlechter Wert, dachte ich. Noch nie hatte ich bei uns an der Ostsee einen Kranich gesehen oder gehört, und dann gleich zu hundert Prozent. Er schien ganz nah zu sein. Nach einer halben Stunde Dauergetröte raffte ich mich auf, ging in den Garten, klatschte mehrmals in die Hände, und der Kranich verstummte. Es dämmerte bereits, und die Luft war von kaum zu beschreibender Frische. Ein Atemgemisch aus Meer, Gras und Morgen. In Berlin war die Luft oft so verbraucht und abgestanden, als hätte die Stadt seit Wochen ihre Unterhose nicht gewechselt, und meine Wetter-App warnte mich jeden Tag aufs Neue mit dem gleichen Satz: Die Luftqualität ist schlechter als gestern zu diesem Zeitpunkt.

Ich holte mir meine noch warme Bettdecke und mein Kopfkissen aus dem Schlafzimmer und legte mich in den Garten auf die Liege. Das am Horizont aufdämmernde Licht löschte Stern für Stern am Firmament.

Am Morgen meines ersten Tages auf dem Land hatte mir meine Mutter zum Frühstück bayerische Rohrnudeln gebacken. Bereits um sechs Uhr hatte sie den Hefeteig geknetet und mehrmals gehen lassen und dann die in den Händen geformten Teigkugeln nebeneinander in die Kastenform gedrückt und mit Butter bestrichen. Dazu gab es selbst gekochtes Brombeergelee und Filterkaffee. Selbst wenn ich mit hundert Jahren in tiefster geistiger Umnachtung vor mich hinvegetieren sollte, der Geruch und der Geschmack von Rohrnudeln würden mich zurück in meine Kindheit schleudern. Ich kaute und schloss die Augen. Das hatte mit sanftem Erinnern nicht das Geringste zu tun. Es war viel mehr eine brutale Entführung in die Vergangenheit, eine Geruchsgeiselnahme mit Geschmacksdetonationen. Ich zog die Form zu mir herüber und schnappte mir zwei weitere Rohrnudeln, da mich plötzlich wie einst die Angst ergriff, meine Brüder und mein gefräßiger Vater würden mir nichts übrig lassen. Heißhunger überwältigte mich, und ich stopfte mich voll mit warmen luftigen Hefewolken, auf denen die Butter schmolz und sich mit dem Brombeergelee vermischte. »Oh Gott, wie gut die geworden sind, Mama!« Meine Mutter legte mir die Schleswiger Nachrichten hin und zog sich eine leichte Jacke über. »Was ist denn mit deinem Gesicht passiert?«, fragte sie, nahm mein Kinn zwischen ihre kräftigen Finger und drehte meinen Kopf hin und her. »Du bist ja total zerstochen. Warum werde ich eigentlich nie gestochen? Noch nie hatte ich auch nur einen einzigen Mückenstich. Nimm Kortison. Ich muss kurz in den Baumarkt ein paar Dinge besorgen. Spulen für meinen Simser. Soll ich dir eine Latzhose kaufen?« Ich nickte amüsiert, sagte mampfend: »Unbedingt.« »Gut, die haben da gerade fantastische Latzhosen. In allen möglichen Farben. Und Thermohemden. Du musst mal raus aus deiner Berliner Totengräberkluft. Verzeih, lieber Sohn, wenn ich das so offen sage, aber du bist, seitdem du in Berlin lebst, richtig alt geworden. Ich finde, so alt wie heute Morgen hast du noch nie ausgesehen.« »Na danke, Mama. Ich werde immer älter und du immer jünger.« Ich blätterte durch die Zeitung, las verschiedene Artikel, die unisono den baldigen Untergang meiner Heimatstadt Schleswig verkündeten. Das Theater war abgerissen, aber nicht wieder aufgebaut worden, die Kaserne geschlossen, die Zuckerfabrik geschlossen, die Psychiatrie so gut wie aufgelöst. Das einst von meinem Vater verwirklichte Klinikum ebenfalls niedergerissen. Die Bevölkerung war von über dreißigtausend auf knapp über zwanzigtausend geschrumpft, die Einkaufsstraße heruntergewirtschaftet und der denkmalgeschützte Bahnhof zu einer Ruine verkommen. Ich sah auf die Uhr. Es war bereits kurz nach neun, und ich wollte nicht gleich schon am ersten Tag an meinem Schreibvorhaben scheitern. Ich deckte den Tisch ab und setzte mich ans Fenster, sah hinaus in den Garten. Meine Mutter hatte mir in einem Telefonat berichtet, dass die seit Kindheitstagen im Garten stehende Regentonne undicht geworden sei. Damals, als das Fass geliefert worden war, hatte es intensiv nach Whisky gerochen. Und die ganze Familie hatte die Köpfe hineingesteckt. Mein Vater hatte betrunken gespielt, und auch meine Brüder und ich hatten so getan, als würde uns der Alkoholdunst die Sinne vernebeln. Lange Zeit hatte es, wenn man in den Garten kam, wie in einer Destille gerochen. Wir gossen die Beete mit dem Whiskywasser aus der Tonne. »Unser betrunkener Garten« wurde zum geflügelten Wort. Ich dachte über dieses massive Fass nach. Fünfzig Jahre lang hatte es gehalten. Hin und wieder waren der Holzstöpsel für das Spundloch erneuert oder die Metallringe zurechtgehämmert worden, aber es hatte zu unser aller Erstaunen nie geleckt. Meine Mutter hatte berichtet, dass es mittlerweile jedoch völlig unberechenbar geworden sei. Nach einem Regenguss sei das Fass mehrere Stunden randvoll, würde sich dann aber schlagartig wieder entleeren. Das einst dionysische Whiskyfass war zum Pflegefall geworden, das das Wasser nicht mehr halten konnte. Sie würde das Fass demnächst verbrennen, kündigte sie an. Wer sich derart unzuverlässig verhielt, habe in ihrem Garten nichts verloren. In den nächsten Tagen würde ich einen letzten Versuch starten, das Fass zu retten. Ich klappte den Computer auf. Ich hatte mir vorgenommen, selbst wenn ich nichts schreiben würde, vor dem Computer auszuharren und die Zeit notfalls einfach abzusitzen. Vielleicht würde ich ja durch die Simulation von Arbeit in tatsächliche Arbeit hineinfinden. Ich hatte gelesen, dass Menschen, die sich vier Wochen lang vorstellen, tief zu tauchen, beim realen Versuch doppelt so weit hinabzugleiten vermögen wie diejenigen, die unvorbereitet ins Wasser hopsen. Ganz nah an diesen Überlegungen lag noch eine andere Frage, die ich mir seit Jahren stellte. Starb es sich leichter, wenn man zeitlebens viel an den Tod gedacht hatte? Würde ich dereinst für meine obsessiven Todesgedanken und das Jahrzehnte währende Totengedenken mit einem sanften Tod belohnt werden? Wohl kaum.

Beim Durchstöbern der Schreibtischschubladen fand ich zwischen einem Haufen abgelegter Blätter und desaströsen Schulzeugnissen einen Text von mir, den ich mit ungefähr neunzehn geschrieben hatte. Ich las ihn und war überrascht, da es eine kleine Parabel war und keine autobiografische Selbstbespiegelung:

Es gab einmal ein Kloster, dessen Mönche seit Hunderten von Jahren hauchzarte Porzellangefäße fertigten, deren Dünnwandigkeit das Licht durchscheinen ließ. Immer weiter hatten die Mönche ihr Können verfeinert, und bis heute ist es vollkommen rätselhaft, wie derart zerbrechliche Gefäße überhaupt geformt, geschweige denn gebrannt werden konnten. Es wurden, was etwas unheimlich ist, Spuren von Knochenmehl in der Textur gefunden, wohl auch pulverisierte menschliche Gebeine. Durch kriegerische Auseinandersetzungen wurde das Kloster von wichtigen Handelsrouten abgeschnitten. Bestimmte Quarze und andere unverzichtbare Bestandteile konnten nicht mehr geliefert werden, und die Keramikproduktion brach zusammen. Da aber das gesamte Leben des Klosters durch Hunderte von Arbeitsschritten der Porzellanherstellung strukturiert war, nahmen die Mönche, nach nur wenigen Wochen des Nichtstuns, auch ohne Materialen ihre Arbeit wieder auf. Auch wussten sie wohl, dass sie ohne die tagtägliche Ausübung der Handgriffe im Nu die unerlässliche Geschicklichkeit einbüßen und ihre Muskeln verkümmern würden. Sämtliche Abläufe wurden wieder aufgenommen, und wie eh und je erfüllte Geschäftigkeit die Klostermauern. Unsichtbare Säcke wurden entladen, unsichtbare Quader zerschlagen, nicht vorhandene Pulver gemörsert und Vasen und Schalen ins Nichts geformt. Henkel aus Luft wurden geklebt und die hochempfindlichen Unsichtbarkeiten glasiert und verziert. Es wurden die Öfen gefeuert und mit langen Zangen die durchsichtigen Meisterwerke aus der Asche gezogen. Mit der in den Fingern und Muskeln erinnerten Sorgfalt. Das Kloster geriet mehr und mehr in Vergessenheit, und im Laufe der Jahre verwandelten sich die

Tätigkeiten in immer abstraktere Bewegungsabläufe. Wie einst aus der konkreten Darstellung von Tieren und Pflanzen erst Symbole und schließlich Schrift geworden war, so wurden aus den verschiedenen Arbeitsschritten exakte Choreografien und dann immer freiere Tänze. Nur wer der Keramikkunst kundig war, hätte noch immer in den Bewegungen den ein oder anderen Handgriff erkennen können. Das Ansetzen eines Henkels vielleicht, das Abstreifen des Glasurpinsels oder das Zerschlagen einer Vase aufgrund eines minimal missglückten Details. Da nur Männer im abgelegenen Kloster erlaubt waren, gab es keine Nachwuchstöpfer, und die verbliebenen Mönche mussten mehr und mehr Arbeitsbereiche übernehmen, bis schließlich nur noch eine Handvoll greiser Männer übrig blieb. Wieder verschoben sich die Machtverhältnisse, und eine neue Handelsroute fand schließlich auch den Weg zum Kloster. Eine Delegation der neuen Machthaber klopfte an das schwere Tor. Ein letzter prächtig gelaunter Greis öffnete. Der Mönch bat um Nachsicht, die Reisenden nicht bewirten zu können, er habe zu viel zu tun, und tanzte davon.

Mutter hackt Holz

Ich saß vor dem Computer, leichte Übelkeit vom Rohrnudelrekord stieg in mir auf, und vor dem Fenster schaukelten trostlos drei Meisenknödel im Wind. Vielleicht sollte ich gar nicht so sehr auf eine Eingebung hoffen, überlegte ich, nicht darauf warten, dass sich die in Berlin fester und fester zugezogene Schlinge von alleine lösen würde, sondern mit dem Computer in der Hand wie ein Maler mit der Staffelei über das Land ziehen und nach beschreibungswürdigen Objekten Ausschau halten. Vielleicht war es an der Zeit, mir einzugestehen, in einen Lebensabschnitt der Kontemplation geraten zu sein, in dem ich mich in reinen Betrachtungen neu erfinden musste. Ich verließ das Haus und trödelte über das Gelände, den aufgeklappten Laptop wie eine Reuse zum Abfischen der Welt vor mir hertragend. Ich kam an der geöffneten Stalltür vorbei, ging hinein, setzte mich auf eine dort seit Jahren auf ihren Einsatz wartende haarige Drainageschlange, sah mich um und schrieb:

Zu einer bestimmten Zeit des Tages fällt das Sonnenlicht durch das Stallfenster und trifft die Werkbank. Dort befindet sich horizontal an einen Balken montiert eine gelochte Metallschiene, in der verschiedene Schraubenzieher stecken. Allesamt haben sie bunte Kunststoffgriffe, die das Sonnenlicht einfangen und verschwommene Farbflächen auf die dahintergelegene Wand werfen. Da der Stall schummrig ist, glühen die aus den Siebzigerjahren stammenden Schraubenziehergriffe umso intensiver. Aus sich heraus schimmern sie wie Lämpchen, und magisch erglimmt ihr Plastikrot, ihr Plastikgrün und ihr Plastikgelb. Schon als ich ein Kind war, ereignete sich diese geheimnisvolle Illuminierung des Werkzeuges nur zu einer bestimmten Jahres- und Tageszeit, wenn bei wolkenlosem Himmel die Sonnenstrahlen punktgenau durch das Fenster fielen. Mehrere Schwalbennester kleben an den Deckenbalken, und auf dem Boden unter ihnen hat meine Mutter Seiten der Schleswiger Nachrichten ausgebreitet, um die Schwalbenkacke aufzufangen. Sobald eine Schwalbe durch das Stallfenster, durch das auch die Sonnenstrahlen hereinfallen, geschossen kommt, wird in den Nestern lautstark gepiepst. Es ist kaum zu glauben, mit welcher Geschicklichkeit die Schwalben durch das extra für sie nicht verglaste Segment des Fensters herein- und wieder hinaussausen. Das farbige Licht in den Schraubenziehergriffen und die Akrobatik der Schwalben finden in einer Millisekunde zusammen, wenn die Vögel noch eine Extrarunde durch den Raum drehen müssen. Die in der Stallluft schwebenden Farbinseln der Schraubenziehergriffe huschen dann über die weißen Schwalbenbäuche.

Ich las mir den Text durch, murmelte »Na ja« und zog weiter. Während ich durch die Wiese lief und den Computer wie bei einem sakralen Ritual auf den Handflächen balancierte, hörte ich plötzlich meine Mutter rufen: »Was machst du denn da, lieber Sohn?« »Ich versuche zu arbeiten!« Ihr Lachen hallte über das Grundstück. Sollte ich versuchen, einen Baum zu beschreiben? War es möglich, durch Worte einem Baum jenseits seines Anblicks ein ursprünglicheres Sein zu verschaffen? Oder anders gefragt: Konnte Dichtung den Schleier von den

Dingen wegziehen? Ja, daran glaubte ich bedingungslos. Alle Materie, lebendige wie tote, war maskiert. Nichts war das, was es vorgab zu sein. Da die Wiese noch feucht vom Morgentau war, zog ich meinen Pullover aus und kniete mich auf ihn vor die kaukasische Flügelnuss. Ich schrieb:

Kurz nach der Geburt meiner ersten Tochter bat ich meine Mutter, den Pachtvertrag mit dem Bauern, der jahrelang unseren Grund bestellt hatte, nicht zu verlängern, da ich gerne ein Arboretum anlegen würde, um die Ankunft meines Kindes auf Erden durch das Pflanzen von unterschiedlichen Bäumen zu feiern und zu begleiten.

Meine Mutter fand die Idee großartig. Da ich wenig Geld hatte, konnte ich mir nur Pflanzen mit einem maximalen Stammumfang von 12 cm leisten. Auch wenn mir die Baumschule davon abriet, wollte ich neben bekannten Baumsorten auch ein paar Besonderheiten setzen. Einen Pagodenbaum, einen Tulpenbaum, einen Trompetenbaum, einen Schlangenahorn und auch eine kaukasische Flügelnuss. Allgemein wird unterschätzt, dass jeder Baum seinen speziellen Ort braucht. Und es hat nicht nur mit Lichtverhältnissen und der Bodenbeschaffenheit zu tun, dass ein Baum gedeiht, sondern mit zig verschiedenen Einflüssen, die kaum zu verstehen sind. Von allen Bäumen, die ich je gepflanzt habe, hat sich keiner so ideal in die Landschaft eingefügt wie die kaukasische Flügelnuss. Aus einer sanften Senke heraus erheben sich die verschiedenen, teilweise anmutig verschlungenen Stämme zu inzwischen imposanter Höhe. Trotz der Mehrstämmigkeit hat der Baum eine vollkommen gleichmäßige Krone gebildet. Viele Jahre wartete ich vergeblich darauf, dass die Flügelnuss ihre typischen langen Samenschnüre tragen würde. Und erst als ich die Hoffnung bereits aufgegeben hatte, zeigten sie sich. Es muss das siebzehnte Standjahr gewesen sein, als sich der gesamte Baum mit Tausenden, circa vierzig Zentimeter langen Rispen schmückte. Ich tanzte vor Freude um den Baum herum, tanzte den kaukasischen Samenschnurwillkommenstanz …

»Möchtest du ein Stück warmen Apfelkuchen mit mir essen? Was machst du denn da?« Die Stimme meiner Mutter riss mich aus meiner Anbetung. Ich hatte sie nicht kommen hören. Sie sah mich fragend an.

»Ich versuche den Baum zu beschreiben, Mama. Ihn wirklich zu verstehen, ihn zu meinen.« »Was hast du geschrieben? Magst du es mir vorlesen?« Nachdem sie sich meine Betrachtung angehört hatte, schwieg sie. »Das geht mir so oft so, Mama, dass ich etwas schreibe und es auch ganz gut finde, aber den Kern habe ich nicht erwischt. Es gibt immer die eine Formulierung, die noch treffender ist, die näher an das Geheimnis heranrückt, das allem innewohnt. Was, findest du, ist das Besondere an diesem Baum?« »Er hat etwas von einem vielköpfigen Wesen. Einer Hydra. Wenn Sturm ist, dann wird sie lebendig und die Stämme werden zu Hälsen, die sich winden, und die Baumkrone zu einer im Wind wallenden Mähne.« »Das ist gut, Mama, das ist viel besser als das, was ich geschrieben habe.« »Was allerdings mühsam ist, sind die meterlangen Wurzeln, die überall wieder austreiben. Alle paar Wochen muss ich die Triebe kappen. Geh mal in den Teich, der ist herrlich klar heute. Und dann guck mir beim Holzhacken zu.« Wir liefen nebeneinander über die Wiese. Schon immer hatte ich das an meiner Mutter bewundert, dass da etwas in ihr war, das unbedingt vorwärts wollte, eine Richtung hatte. Nie sah es bei ihr so aus, als würde sie gehen, um etwas hinter sich zu lassen. Meine Mutter kam nie irgendwoher, immer wollte sie irgendwohin. Und immer gab es Unmengen zu tun, immer war das nicht Geschaffte, nicht Erledigte, nicht Bewältigte ein gigantischer

Berg, unter dem das bereits Geschaffte, Erledigte und Bewältigte begraben wurde. Nun allerdings sagte sie etwas zu mir, das ich noch nie aus ihrem Mund gehört hatte. »Komm, bevor ich Holz hacke, setzen wir uns ein wenig auf die Bank. Ich habe ein neues Hobby: sitzen.« Wir nahmen Platz auf einer der beiden Wiener Parkbänke, die ich ihr zum achtzigsten Geburtstag geschenkt hatte. Mit ihren Jugendstil-geschnörkelten Kopfenden stehen diese Bänke in langen Reihen in den Wiener Parkanlagen, in Schönbrunn und im Belvedere. Hier sahen sie etwas deplatziert aus, wie Adelige in der Verbannung, aber das Sitzgefühl erinnerte mich jedes Mal an die vielen Augenblicke, da ich auf diesen Bänken verweilend in Wien Texte memoriert hatte. Wir schwiegen und sahen über das parkähnliche Grundstück. »Unglaublich, wie riesig die Sumpfzypressen geworden sind«, sagte ich. »Wunderschön«, antwortete meine Mutter, »ich liebe deine Sumpfzypressen! Ich will unbedingt noch erleben, dass sie Luftwurzelknie bekommen. Bald werde ich mit dem Mäher nirgends mehr durchkommen. Die grüne Hölle wird mich fressen. Eines Tages werde ich einfach weg sein, von Unkraut verschlungen. Ach ja, ich habe dir eine rote Latzhose gekauft und dazu ein rotes Thermohemd. Beides XL.« »Danke, Mama.« »Ganz in Rot finde ich dich auch leichter. Dann kann ich immer sehen, wo du auf dem Grundstück bist.«

Bei meinem dritten Schreibversuch an diesem Morgen saß ich auf einem Mäuerchen: Meine Mutter trug blaue Plastikclogs, eine helle Hose und dazu einen dünnen schwarzen Wollpullover mit V-Ausschnitt. Ihre weißen schulterlangen Haare hatte sie streng nach hinten geknotet. Sie positionierte den Holzscheit auf dem Klotz, holte weit aus, hielt inne und sah mit erhobener Axt zu mir herüber, schielte mich mit aufgerissenen Augen an und ließ die Klinge hinabsausen. Sie konnte fantastisch schielen, ich kannte diesen Blick seit meiner Kindheit.

Einmal, als sie zu meinem Klassenlehrer Herrn Tiedemann in die Grundschule musste, hatte sie mich mitten im Gespräch, als sich der Lehrer kopfschüttelnd durch meine von seinen Korrekturen übersäten Arbeiten blätterte, über seinen Kopf hinweg mit riesigen Augen angeschielt und mir so alle Angst genommen.

Die gespaltenen Holzstücke fielen links und rechts vom Hackblock und landeten dort, wo auch schon andere Stücke lagen. Jedes Mal, wenn sie die Axt hob, sah ich unter dem Stoff der Pulloverärmel die Kontraktion ihrer Bizepse. Schon beim Bad im Meer war mir das aufgefallen. Natürlich war sie alt geworden, aber unter der faltigen Haut verbargen sich überall zähe, an Arbeit gewöhnte, ja gestählte Muskeln. Alle ihre Enkel hatten sie ständig zum Armdrücken herausgefordert und hatten selbst noch gegen sie verloren, als sie bereits junge Erwachsene geworden waren. Meine Mutter mochte es, beim Armdrücken zu gewinnen, und einer ihrer Lieblingskommentare war es, mitten im Wettkampf, wenn die Köpfe schon rot und die Finger weiß wurden, »Hast du eigentlich schon angefangen?« zu fragen.

Meine Mutter liebte Holz und Feuer. Sie war schon immer eine wahre Pyromanin gewesen und besessen davon, perfekte Holzstapel anzulegen. Sie betrieb eine akkurate Holzwirtschaft, und rund um das Bauernhaus und den Stall waren fantastisch sortierte Stapel zu bewundern. Jede Holzstückgröße wurde geschichtet, und kein Tag verging, da sie nicht über das Land wanderte und Birkenreiser einsammelte, um diese mit Bastfäden zu Anzündholz zusammenzubinden. Sie war durch ihre Jahrzehnte währende Sortier- und Stapeltätigkeit zu einer Meisterin der Schichtkunst geworden.

Sie plante genau, wann welche Scheite in den Stall wanderten, um dort zwischengelagert zu werden, bis sie dann verfeuert werden durften. Ihrer Meinung nach war sie die

Einzige, die wusste, wie man die verschiedenen Öfen zu heizen hatte. Der Grundofen brauchte nur einen Arm voll Holz, um den ganzen Tag Wärme zu spenden. Das war ein immer wiederkehrender Ausdruck: der Arm voll Holz. Auch Lagerfeuer waren ihr Hoheitsgebiet. Ein rauchendes, nicht fachmännisch geschichtetes Feuer konnte sie ärgern, Holzstücke, die nicht brennen wollten, ihren Zorn erregen. Dann wurde gestochert, umsortiert und mit dem Feuer gesprochen. Wenn es ihr nicht gelang, einen Scheit so zu positionieren, wie es ihr vorschwebte, war es auch schon vorgekommen, dass sie einfach mit der bloßen Hand in das Feuer griff, um den glühenden Störenfried zurechtzuschieben. Ihre Hitzeunempfindlichkeit war legendär. Kuchenformen wurden mit den Händen aus dem Ofen geholt, mit kochend heißer Marmelade befüllte Gläser händisch zugeschraubt und jeder zu löschende Kerzendocht mit den Fingern ausgedrückt.

Seit Jahren hatte sie einen Mann aus dem Dorf, der ihr dabei half, die stets vom eigenen Grundstück stammenden Bäume zu fällen und zu zersägen. Aber sobald es daranging, die Scheite zu hacken und zu stapeln, durfte niemand mehr Hand anlegen außer ihr. Tagelang versank sie in dieser Arbeit, ging zwischendurch im Teich schwimmen, um sich abzukühlen. Ich liebte es, mich in die Wiese zu setzen und lesend den Rücken an einen ihrer Holzstöße zu lehnen. Und oft hatte ich dabei genau den Baum vor Augen, der durch die Mutterhände zu Kleinholz verarbeitet worden war. Eines Abends am Feuer hatte sie mir ein Rätsel enthüllt. Ich erinnere mich genau an diesen Dialog.

»Weißt du eigentlich, warum ich Feuer so sehr liebe?«, hatte sie mich gefragt, ohne den Blick von den Flammen abzuwenden. »Nein, Mama, warum?« »Feuer verbrennt das Chaos in mir.« »Was meinst du damit?« »Für mich gibt es nichts Beruhigenderes, als in ein Feuer zu schauen. Ich hab damit angefangen, als dein Bruder verunglückte. Da hab ich mir hier oft ein Feuer angezündet und mich davorgesetzt. Ich habe so eine irrsinnige Unruhe in mir, immer gehabt, aber im Feuer verschwindet das alles. Es ist gleichzeitig gebändigt und wild.« Und sie wiederholte den Satz: »Feuer verbrennt das Chaos in mir.«

Mutter singt

Am folgenden Morgen hatte sie mich, bevor sie, wie eigentlich fast jeden Tag, in den Baumarkt gefahren war, gebeten, ihr zu helfen, drei massive Holztische in den Garten zu tragen. Doch aufgrund unsers Größenunterschiedes war es mühsam, und ich stolperte mehrmals, was meine Mutter die Aktion entnervt abbrechen ließ. »Wie ungeschickt du geworden bist. Das halt ich nicht aus. Ich schaffe das schon, mein lieber Sohn. Mach du mal lieber das, was dir liegt. Geh schreiben.« »Wie willst du das denn allein schaffen? Du darfst halt nicht so schnell gehen.« »Nein, nein, das dauert mir zu lange mit dir. Geh schreiben.« Ich hatte keine Ahnung, wie sie die Tische allein zu heben gedachte, wusste aber, dass sie nicht zu überzeugen war. Ich setzte mich an den Schreibtisch. Es dauerte nicht lange, und ich hörte unseren Rasentraktor losknattern. Meine Mutter fuhr winkend in hohem Tempo an meinem Fenster vorbei, die beiden fehlenden Tische auf dem Anhänger des Traktors mit einem Seil festgezurrt. Wie es ihr gelungen war, die Tische aufzuladen, war mir schleierhaft. Schon immer hatte mich meine elegante, zarte Mutter mit ihren Kräften überrascht. Einmal war ich morgens in die Schule gegangen, und als ich mittags nach Hause kam, hatte sie das Wohnzimmer komplett umgestellt, inklusive eines riesigen Holzschrankes, den beim Einzug vier

Männer mit Gurten getragen hatten. »Den habe ich auf dem Teppich rübergezogen! Er wollte erst nicht, aber dann hat er aufgegeben.«

Meine Mutter sprach gerne mit den Dingen, stand in permanentem Austausch mit allem, was sie umgab. Mit einem »Wirst du wohl aufhören!« wurden stachelige Brombeerranken zurechtgewiesen, mit einem »Oh, entschuldige bitte, ich hab dich nicht gesehen!« nach dem Niedertreten eines Malvenschösslings um Verzeihung gebeten. Auch kurze Kommandos wurden gegeben: »Steh!« zum Stuhl auf unebenem Grund, »Koch!« zur Soße auf dem Herd oder »Mach schon!« zum Wasser im Schlauch. Im Schuppen, nach dem Mähen, wurde der Aufsitzmäher mit einem Tuch zugedeckt, und auch da hatte ich belauscht und beobachtet, wie sie dem während des Abkühlens knackenden Gefährt die Hand auf die Motorhaube legte und »Alles gut« oder »Danke« sagte. Nie hatte das auf mich einen verschrobenen Eindruck gemacht. Das Duzen der Natur und Gegenstände hatte sich im Laufe der Zeit auf immer mehr Bereiche ausgeweitet. Vielleicht, so dachte ich, hatte das auch mit dem ständigen Alleinsein zu tun. Sie sagte: »Oh, du bist aber frisch heute« beim Eintauchen mit dem Fuß in das Teichwasser. Oder wenn unerwartet die Sonne durch die Wolken brach, sah sie blinzelnd nach oben und rief: »Sehr freundlich, dass du dich auch mal wieder blicken lässt.« Und wenn durch das Haus schallte: »Wo bist du?«, und nicht ich, sondern der Autoschlüssel gemeint war, erfreute es mich mehr, als dass es mich beunruhigte. Auch mit Tieren stand sie in regem Austausch. Immer wieder staunend hatte ich beobachtet, dass die Vögel nicht aufstoben, wenn meine Mutter durch den Futterkamin das Vogelhaus mit Sonnenblumenkernen befüllte. Als Mama von Assisi stand sie da und plauderte mit Meise und Dompfaff. Es gab natürlich auch

Feinde. Doch meine Mutter legte Wert auf Umgangsformen und entschuldigte sich bei den Nacktschnecken, bevor sie sie mit der Schuhspitze über die Hecke kickte. Maulwürfe waren kaum zu bezwingende Gegner auf dem Gelände. Und nur wenn keine Verwandtschaft zugegen war, wurde ihnen hemmungslos mit brutalen Fallen nachgestellt. Aber es gab auch eine abenteuerliche Muttermethode zum Vertreiben der nimmermüden Haufenwerfer: Meine Mutter kniete sich auf die Wiese, wischte den Hügel beiseite, wühlte die Finger in die herrlich krümelige schwarze Erde, bohrte den Gang frei, beugte sich über den Eingang, schöpfte tief Atem, legte die Lippen ans Loch und sang in den Maulwurfsgang hinein, sopranisierte, wenn man das so sagen kann, die blinden Tunnelbewohner.

Als ich vom Computer aufsah, konnte ich sie im Garten dabei beobachten, wie sie die Tische fürs Sommerfest deckte, die Tischdecken unter Berechnung des Windes geschickt über die Tischplatten wehen ließ und mit Klemmen feststeckte. Sie hatte es eilig, da sie sich, während sie Teller und Tassen hinaustrug und Vasen mit frisch geschnittenen Blumen bestückte, gleichzeitig um mehrere Kuchen kümmern musste. Meine Mutter kann in einem solchen Affenzahn Kuchen backen, dass es aussieht, als würde in ihrer Küche eine Kochshow im Schnelldurchlauf abgespult. Wobei sie weder Kochbücher noch einen Messbecher noch eine Waage verwendet, da sie alle Zutaten rein nach Gefühl zusammenrührt. Rezepte sind meiner Mutter suspekt, und Mengenangaben versteht sie als Eingriff in, ja vielleicht sogar als Angriff auf ihre Unabhängigkeit. Sie buk gleichzeitig Käsekuchen mit Rosinen, Rhabarberkuchen mit Baiserüberzug und Apfelkuchen mit einzigartigen Butterbröseln für die Damen der Domkantorei. Überhaupt war das Wort »gleichzeitig« einer der Schlüsselbegriffe zum Verständnis meiner Mutter. Es war eine nie erlöschende Emsigkeit in ihrem Wesen. Während sie mit der einen Hand den Kuchenteig mit dem Mixer rührte, schnitt sie gleichzeitig mit der anderen Hand die Rhabarberstangen in Stücke. Während sie die Backform kreisförmig mit Apfelstückchen belegte, wusch sie gleichzeitig die Rührschüssel für den nächsten Kuchen unter dem fließenden Wasserhahn sauber. Tätigkeiten, die unumgänglich ihre Beidhändigkeit einforderten, empfand sie schnell als zu zeitraubend. Aber sie kannte Auswege, sich solcher Zwänge zu entledigen. Während sie Kirschen entkernte, zog sie gleichzeitig mit dem Fuß die Klappe des Ofens auf, um nach dem Käsekuchen zu sehen. Behänd lief sie zwischen Gartentisch und Haus hin und her. Plötzlich schien ihr die Wiese des von uns sogenannten »Alten Gartens« zu hoch gewachsen zu sein, und sie kam mit dem elektrischen Mäher aus dem Stall, stellte alle Stühle beiseite und schob das Gerät wie einen Staubsauger vor und zurück. Dann sah ich, dass sie ein Papier, offensichtlich eines der Notenblätter, entfaltete und auf den Griff des Mähers klemmte, und während sie weitermähte, sang sie gleichzeitig in den Lärm hinein.

Ich sah auf die Uhr, widerstand dem Griff nach dem Handy und beschloss meine Schreibversuche für den heutigen Tag zu beenden und mich um die überwucherten Zierquittensträucher zu kümmern. Das rote Thermohemd und die rote Latzhose waren riesig. Ich versank in der Montur und sah aus wie ein Gärtner, der durch eine schlimme Krankheit an Gewicht verloren hatte. Ich holte mir Gartenhandschuhe und fuhr mit der Schubkarre zu den Sträuchern. Die Arbeit ging mir schnell auf die Nerven, da ich sie mir wesentlich kontemplativer vorgestellt hatte. Die Dornen stachen durch die zu kleinen Handschuhe, und die Sträucher waren so dicht, dass ich an das Unkraut kaum herankam. Meine Mutter kam zu mir und sagte einen Satz, den ich schon oft von ihr gehört hatte: »Oh, wie gut, das werden sie dir danken.« Ich versuchte mich zu entspannen und begann von Neuem. Nur langsam wurde ich geschickter, bog die Zweige beiseite, um das Unkraut möglichst tief unten abrupfen zu können. Mehrere selbst ausgesäte Eschentriebe kürzte ich ein. Sie auszureißen, war unmöglich. Jedes Jahr würden sie wieder ausschlagen. Die Blüten der Zierquittensträucher hatte ich seit Jahren nicht gesehen, da ich verlässlich während der Frühlingsmonate Theater spielen musste. Auch die Kirschblüte verpasste ich stets, und vor lauter Sehnsucht nach den Bäumen schickte ich meine Mutter mit ihrem iPad über das Grundstück, um mir zu berichten. Ich facetimte dann mit meinen Bäumen und rief: »Höher, Mama! Tiefer, Mama! Oh wie herrlich, schau dir diese Blüten an!« »Ich sehe sie ja, mein lieber Sohn. Wie schade, dass du nie hier sein kannst, wenn alles blüht. Es ist so herrlich.« »Bitte bring mich jetzt zur Mispel. Ich liebe die Blüten der Mispel so sehr, Mama.«

Als ich alle drei Sträucher unkrautfrei gezupft hatte, pflückte ich die leicht fauligen Zierquittenfrüchte des letzten Jahres ab und schleuderte sie in den Knick. Dann hakte ich mit den Fingern das vertrocknete Laub zwischen den Ästen heraus und lockerte den steinhart ausgedörrten Boden auf. Noch nie hatte ich unseren Garten, der vielleicht sogar ein kleiner Park war, dreieinhalb Hektar groß, und von meiner Mutter mit Großgrundbesitzerinnenattitüde gerne »unsere Latifundien« genannt wurde, derart ausgetrocknet erlebt.

Die ersten Damen kamen an. Ich hörte freudige Begrüßungen und Gelächter. Meine Mutter hatte sich umgezogen, geschminkt, knallroten Lippenstift aufgetragen und sah umwerfend aus. Schon immer hatte sie sich blitzartig verwandeln können. In zehn Sekunden vom bemehlten Küchenoktopus mit acht fuchtelnden Armen zur mondänen Gastgeberin. Oder von der ganz mit Staub bedeckten und in Spinnennetze eingesponnenen Stallaufräumerin zur Badenixe mit Whiskyglas. Einmal mit den Fingern geschnipst und sie war eine andere.

Von fern verfolgte ich, wie sich die Plätze füllten. Alle Damen wirkten ungemein agil, ja drahtig. Ich rechte alles Unkraut zusammen und fuhr es mit der Schubkarre zu einem Platz am Rand des Birkenwäldchens, wo wir Gartenabfälle entsorgen. Beim schwungvollen Hinaufschieben der Schubkarre, um die Abfälle möglichst weit oben auf den Haufen zu kippen, war ich plötzlich froh. Ein schnell wieder versiegender Schauer ungebrochener Lebensfreude hatte mich durchrieselt, wie ich ihn schon lange nicht mehr gespürt hatte. Ich ging in den Stall, nahm einen Sack mit Rindenmulch, dessen Geruch mich immer an meine Kinder erinnert, da ich mein halbes Leben auf Spielplätzen zugebracht habe. Sobald ich Rindenmulch rieche, denke ich, jetzt muss ich wippen. Ich verteilte die Rindenstückchen unter den Sträuchern, um das Unkraut wenigstens für ein paar Wochen einzudämmen.

Der über neunzigjährige Chorleiter schritt bedächtig auf einen Stock gestützt zur Kuchentafel und wurde mit großem Hallo begrüßt und sogar vereinzelt für sein Erscheinen beklatscht. Meine Mutter kam zu mir und lobte mich für meine Arbeit. »Oh, das sieht ja fantastisch aus. Großartig, lieber Sohn. Komm, es gibt eine Stärkung für dich.« »Ich mache das nur noch schnell fertig, Mama!« Ich holte mir eine Gartenschere und schnitt die vertrockneten Zweige aus den Sträuchern. Mit jedem Arbeitsschritt schienen sowohl meine Ausdauer als auch die Sorgfalt zu wachsen. Zum Abschluss befüllte ich zwei Gießkannen und wässerte die Sträucher. Der Boden war so knüppeltrocken, dass das Wasser kaum ins Erdreich eindrang. Ich wartete ein wenig, bis sich die obere Schicht durchweicht hatte, und holte zwei weitere Kannen.

Den langen Weg vom Wasserhahn im Hof zu den Zierquittensträuchern mit den schwer schwappenden Kannen zurückzulegen, schien mir die beste und sinnvollste Tätigkeit der Welt zu sein. Fertig. Ich besah mir mein gärtnerisches Tagwerk, ging ins Badezimmer und bürstete mir ausgiebig die erdverkrusteten Hände.

Die Damen aus der Schleswiger Domkantorei kannte ich seit Jahrzehnten. Ich wurde überschwänglich begrüßt. Doch meine Möglichkeit, mich an Gesprächen zu beteiligen, in Wortrunden einzusteigen, entspannt in größeren, leider zunehmend auch in kleineren Runden zu verweilen, hatte in den letzten Monaten kontinuierlich abgenommen. Es war gar nicht so sehr, dass mich die Gespräche nicht interessierten, vielmehr überforderten mich ineinander und übereinander gesprochene Sätze. Seit meinem Schlaganfall verlor ich in Geräuschkulissen schnell die Orientierung. In meinem Kopf kam nur die Lautstärke an, die Frequenz, in der etwas gesagt wurde, aber ohne Inhalt. Nur die Hülsen der Worte, nicht aber ihre Kerne. Ich gab mein Bestes, einige Fragen nach meiner Arbeit in Berlin zu beantworten, setzte mich aber nicht und sagte, ich müsse leider noch eine dringende Mail beantworten. »Ich würde mich auch nicht zu zwanzig alten Schachteln setzen, wenn ich noch jung wäre«, rief eine der Damen in dic Runde und fand großen Anklang mit ihren Worten. In der Sommerluft hing ein einzigartiges Duftgemisch aus zwanzig Parfümen, drei noch ofenwarmen Kuchen und den von meiner Mutter mit zig Rosen bestückten Vasen. Mit einem großen Stück Rhabarberkuchen und einer Tasse Kaffee verabschiedete ich mich. Meine Mutter sah glücklich aus, sie mochte es, Gastgeberin zu sein, ließ aber auch keinen Zweifel daran, wer in diesem Paradies das Sagen hatte, und ergriff immer wieder das Wort, um Grundsätzliches zu äußern. »Ich weiß ja, dass einige von euch lieber im Meer schwimmen als im Teich, aber das war mir im letzten Jahr zu viel Hin und Her. Bleibt dieses Jahr bitte alle auf dem Grundstück. Und wenn ihr duschen wollt, dreht bitte nicht die Temperatur des Durchlauferhitzers hoch. Strom ist teuer, und achtzehn Grad sind mehr als genug.«

Sie warf mir einen sehr vertraulichen Blick zu, den nur ich lesen konnte, der fragte: »Geht es dir gut?« Ich nickte. Ich ging ins Haus zu den Büchern. So viele hatte ich gelesen, und ich erinnerte mich an so wenig. Eigentlich, dachte ich, ist diese Bücherwand eine Art von Friedhof, die Buchrücken Hunderte Grabplatten mit Inschriften wie in einer Urnenhalle und ich bin ein Besucher voll verblassender Erinnerungen an die Verstorbenen. Ich nahm mir wahllos ein Buch und legte mich in die Hängematte. Ich war müder, als ich gedacht hatte, und schloss die Augen. Als ich aufwachte, war mir, als wäre ich nun doch gestorben. Herrlichster Gesang ertönte und verwob sich mit dem Rascheln der Blätter des Birnbaumes über mir. Die Hängematte schwankte leicht hin und her, und ich wusste für eine sich ewig hinziehende Sekunde nicht, was mir widerfuhr. Ich hielt die Augen geschlossen und lauschte. Es klang wie ein Choral, und Satzfetzen wehten herüber. Ich verstand einzelne Worte wie Trost und Jammerkrug und dann einen ganzen Satz: »Gott kann den Wermutsaft gar leicht in Freudenwein verkehren.« Nur allmählich, wie aus einer Narkose erwachend, begriff ich, dass es die Damen der Kantorei waren, die zu singen begonnen hatten. Das Trugbild zerfiel, und nun hörte ich auch, dass der ein oder andere Sopran schon ein wenig an Elastizität eingebüßt hatte und dass die Birnbaumblätter vertrocknet waren, und spürte, dass der Wind eher kühl als lau herüberwehte. Ich linste über den Rand der Hängematte und sah die Damen in vier Stuhlreihen auf der Wiese sitzen. Vor ihnen saß der greise Chorleiter mit einem Dirigentenstab. Es sah aus, als hätte ein neugieriger Gott vorsichtig die Kirche über ihnen an der Kirchturmspitze in die Höhe gelupft. Der hochbetagte Chorleiter schien eingeschlafen, hatte den Kopf gesenkt, doch sein Arm war voller Energie, und der Dirigentenstab zuckte und schwebte durch den Gesang. Ich sah auch meine Mutter, mittig in der ersten Reihe, beherzt singen. Mir kam ein Bild von Cranach in den Sinn, das ich in Berlin gesehen hatte. Greise Frauen werden getragen oder in Schubkarren zu einem Jungbrunnen gebracht. Verschrumpelt und ermattet sinken die verwelkten Körper in das verjüngende Wasser. Sie planschen ein wenig, und dem Becken entsteigen zig junge Frauen von Cranach'scher Zartheit. Befremdlich allerdings ist, dass sie alle gleich aussehen, von schaler Ähnlichkeit sind, als hätte sie die Verjüngung jeglicher Individualität beraubt. Ich stellte mir vor, wie die Damen der Kantorei sich singend erheben würden, wie sie auf dem Weg zu unserem Teich erst die Notenblätter, dann die Kleidung fallen lassen und eine nach der anderen vom Steg über die Schwimmleiter ins Wasser klettern würden. Das gäbe eine stimmungsvolle Prozession, dachte ich. Einzig der Dirigent, der mit seinem Rauschebart ein wenig wie ein norddeutscher Abraham Lincoln aussah, bliebe weiter, den Taktstock schwingend, auf der Wiese zurück, als würde er die Natur dirigieren. Ich verlor mich in diesem Bild. Doch dann fragte ich mich, ob die zwanzig Damen der Kantorei überhaupt verjüngt werden wollten. Sie schienen ja total zufrieden zu sein, so wie sie Kuchen gefuttert, gelacht hatten und nun da saßen und sangen. Vielleicht, dachte ich weiter, wäre für mich das Gegenteil eines Jungbrunnens genau das Richtige. Ich würde ins Wasser steigen, mit jedem Zug würden die Kräfte schwinden, gealtert und tattrig würde ich auf das Ufer robben, mit der Schubkarre abgeholt und zum Wiesenchor gefahren werden. Ich würde abgetrocknet und in einen Bademantel gehüllt werden und Notenblätter gereicht bekommen. Steinalt wäre ich geworden, könnte aber endlich wunderschön singen.

Nach dem Freiluftkonzert waren die Damen durstig geworden, bekamen Sekt und wurden Gläschen für Gläschen ausgelassener. Ich setzte mich zu ihnen und versuchte etwas von der allgemeinen Heiterkeit für mich abzuzwacken. Vielleicht war es ja möglich, wie ein Vampir ihre Resilienz anzuzapfen. Doch schon bald wurde es aberwitzig, ja unerträglich laut. Heimlich legte ich mein Handy auf den Tisch und maß mit einem Dezibelzähler, den ich aus Gründen der Selbstfürsorge installiert hatte, die Lautstärke der sektseligen Damenrunde. Das Messergebnis wurde mir rot blinkend angezeigt: 95 Dezibel = Hauptverkehrsstraße, Holzfräsmaschine, Ghettoblaster.

Ein Zwischenfall sorgte kurzzeitig für Entsetzen, dann aber schon bald für ausgelassene Heiterkeit: Der hochbetagte Dirigent wurde aus der Sonne in den Schatten gesetzt. Dort versanken Zentimeter für Zentimeter die Hinterbeine seines Stuhls im lockeren Boden. Es sah aus, als würde er in Zeitlupe rücklings in eine andere Welt abkippen. Ohne eine Spur von Panik in der Stimme rief er in schönstem Norddeutsch zu den Damen hinüber: »Hier geht gerade was schief!« Es wurde aufgesprungen, zu ihm gerannt und »Oh Gott« gerufen, was plötzlich nicht nur wie Entsetzen klang, sondern wie die tatsächliche Anbetung des Allmächtigen. Der Dirigent und Chorleiter wurde mit vereinten Kräften an den Lehnen seines Stuhls aus seiner misslichen Lage befreit, in die Höhe gewuchtet, ein paar Meter wie in einer Sänfte durch die Luft getragen und auf einem tragfähigeren Schattenplatz wieder abgesetzt. Er selbst war sich seines grotesken Anblicks wohl bewusst und grüßte während des Transports, wie die Queen mit lockerer Hand, in Richtung der anderen Damen hinüber.

Wenn meine Mutter damit begann, den Tisch abzuräumen, wussten die Gäste, dass nun die Zeit gekommen war, umgehend aufzubrechen. Niemand fragte, ob er beim Abdecken helfen solle, da alle ihre Antwort kannten. Man machte sich auf zu den Autos. Mit einer gewissen Gebrechlichkeit lässt sich leichte Trunkenheit vortrefflich kaschieren, dachte ich beim Beobachten der Damen. Unter vielen Achs und Ohs bogen sie die künstlichen Knie und falschen Hüften und mühten sich in die zu tiefen Sitze der Kleinwagen. Die Kolonne setzte sich schlingernd in Bewegung, und aus den heruntergelassenen Autofenstern wurde gewinkt. Meine Mutter stand in der Mitte des Sackgassensträßleins, winkte ebenfalls den kleiner werdenden Autos hinterher und sagte wie zu sich selbst: »So, geschafft. Bis zum nächsten Jahr.« Mir fiel auf, dass noch ein Auto etwas weiter den Weg hinunter unter den Birken parkte. »Wem gehört denn der Wagen dahinten, Mama?« »Ich glaube, Irmgard. Also so was.« Laut rufend lief sie über die Wiese, sie schrie geradezu den Namen der Verschollenen und fand Irmgard auf der Schaukel. »Früher konnte ich das so gut«, erklärte uns Irmgard, »aber jetzt komm ich einfach nicht mehr in Schwung.« »Warte, ich schups dich an!«, bot meine Mutter an, stellte sich hinter ihre Kantoreifreundin und stieß diese immer höher von sich. Erst lachte Irmgard noch, aber dann rief sie: »Susanne, genug, mir wird komisch.« Auch ich versuchte, meine Mutter zu bremsen. »Ich glaube, es reicht, Mama.« Doch meine Mutter wollte Irmgard fliegen sehen. »Du kannst auch einfach abspringen, wenn du willst, Irmgard. Ich bin immer am weitesten geflogen als Kind. Spring!« »Dann bin ich tot. Halt jetzt an, mir wird schlecht.« Ich drängelte mich vor meine Mutter, in deren Augen ich eine mir wohlbekannte Lust sah, etwas auszureizen, auf die Spitze zu treiben, und bremste die alte Dame möglichst sanft ab. »Alle sind schon los. Was machst du denn noch hier?«, wollte meine Mutter von Irmgard wissen. »Es ist so einmalig schön hier bei dir«, sagte diese, »wie im Paradies.« Und auch wenn meine Mutter für Wertschätzungen jeglicher Art sehr empfänglich war, bat sie Irmgard, nun zu gehen, sich bereitwillig aus ebendiesem Paradies vertreiben zu lassen. »Soll ich dir wirklich nicht noch helfen, Susanne?« »Unter gar keinen Umständen, Irmgard. Tschüss!«

Ich allerdings setzte mich durch und fuhr mit dem Rasentraktor die Tische zurück zum Schuppen, während meine Mutter flink hier- und dorthin eilte und für Ordnung sorgte.

Später an diesem Tag legte ich mich in die Sauna und war dann doch sehr froh, noch nicht gar so alt zu sein wie die singende Gästeschar. Mit einer beherzten Arschbombe sprang ich zur Abkühlung in den Teich. Die Blesshühner flatterten zu Tode erschrocken auf, als ich im Wasser einschlug. Schon lange hatte ich meinem Herzen keine solche Überraschung mehr bereitet, und es pochte mir zur Belohnung eine wilde Fanfare gegen die Rippen.

Auch meine Mutter ging in die Sauna, und als sie schon über zwanzig Minuten verschwunden war, stellte ich mich vor die Holztür und rief: »Alles in Ordnung da drin, Mama?« »Ja, na klar. Wieso? Bin gleich fertig.« Ich hörte ein seltsames Geräusch. Es klang wie ein Schleifen. Ich ging auf die Tür zu und lugte durch das winzige Fenster ins Innere. Dort saß meine Mutter splitterfasernackt im Dampf und schärfte mit einem Schleifstein eine Sichel. Ich konnte kaum fassen, was ich da zu sehen bekam. »Mama, was um alles in der Welt machst du da?« Rhythmisch den Stein über die Schneide ziehend und in Schweiß gebadet rief sie: »Ich schleife die Sichel! Mir ist soooo langweilig hier drin. Ich komme gleich. Ich muss noch den verblühten Goldfelberich absicheln. Und jetzt verschwinde mal vom Fenster, sonst schneide ich mich noch!«

Mutter macht Mut

Etwas später saßen wir saunarosig beim Whisky im sogenannten Backhaus zusammen. Dies war ein nur wenige Quadratmeter großes Häuschen, das von uns auf den Grundmauern eines baufälligen Backhauses neu errichtet worden war. Meine Mutter und ich saßen in den Sesseln meiner Großeltern. Die beiden wuchtigen Möbelstücke waren Monumente der Abgewetztheit und verbrachten hier gemeinsam ihren Lebensabend. Wir hatten die Flügeltüren geöffnet, und auf dem von einer Kastanie beschirmten Vorplatz brannte ein Lagerfeuer. Der Abendduft der wuchernden Geißblätter war so betörend, als hätten sich mehrere einparfümierte Opernsängerinnen in der Hecke versteckt.

»So, und nun erzähl mal. Was ist mit dir los, mein lieber Sohn? Was hast du wieder angestellt?« Da ich guter Dinge war, hatte ich nur wenig Lust, von meinen zig Krisen zu berichten, und auch meine ultimative Verfehlung, meinen pädagogischen Super-GAU, der den Ausschlag gegeben hatte, Berlin zu verlassen, wollte ich nur ungern preisgeben. Ich hatte geschrieben, ich hatte die Zierquittensträucher vom Unkraut befreit, und ich hatte drei Saunagänge gemacht. So aktiv war ich seit Wochen nicht mehr gewesen. »Könnten wir das Gespräch vielleicht vertagen? Es war so ein voller Tag. Es tut so gut, hier einfach nur zu sitzen mit dir.« Sie hob das Whiskyglas und prostete mir zu, um ihr Einverständnis zu signalisieren. Doch dann lächelte sie, machte ihr gewitzt schelmisches Gesicht und sagte: »Wenn ich nachts nicht schlafen kann, nehme ich mir die Taschenlampe und gehe in den Garten, Unkraut zupfen, bis ich müde werde.« »Ist das dein Ernst?« »Absolut! Ich hab sogar eine Stirnlampe. So viele Jahre hab ich immer gedacht, ich muss schlafen, und hab dagelegen und mich gelangweilt. Jetzt gehe ich in den Garten, grabe ein Beet um, und dann lese ich so lange, bis mir die Augen zufallen.« »Weißt du, Mama, was gerade nicht unkompliziert ist für mich? Ich bin ja auch hier, um zu schreiben. Aber ich weiß eigentlich nicht, worüber. Ich hab viel über unsere Toten geschrieben und über mich, aber jetzt bin ich in der Gegenwart angekommen. Ich kann und will nicht über meine Kinder schreiben. Die Katastrophen, die sich da ereignet haben, gehen niemanden etwas an. Die letzten Jahre waren brutal. Ich bin vor Sorge fast verrückt geworden. Je mehr ich versuche, die Dinge zusammenzuhalten, desto mehr droht alles auseinanderzufliegen. Die Toten waren meinem Schreiben immer wohlgesonnen, vielleicht auch schutzlos ausgeliefert, aber die Lebenden müssen in Ruhe gelassen werden.« Meine Mutter nahm sich eine der Käsestangen, die die gleichen waren, die auch immer auf dem Sofatisch der Großeltern gestanden hatten. »Schreib doch über mich.« »Über dich? Du bist doch noch nicht tot.« »Ja, ganz genau, über mich. Ich würd mich nämlich freuen, wenn ich es lesen kann, bevor ich sterbe. Aber ich bin halt nicht so wirklich interessant. Ich bin sechsundachtzig. Ich lebe auf dem Land, und mir geht es prächtig. Was willst du da groß schreiben?« »Bist du nie einsam?« »Doch, schon. Das hier mit jemandem zu teilen, wäre natürlich herrlich. Du und dein Bruder, meine Enkelkinder kommen alle viel zu selten. Aber wenn ihr dann kommt, ist es umso schöner. Ach, eigentlich bin ich nicht einsam. Es gibt so wahnsinnig viel zu tun hier. Spürst du das denn nicht?« »Was?« »Die Arbeit, die ruft. Ich spüre sie ununterbrochen. Tag und Nacht. Ich spüre, wie das Gras gemäht werden möchte und die vertrockneten Hortensienblüten abgerissen werden wollen. Ich gehe so gerne über das Grundstück. Es ist doch unglaublich, dass das alles mir gehört. Und von allen Seiten ruft es: Kümmere dich um mich. Ununterbrochen: Mäh mich, stutz mich, rupf mich, düng mich, ernte mich, grab mich um. So geht es das ganze Jahr. Der Stall beschwert sich: Streich mich! Der Schuppen jammert: Räum mich auf. Du lachst. Aber ich höre das wirklich. Ich höre immerzu, wie alles hier nach mir ruft. Das ist schön und schrecklich zugleich. Das zieht richtig an mir.« »Ja, das verstehe ich, Mama. Das ging mir mit meinen Geschichten ähnlich. Die wollten geschrieben werden, die haben so lange an mir gerüttelt und gezerrt, bis ich sie niedergeschrieben habe. Es kam sogar vor, dass ich das Gefühl hatte, meine Finger einfach nur machen lassen zu müssen, sie wie zwei übermütige Hunde von der Leine zu lassen und ihnen beim Herumtollen zuzusehen. Bis zu meinem Schlaganfall sind mir die Geschichten, unsere Geschichten, immerzu entgegengestürmt. Aber jetzt bin ich unsicher geworden. Es kommt mir oft irrelevant vor, was ich zu erzählen habe.« »Ach, das klingt ja regelrecht verzagt, mein lieber Sohn. Glaub mir. Die Menschen brauchen Geschichten. Auch heitere Geschichten. Es muss nicht immer um alles gehen, wenn es gut erzählt ist. Kein Mensch kann immer auf der Höhe der Zeit sein, schon gar nicht auf der Höhe dieser Zeit.« »Aber wenigstens ich selbst sollte doch daran glauben, dass es Sinn macht, was ich da tue.« »Du wolltest immer schreiben. Du hast schon als Kind geschrieben.« »Ich? Ich konnte doch gar nicht schreiben. Ich weiß bis heute nicht, wie man bestimmte Wörter schreibt. In der Grundschule bin ich in der ersten Klasse wieder nach Hause geschickt worden. Sitzen geblieben in der ersten Klasse. Wobei ›sitzen geblieben‹ der falsche Ausdruck ist. Ich konnte ja gar nicht sitzen, schon gar nicht still sitzen. Dieses Konzept des Sitzens war mir ein Rätsel. Ich bin da immer nur gestanden in der ersten Klasse und hab mit den Fingern geschnipst. Aber nicht weil ich etwas wusste, sondern weil ich nicht anders konnte als schnipsen. Und kein einziges Wort konnte ich ohne Fehler buchstabieren. Ich hab mich ununterbrochen geschämt für meine grenzenlose Dummheit.« »Aber geschrieben hast du trotzdem. Du hast dich davon nicht beirren lassen. Schon mit sieben hast du deine erste Geschichte geschrieben. Ein ganzes Heft voll.« »Was für ein Rechtschreibdesaster soll denn das bitte schön gewesen sein, Mama? Die Lebensbeichte eines Legasthenikers? Soll ich dir mal ein Geständnis machen?« »Nur zu, mein Sohn.« »Ich weiß bis heute nicht, wie man meinen vollständigen Namen richtig schreibt. Joachim Philipp Maria Meyerhoff. Ich habe keine Ahnung, wie man dieses Philipp schreibt. Zwei l oder zwei p? Ich muss im Reisepass nachgucken, wenn ich sicher sein will, vergesse es aber sofort wieder. Das ist doch eine Schande.« »Und ich wiederhole es noch einmal: Du hast trotzdem geschrieben. Warte, ich zeige dir etwas.« Meine Mutter stand aus dem Ohrensessel auf, in dem auch schon mein Vater gesessen hatte, in dem mein Vater kaum mehr hatte sitzen können, als er krank war und die Metastasen in die Oberschenkelknochen gewuchert waren. Diesem Sessel, dem meine Mutter nach dem Tod meines Vaters ein buntes Polster zur Trauerbewältigung verpasst hatte. Sie hockte sich vor ein Regal und zog verschiedene Mappen heraus, blätterte in alten Schulheften. Sie stand auf, kam zurück und legte ein graubläuliches Din-A5-Heftchen vor mir auf den Tisch. Es lag mit der Rückseite nach oben. Mehrere helle Stockfleckenwolken, Spuren von Filzstiftlinien. »Hier ist es. Gleich gefunden. Deine erste Geschichte. *Der Fisch, der viele Freunde hatte*.« Ich nahm das Heft in die Hand und drehte es um. *Jocki* stand darauf. Mein Kindheitsname, der mehr war als ein Spitzname. Alle nannten mich so, Jocki. Ich stellte mich als Jocki vor, unterschrieb mit Jocki und wusste, wenn jemand Joachim sagte, nicht, wer gemeint sein sollte. Erst mit dem Weggang aus Schleswig nach München auf die Schauspielschule wurde ich aus dem Jockinest vertrieben und musste mich zum Joachim mausern.

Ich sah hinunter auf meinen Namen. Große, trotzige, krakelige Buchstaben. Da entdeckte ich ein zweites Jocki links unten, vergeblich mit Rot übermalt. Der oberste Strich des J beginnt nicht von links nach rechts, sondern in die falsche Richtung. Von rechts nach links, wodurch der weitere Verlauf des Buchstabens aus dem Ruder gerät. Noch heute weiß ich plötzlich nicht, auf welcher Seite vom B die beiden Bäuche sind und ob ein g nach unten schlauft oder nach oben. All das stieg sofort wieder in mir auf, als ich nur das Deckblatt des Heftchens sah. »Na, klapp doch mal auf. Ist so eine schöne Geschichte.« Ich hatte keinerlei Erinnerung an dieses Heftchen, hatte den von meiner Mutter genannten Titel *Der Fisch, der viele Freunde hatte* noch nie gehört. Was würde ich zu sehen bekommen? Wahrscheinlich eine halbe Seite unfreiwillig komischer Kinderprosa voller Fehler. Ich klappte das Heft auf.

Eine fast leere Seite mit der vertrauten Dreiteilung der Linien, auf denen man zu schreiben beginnt. Doch gleich die erste Zeile: mit einer Bleistiftübermalung wieder getilgt. Ich hielt meiner Mutter die Seite hin. »Na, das fängt ja gut an.« Natürlich hatte ich nicht weitergeschrieben in der nächsten Zeile. Das kannte ich gut von mir. Es sollte perfekt sein. Ein Fehler gleich zu Beginn war inakzeptabel, unerträglich. Ich besah mir diese fast leere Seite, und ein erster kleiner Kummer stieg in mir auf, noch ganz ohne Tempo und Durchschlagskraft. Eher eine Kummerblase, die sich im Druck der Tiefsee nur minimal nach oben bewegt. Hatte ich nicht wenige Stunden zuvor genauso vor dem Computer gesessen, Anfänge getippt und wieder gelöscht? Hatte ich nicht gerade heute, fünfzig Jahre später, genauso nach Worten gesucht, mich verschrieben und alles wieder verschwinden lassen? War denn diese Unbeholfenheit niemals von mir gewichen? »Jetzt blättere mal um. Mein Gott, Sohn, was starrst du denn auf diese leere Seite? Es geht doch gleich los.« Ich tastete mit Daumen und Zeigefinger nach der papiernen Kante und schlug die Seite um. Lange hatte ich mein Schriftbild aus Kindertagen nicht mehr gesehen. Ich las:

der Fisch der vile Freinde hatte

Ich musste grinsen, flüsterte »Ojemine«, da das Wort *Freinde* einen ostpreußischen Anklang zu haben schien und der Titel wie eine uralte Sage aus dem Mährischen klang. »Bitte laut, ich möchte das doch hören, wenn ich schon dabeisitze«, forderte mich meine Mutter auf. Ich begann zu lesen. Es machte mir Freude, alle Wörter so zu betonen, wie ich sie damals niedergeschrieben hatte.

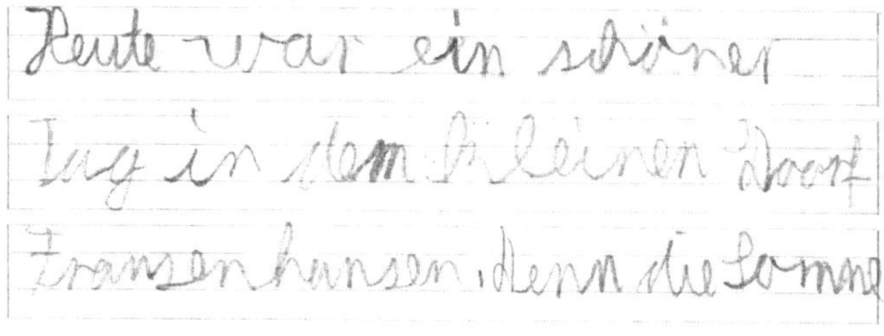
Heute war ein schöner
Tag in dem kleinen Dorf
Fransenhausen, denn die Sonne

schiхn und alle Kinder
spilten frölich. Aber Tom
war nicht drausen. Worum
das wuste keiner. doch alle
wusten das irgenetwas los
war mit Tom. Tom lag stil
auf seinem Bett und Las

ein Buch das von Fischen
handelte. Plötzlich sprang
Tom auf und lief zur
seiner Mutter. "Mama, M
mama!" wo bist du? Die
mutter stand in der Küche
und deckte grade den
Tisch. Da stant Tom

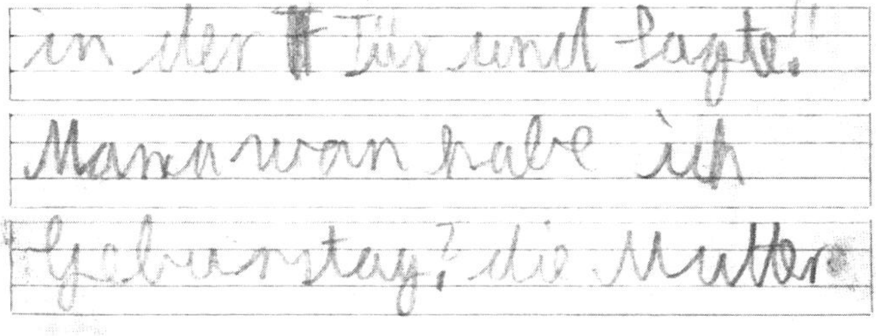

Ich blätterte um, und meine Mutter sagte: »Das mit Fransenhansen gefällt mir, das mit der ›Kuche‹ weniger. Warum steh ich in der Kuche?« Ich nahm einen Schluck aus dem Whiskyglas.

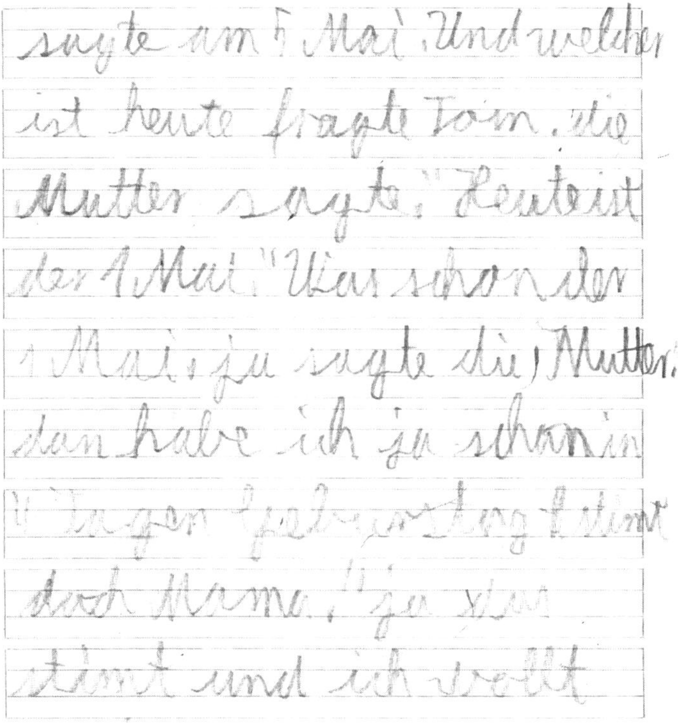

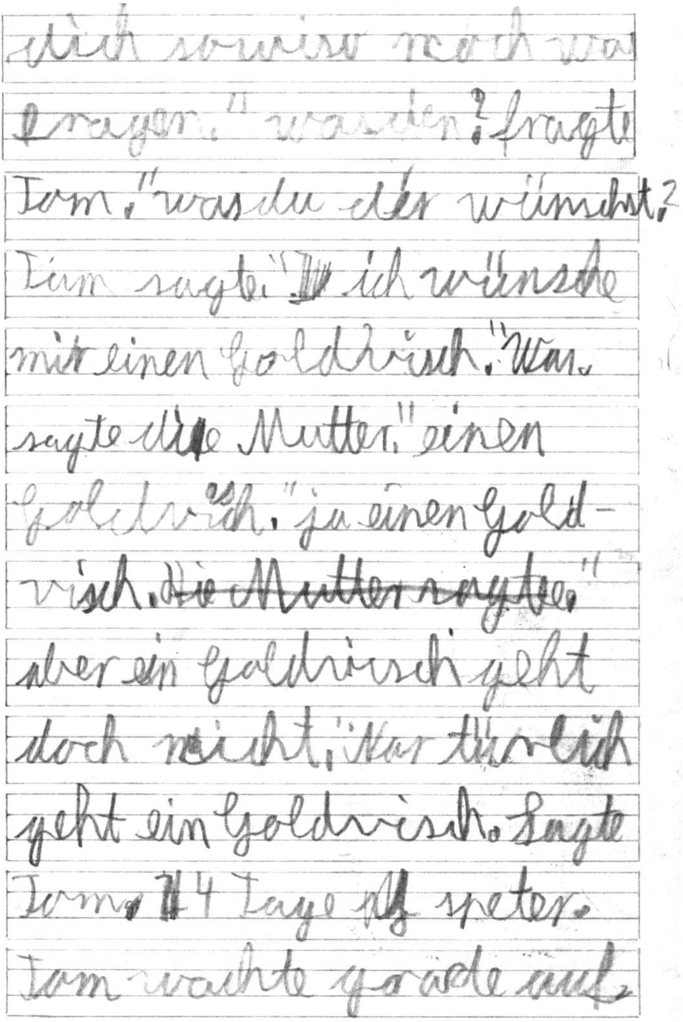
dich soweiso noch wa
ragen." "was den?" fragte
Tom. "was du dir wünschst?
Tim sagte: "ich wünsche
mir einen Goldvisch." "Was."
sagte die Mutter "einen
Goldvisch." "ja einen Gold-
visch. ~~die Mutter sagte.~~"
aber ein Goldvisch geht
doch nicht." "Natürlich
geht ein Goldvisch." Sagte
Tom. 4 Tage speter.
Tom wachte grade auf.

Wieder musste ich lachen. Es war, als würde ich durch fünffaches Insistieren auf der falschen Schreibweise des Wortes »Goldvisch« versuchen, dessen Orthografie in die Knie zu zwingen. Wer etwas oft genug so schreibt, wie er es für richtig hält, kann nicht danebenliegen. Ich blätterte um.

Und lief so schnell er
nur konnte in das
Geburtstagszimmer.
Da sa er plötzlich einen
gläsernen Kasten, was der
war den wuste er auch
nicht. Aber er wuste
das es was schönes
war, denn die Mutter
hatte vergessen das Preis-
schild abzumachen. Auf
dem Preisschild stand
8 DM und 15 Pf. da wuste
Tom sofort das es was
besonderes war. 4 Stunden

Es amüsierte uns beide gleichermaßen, wie unverstellt ich mich als jugendlicher Kapitalist präsentierte. Und ich erinnerte mich blitzartig daran, wie versessen ich auf Geld gewesen war. Wenn ich allein zu Hause gewesen war, hatte ich gerne mit beiden Händen in meine Pfennigsammlung gegriffen und dabei mein irrstes Lachen gelacht.

Auch hatte ich monatelang große Sorgen, dass unsere Familie bankrottgehen könnte, da mein Vater einer Steuerprüfung unterzogen wurde. Tagelang beugte sich ernst und wortkarg eine Dame vom Finanzamt über die schlecht sortierten Akten. Sie hatte auch am helllichten Tag die selbst mitgebrachte Lampe angeknipst und trank aus einer Thermoskanne. Ich legte wie ein Eichhörnchen verschiedene Nester mit Münzvorräten an, um meine Familie vor dem Ruin zu bewahren, und vergaß dann doch die Verstecke. Noch Monate später fand mein Vater Geld in seinen Winterstiefeln. Ich hatte außerdem mit einem doppelseitigen Klebeband zig Geldstücke unter mein Fensterbrett geklebt. Mit Beginn der Heizperiode wurde das Band wohl trocken, und hin und wieder machte es dann kling, klang, klong, wenn ein Geldstück zwischen die metallenen Eisenrippen des Heizkörpers fiel.

Vier Stunden! Wie wenig es doch braucht, um treffsicher eine dysfunktionale Familie zu beschreiben. Die Mutter in der Kuche, der Vater ein Langschläfer und der Sohn ein Pfennigfuchser.

[illegible] Die Eltern gingen
auch so ford ins Geburstags-
zimmer. Kam sie Rasten
ihren Tom. Tom sas schon
lange im Geburtstags-
zimmer und [illegible] A.

Da standen die Eltern
im Zimmer und sagten"
Sie gab Spaltin uns soll
mir gefallen." Na das ter-
trarium. "Ich kenne
kein Arkuarium." Na
der Glas Kasten. Ach der,
ach ja das wollte ich
euch so wiso nach fragen

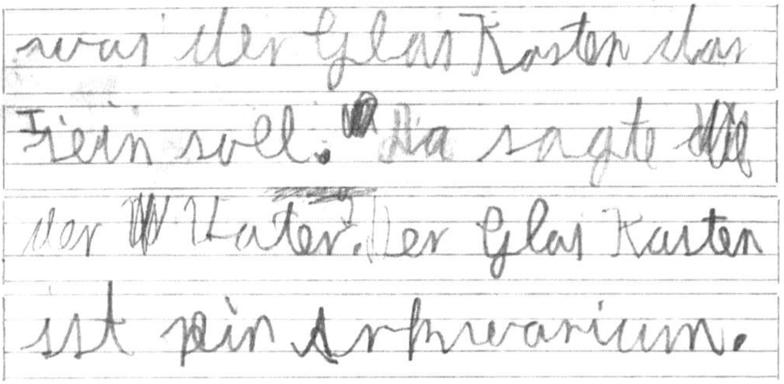
was der Glas Kasten das
sein soll. Da sagte der
Vater. Der Glas Kasten
ist ein Arkwarium.

Die nächste Seite war mit Gelb durchgestrichen, und ich verstand sofort, warum. Ich hob das Heft von meinen Knien hoch und hielt es meiner Mutter hin. »Schau mal. Da hast du mich korrigiert und Aquarium drübergeschrieben. Das hat mich wahrscheinlich so geärgert, dass ich mich an der ganzen Seite gerächt habe.« »Genau so wird es wohl gewesen sein«, nickte meine Mutter. »Aber warum hast du das denn gemacht?«, fragte ich. »Ich wollte dir helfen. Aber es war völlig unmöglich, etwas von dir zu verbessern. Du bist immer explodiert. Ich habe eine ganze Mappe mit Bildern, die du gemalt hast. Da steht vorne drauf: Zerknüllte Bilder von Jocki. Eigentlich hast du immer alles zerstört, was du gemalt hast. Ich hab es dann heimlich aus dem Mülleimer gefischt und geklebt und geglättet.« »Daran erinnere ich mich nicht, Mama. Was hat mich denn so aufgeregt?« »Dass es nie so war, wie du es dir vorgestellt hast, denke ich. Aber es war auch wirklich erstaunlich, wie schlecht du gemalt hast. Es gibt Tierbilder von dir, da hat man keine Ahnung, was es sein soll.« »Schreiben, zeichnen und singen. Nichts davon konnte ich. Ein einziger Albtraum war das für mich. Erinnerst du dich an Frau Wernicke? Meine Musiklehrerin in der dritten Klasse?« »Die war schlimm. Wegen der musste ich doch mal in die Schule.« »Wir alle mussten vor der Klasse vorsingen. Jeder ein anderes Lied. *Es war eine Mutter, die hatte vier Kinder* war meines.« Sofort fing meine Mutter an, besagtes Lied zu singen. Hell und hoch, ja mädchenhaft kamen die Klänge aus ihrem Mund. Sie tirilierte geradezu: »Den Frühling, den Sommer, den Herbst und den Winter … der Herbst bringt die Trauben, der Winter den Schnee.« Sie sang es wunderschön zu Ende. »Genau das war es. Und ich hab es vor der Klasse vortragen müssen. Und war dann der Einzige, der eine Fünf bekam. Das kränkte mich. Ich hatte vielleicht nicht jeden Ton getroffen, aber den Text hatte ich immerhin gekonnt. Was nicht bei allen meinen Mitschülern der Fall gewesen war. Nach der Stunde bin ich zu ihr gegangen und habe mich beschwert und um einen zweiten Versuch gebeten. Erst hat sie gar nicht aufgeschaut, während sie ins Klassenbuch geschrieben hat, dann aber freundlich genickt und gesagt: ›Gut, dann komm mit. Ich muss in meine nächste Stunde.‹ Sie hat mich dann mitgenommen in eine vierte Klasse. Mich vor die Kinder gestellt, die mir alle so viel älter vorkamen, und mich angekündigt. ›Bevor wir anfangen, hören wir noch ein Lied. Was hast du uns denn mitgebracht?‹ Vor lauter Aufregung war plötzlich mein Mund so trocken, als hätte ich ein Kilo Mehl gegessen. Kein Ton kam aus mir heraus und schon gar keine Mutter mit vier Kindern. Ich blickte in zig Gesichter, die krampfhaft ein Lachen unterdrückten. Ich räusperte mich und krächzte ein wenig herum. Ohne Melodie und mit Textfehlern. Und dann hat die blöde Kuh laut zur Klasse gesagt: Das war ja noch schlechter als beim ersten Mal. Sei froh, dass ich dir keine Sechs gebe, und jetzt raus mit dir.« »Ich bin doch zu der in die Schule und hab mich beschwert«, erinnerte sich meine Mutter. »Ich fand das so eine bodenlose Frechheit, dich vor einer anderen Klasse vorsingen zu lassen. Aber die Fünf hast du dann trotzdem bekommen. Da war nichts zu machen. Du konntest ja wirklich nie singen.« Plötzlich lachte meine Mutter los und drehte schnell den Kopf zur Seite, um es zu verbergen. »Was ist denn so lustig?« »Lies mal weiter.«

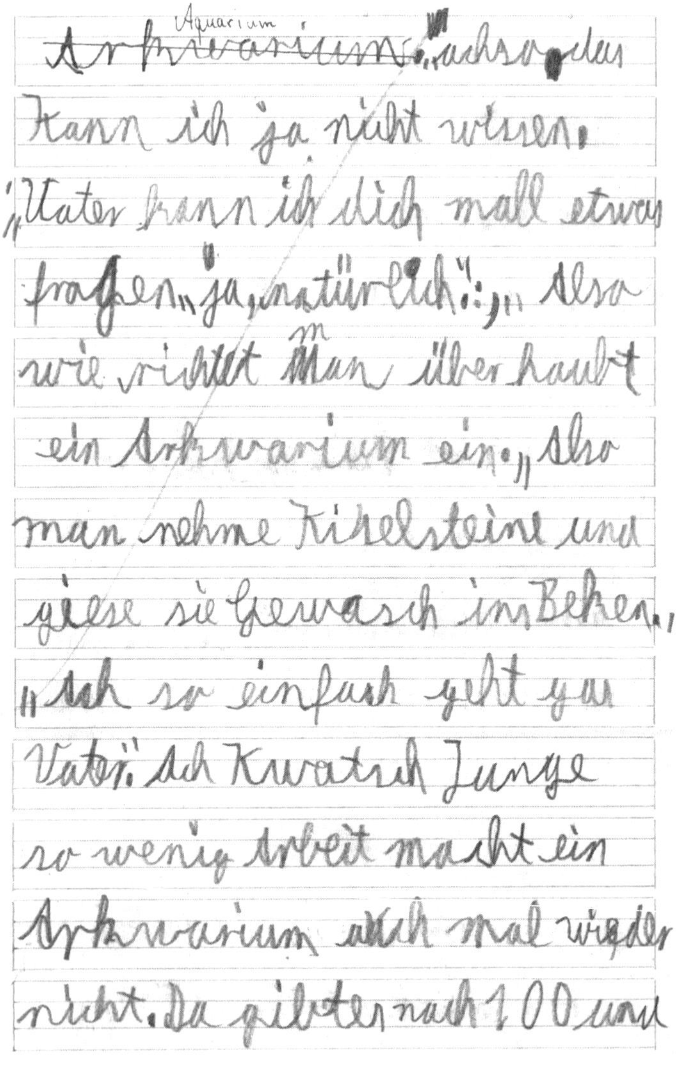
Aquarium
~~Arkwarium~~ „ach so das
kann ich ja nicht wissen.
„Vater kann ich dich mall etwas
fragen" „ja, natürlich": „Also
wie richtet man überhaupt
ein Arkwarium ein." „Also
man nehme Kieselsteine und
giese sie gewasch im Becken."
„Ach so einfach geht gar
Vater." Ach Kwatsch Junge
so wenig Arbeit macht ein
Arkwarium auch mal wieder
nicht. Da gibt es nach 100 und

1 sache. Aber jetzt wollen
wir Frustuchen!" ~~Als~~ sie alle
beim Esen sahren. Sagte Tom
„ich habe keinen hunger
mehr ich habe doch schon
5 groß Marzipane gegesen
und dazu 6 Bonbons gelutscht"!
„Na dann gehe du Bengel.
" Tom lief eilig weg. Zu seinem
Arbeitsraum". In der zeit
wo die Eltern Frustückten,
kaufte Tom ein. In der neben-
überligennen Tierhandel.
dort gab es die schonsten
Fische 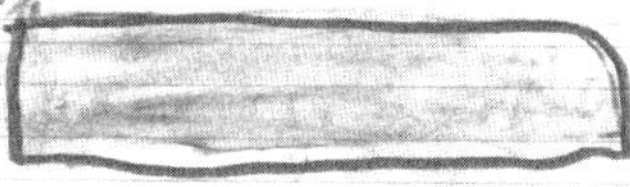 gelbe,

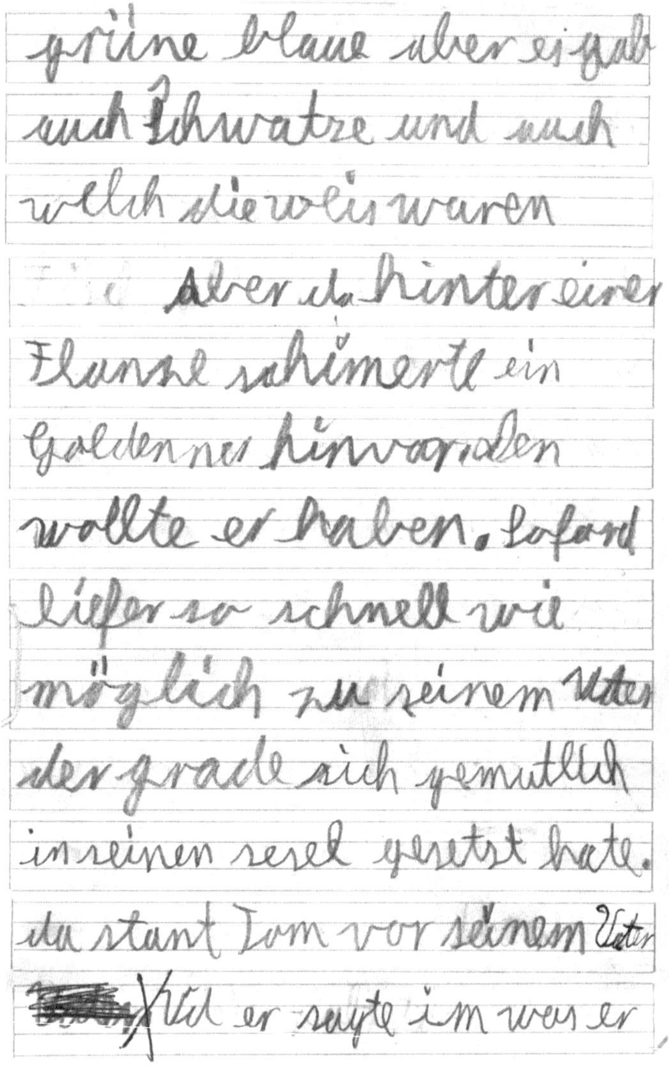

Etwas verschüttet Verzagtes regte sich in mir. Deutlich trat mir aus den Worten meine damalige Buchstabenpanik entgegen. Ich spürte, wie meine unerschütterliche Lust zu fabulieren darum rang, sich nicht von Fehlern aus der Satzspur werfen zu lassen. Das Kind von damals, wie es da gesessen und gedichtet hatte, kroch in meinen alt gewordenen Körper zurück. Noch immer ist die Spitze eines Stiftes für mich in der Unendlichkeit eines Blattes orientierungslos.

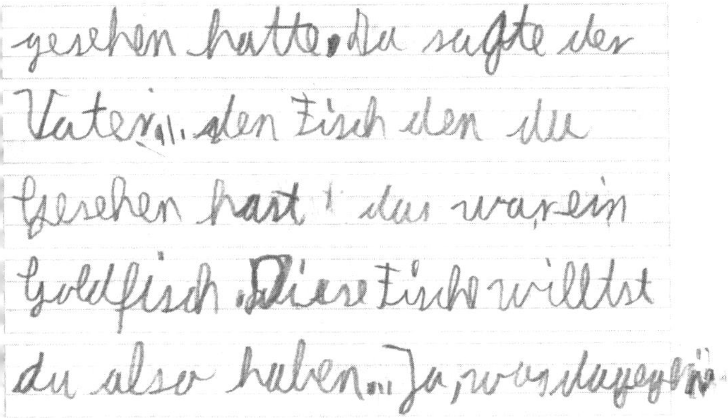
gesehen hatte. Da sagte der
Vater„ den Fisch den du
gesehen hast' das war ein
Goldfisch. Diesen Fisch willtst
du also haben„ Ja, was dagegen

Mir gefiel die Renitenz, mit der sich der kindliche Erzähler für seinen Wunsch einsetzte. Niemals hätte ich »Ja, was dagegen?« zu meinem Vater gesagt, und auch seine Antwort auf der folgenden Seite, »Ach nein Junge«, war reine Erfindung. Die Figuren in der Geschichte waren mein Vater, meine Mutter und ich, aber doch auch ganz andere Menschen, mit anderer Wortwahl.

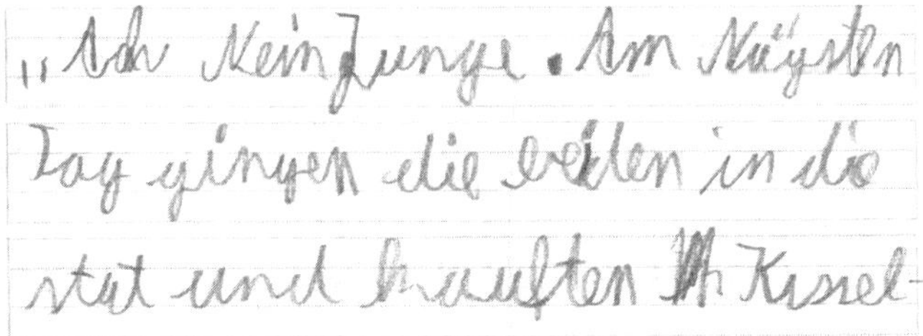
„Ach Nein Junge. Am Nägsten
Tag gingen die beiden in die
stat und kauften Kissel-

steine und Filterwatte und
Filter dazu und dan die
Goldfische. „Ach, jetzt haben
wir Fischfuter vergesen. Kanst
du mal zum Fischhandel
laufen. Und wisen mach
ich dein Achwarium
vertig. Al kom zur Hause
wahr. Wahr das Achwarium
vertig, und die Fische schon
drin. Die Beiden Gold Fisch
schwammen immer
hin und her. Sie waren
sehr Glüklich in dem
Becken. So vergingen die

Tage die Manate die Wochen
die Jahre. 5 Jahre spater
als Tom schon in der
Schule wahr. Lebten die

»Das ging jetzt aber schnell«, sagte ich zu meiner Mutter. »Wie alt war er denn, als er die Fische gekauft hat, wenn er jetzt erst in die Schule gekommen ist? Zwei?« »Ja, rechnen war ja auch nicht deine Stärke. Aber mir gefällt das gut, so wie es da steht. Die Fische sind glücklich, und die Zeit vergeht. Genauso ist es doch. Es fällt mir schwer, mich an die Jahre zu erinnern, als ihr alle drei klein wart.«

Gold fische immer
noch Kwidfidel. Einer

»Wie hast du das geschrieben?« Ich buchstabierte: »K w i d f i d e l – Kwidfidel.« »Ist doch fantastisch. Viel besser, als es richtig zu schreiben. Ich bin jedenfalls tausendmal lieber kwidfidel als quietschfidel.«

morgens wachte Tom
auf und Kukte nach

seinen Goldfisen da
sah er plötzlich Hunderte
von kleinen Fischen sie
sahen alle so enlich.
Da wahr Tom schon
alles klahr, die Gold-
fische hatten über Nacht
Junge bekommen. Da
holte Tom seinen Vater
und zeigte sie im.
Da war der Vater serr
erstaunt und Lechelte.
Da hatte Tom einen Gedanken
und sagte „Vater wollen wir
diese Goldfische züchten.

So vergingen die Tage. Die Jungen Fische wuchsen heran und dan war es so weit die Fische waren Ausgewachsen. Sie mußten verkauft werden. Nach dem verkaufen hatte er wieder 2 anstatt 20. Nach einem Jahr krigten sie wieder Junge und negstes Jahr auch. also die Goldfische krigten jedes Jahr Junge und imer behilt Tom 2, das sie negstes Jahr wieder Junge krigen könen. So ging das Jahr für Jahr. Inzwischen war Tom schon 11 Jahre alt geworden. Unte kante sich am besten in unserm Hochaus mit Goldfischen aus. Die Leute fon der Tierhandlung

»Was bitte? Was denn für ein Hochhaus? Warum wohnen wir in einem Hochhaus? Es gab doch in ganz Schleswig kein einziges Hochhaus.« »Das nennt man dichterische Freiheit. Liest sich doch gut. Ich bin richtig gespannt, wie es weitergeht.«

waren das schon gewönt, das sie jedes Jahr Goldfische krigen. Und Tom war das schon gewönt Jedes Jahr 20 DM ein Zuhazire schlislich kosten die Gold-fische was. So ging das

»Schon wieder geht's ums Geld!«, rief ich. »War ich denn so besessen davon? Wollte ich denn ununterbrochen Geld einkazieren, Mama?«

»Ja, in der Grundschule, als du die Geschichte geschrieben hast, da hast du dich sehr fürs Geld interessiert.« »Meine Güte, ein Siebenjähriger, der weder richtig schreiben noch singen noch rechnen kann, dafür aber geldgeil ist – sympathisch!« »Du hast es geliebt, dein Geld auf dem Tisch zu verteilen und dann Türmchen daraus zu bauen. Und dann wolltest du eine Zeit lang für alles bezahlt werden. Ununterbrochen musste man mit dir verhandeln. Du wolltest Geld dafür, mit dem Hund rauszugehen, und dafür, den Vogelkäfig sauber zu machen. Wir haben dich erwischt, wie du die Schuhe von deinem Vater mit Erde eingerieben hast, um sie dann gegen Bezahlung zu putzen. Und jetzt fällt es mir wieder ein, irgendwann beim Essen hast du gesagt, dass du nur noch zur Schule gehen würdest mit einem guten Gehalt.« »Das erfindest du, Mama. Das glaube ich dir nicht.« »Ja gut, kann sein, aber das mit den dreckigen Schuhen stimmt. Du hast auch die Öre-Stücke aus Dänemark so gerne gemocht. Mit dem Loch in der Mitte. Die hattest du an einem Band um den Hals.« Ich schlug mir die Hände vors Gesicht. »Bitte, ich möchte mehr Whisky.« »Oh«, rief meine Mutter, »ich nehme auch noch einen. Nach der Sauna ist man immer durstig.« Wir schenkten uns nach. Sie den Whisky, ich das Wasser. »Weiter geht's!«

Jahr für Jahr, doch eines
tages kam ein Brief in dem Stant

an Hern Profeser Simonsen
lieber Herr Simonsen wir müsen
inen mitteilen das ihr Haus abgerisen
wird

Ich musste lachen, wir mussten lachen. Meine Geschichte hatte mich endgültig weichgeklopft. Mein durchwärmter Saunakörper, der Whisky, die überraschenden Wendungen der Erzählung führten zu einer wohligen Dünnhäutigkeit. Ich wischte mir die Lachtränen weg. »Mein Gott, jetzt reißen sie gleich das ganze Hochhaus ab. Die arme Familie. Warum denn nur?« Meine Mutter legte ihre Füße auf den Tisch, wackelte mit den lackierten Zehen. Ich versuchte weiterzulesen und teilte das Entsetzen des Vaters in der Geschichte:

"Was unser Haus wird abgerisen.
Ich mus den Herrn Burgermeister
anrufen." 2 Tage später kam
ein Mobelwagen an. Es gab
nichts mehr zu rütteln
das das Haus abgerisen wirt.

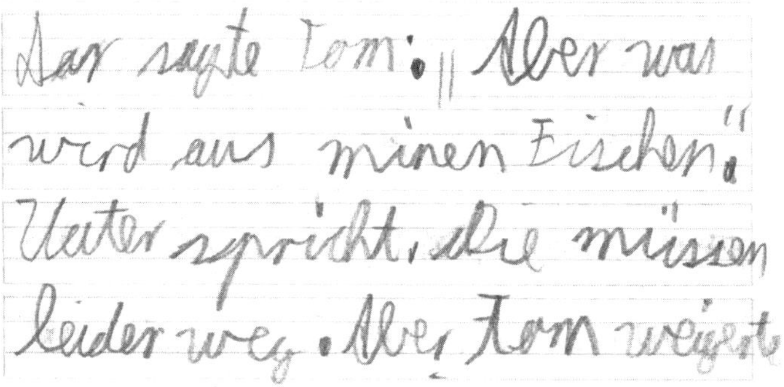
Dar sagte Tom: „Aber was
wird aus minen Fischen."
Vater spricht, die müssen
leider weg. Aber Tom weigert

»›Vater spricht: Die müssen leider weg‹ klingt nach Wilhelm Busch.«

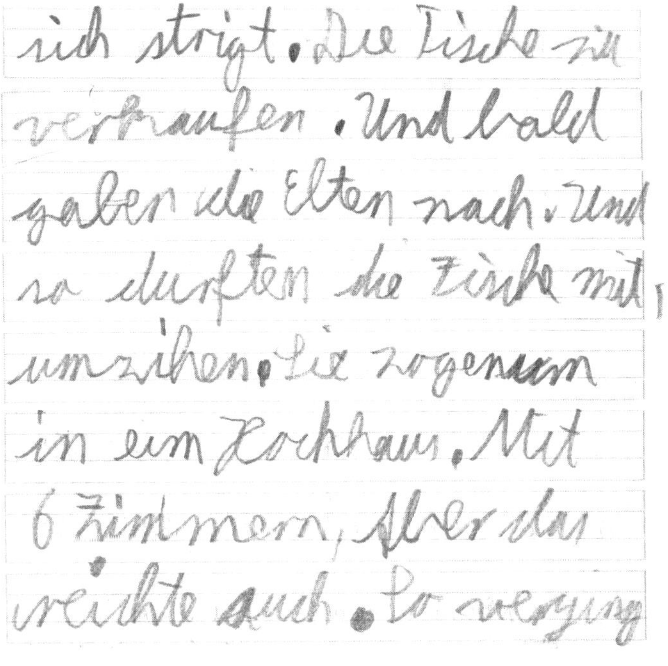
sich strigt. Die Fische zu
verkaufen. Und bald
gaben die Elten nach. Und
so durften die Fische mit
umzihen. Sie zogen um
in ein Hochhaus. Mit
6 Zimmern, Aber das
reichte auch. So werging

»Wieder ins Hochhaus. Warum denn immer ins Hochhaus.«
»Aber immerhin sechs Zimmer.«

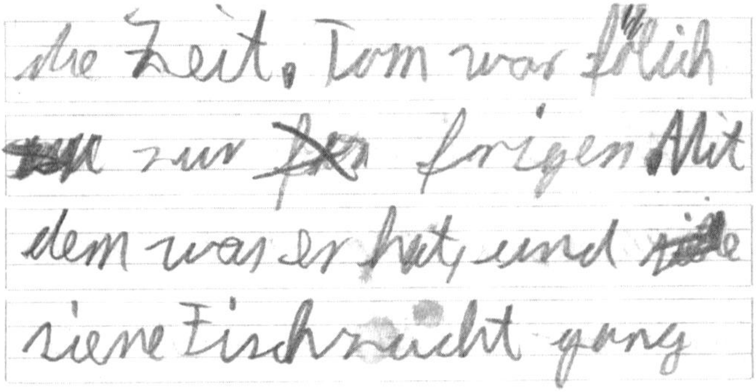

die Zeit. Tom war fölich
zur frigen Mit
dem war er het, und
ziene Eischzucht gang

Ich blätterte um. Es war die letzte Seite. Ich hatte tatsächlich mit sieben Jahren das ganze Heft vollgeschrieben.

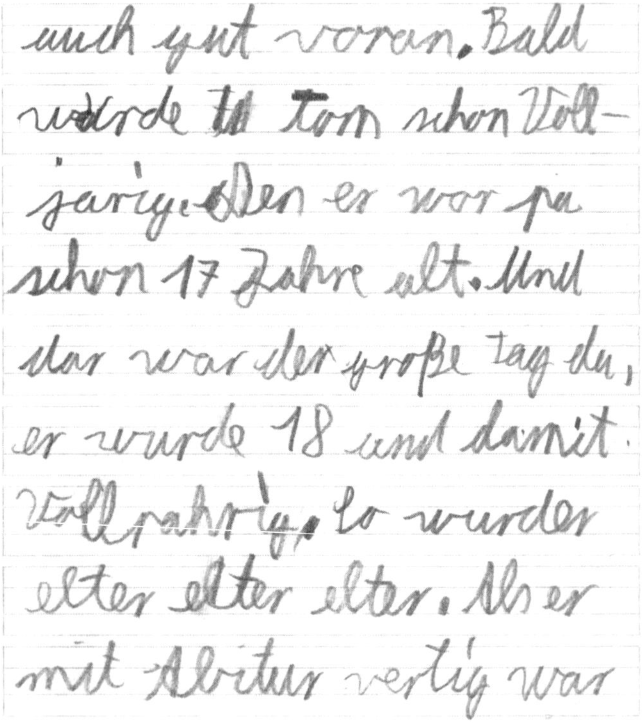

auch gut voran. Bald
würde Tom schon Voll-
järig. Den er war ja
schon 17 Jahre alt. Und
dar war der große Tag da,
er wurde 18 und damit
Vollrahrig. So wurder
elter elter elter. Aber er
mit Abitur vertig war

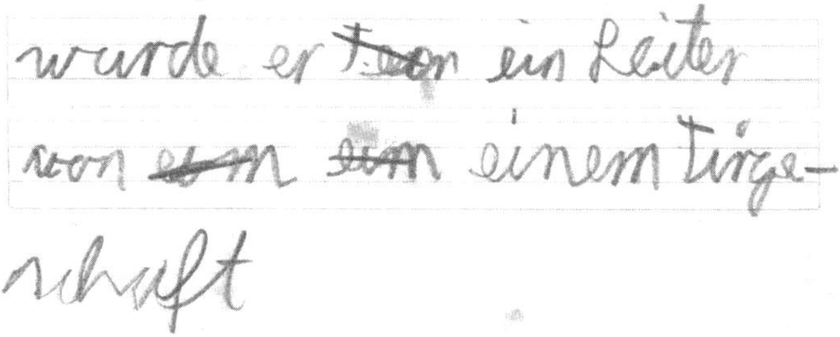
wurde er ~~von~~ ein Reiter
von ~~em~~ ~~ein~~ einem Tirge-
schaft

Ich schlug das Heft zu und legte es vor mich auf den Tisch. »Das ist doch eine gute Geschichte, und lustig ist sie auch«, befand meine Mutter. »Ich bin mir da nicht so sicher, Mama. Es ist ja eher unfreiwillig komisch, da kein Wort richtig geschrieben ist und absurde Sachen passieren.« »Ach was«, warf sie gespielt entrüstet ein, »das ist doch nicht unfreiwillig komisch. Du wusstest genau, was du wolltest. Es geht um die Verwirklichung eines Traums. Der Junge in deiner Geschichte ist hartnäckig und lässt sich nicht von dem abbringen, was er für richtig hält. Und das hat viel mit dir zu tun. Du warst so ein unfassbarer Sturkopf als Kind.« Sie hielt kurz inne. »Das ist natürlich auch gefährlich. Es gibt noch etwas zu dieser Geschichte zu sagen, was du sicherlich nicht mehr weißt. Du hast sie geschrieben, weil du ein paar Tage nicht in die Schule gehen konntest, weil du einen Unfall hattest.« »Aha. Was ist mir denn passiert?« »Du hattest einen elektrischen Schlag bekommen. Das weißt du vielleicht noch, aber, wie gefährlich es war, davon hast du keine Ahnung.« »Ich weiß noch, dass ich morgens gespielt habe und mir aus Laken und Kissen eine Höhle gebaut habe. In die Höhle hab ich eine Lampe vom Dachboden mitgenommen, aber das Kabel hat nicht gelangt. Und da hab ich mir ein Verlängerungskabel geholt und das zusammengesteckt. Das passte nicht gut. Ich hab fest gedrückt, und dabei ist der Stecker der Lampe in meiner linken Hand zerbrochen. Da habe ich den Schlag bekommen. Aber mehr weiß ich nicht mehr. Nur an den Geruch kann ich mich noch gut erinnern, an einen elektrischen, verschmurgelten Gestank und an den Krampf in meiner Hand. Ich hab mich zurückgeworfen, glaube ich, und dabei das Kabel aus der Wand gerissen.«

»Ich hab es poltern gehört und bin zu dir hochgerannt. Da lagst du unter deiner zusammengebrochenen Höhle. Nur ein Fuß guckte raus und ein Stück vom Hosenbein des Schlafanzugs mit dem Blumenmuster. Du hast dich nicht bewegt. Ich habe furchtbar geschrien und versucht, dich aus dem Kissenberg zu wühlen. Deine Brüder kamen aus ihren Zimmern. Ihr hattet damals von Großmutter alle die gleichen Schlafanzüge geschenkt bekommen mit unterschiedlichen Blumenmustern. Deine Brüder fanden sie absolut lächerlich und weigerten sich, ihre zu tragen. Aber du mochtest sie und hattest dann alle drei Größen in deinem Schrank. Die Ärmel und Hosenbeine waren viel zu lang und voller Margeriten. Ich sah nur diese Blumenmuster und wusste erst überhaupt nicht, was dir passiert war. Ich schrie deine Brüder an, sie sollten einen Krankenwagen holen. Dein Vater kam und kniete sich neben dich. Er hob deinen Kopf hoch und sah dir ins Gesicht, in die Augen. Überall lagen Splitter von der Fassung. Immer wenn ich daran denke, ärgere ich mich noch heute, wie ich so dumm sein konnte, diese uralte Lampe aufzuheben. Der Stecker war noch aus Bakelit. Ich hatte sie von meiner Mutter fürs Internat bekommen. Das Ding war vierzig Jahre alt. Dein Vater schob deinen Ärmel hoch, und deine Hand rauchte.«

Noch nie hatte mir meine Mutter die ungeschönte Version dieses Unfalls geschildert, immer hatte es geheißen, alles sei halb so wild gewesen. »Meine Hand hat geraucht?«, fragte ich. »Ja, sie war weiß, wie aus Gips, und aus zwei Löchern hat es geraucht.« Ich kannte die Narben an meiner linken Hand, am Zeigefinger und am Daumen, genau dort, wo ich den Stecker umfasst hatte. »Und was ist dann passiert?«, fragte ich. »Dein

Körper hat gezittert und du hast ein ganz ernstes Gesicht gemacht. Ich hatte dich noch nie so gesehen. Papa hat dich was gefragt, ich weiß nicht mehr, was, und du hast genickt, vollkommen ernst. Der Krankenwagen kam, ich hab dich getragen, und wir beide sind mit dir mitgefahren.« »Daran erinnere ich mich nicht mehr.« »Du hattest die Augen zu, und es hat mir furchtbar Angst gemacht, wie still und ernst du dagelegen bist. Aus deiner Hand mussten zig Splitter entfernt werden. Es wurde ein EKG gemacht von deinem Herzen und beide Brandwunden versorgt. Es war kein einziger Tropfen Blut zu sehen, weil der Strom die Wunden verbrannt hatte. Du musstest eine Nacht im Krankenhaus bleiben. Ich hab dich immer wieder Sachen gefragt, aber du hast nicht viel gesagt, auch nicht geweint, und diese Ernsthaftigkeit, die war so eigenartig. Und ich hab dir das ja nie gesagt, auch deinem Vater nicht, der wischte solche Gedanken ja immer einfach beiseite. Aber ich dachte damals, du warst so ernst, weil du den Tod gesehen hattest. Ein Arzt dort hat uns gesagt, dass du nur deshalb überlebt hast, weil du nicht verschwitzt warst. Hättest du schon getobt oder wärst mit dem Hund herumgerannt, hättest du nur den geringsten Schweißfilm auf der Haut gehabt, wäre der Strom durch den ganzen Körper geflossen, und das wäre tödlich gewesen. Auch ein synthetischer Stoff hätte den Strom geleitet, und das hätte ein Herz, zumal ein Kinderherz, niemals überstanden.« »Das heißt, der Strom ist nur durch meine Hand geflossen?« Meine Mutter nickte. »Es ist schon seltsam, dass ich meine, mich an den Schlag erinnern zu können, und auch an den Geruch, aber an nichts danach.« »Du bist schon nach einer Woche wieder in die Schule gegangen. Wolltest unbedingt, dass alle deinen Verband sehen. Aber es hat lange gedauert, bis dieser Blick aus deinen Augen wieder verschwunden ist und du wieder gelacht hast. Eine kleine eigenartige Sache ist noch geschehen. Nach dem

Stromschlag hast du wieder bei uns im Bett geschlafen. Und ich wachte nachts auf, und du warst nicht da. Ich bin aufgestanden, um nach dir zu sehen, aber in deinem eigenen Bett warst du auch nicht. Da hab ich Stimmen gehört und bin ins Wohnzimmer gegangen. Du lagst nackt auf dem Teppich und hast eine Schallplatte gehört von Moby Dick.« Ich unterbrach sie. »Nackt? Ich hab mitten in der Nacht nackt Moby Dick gehört?« »Ja. Du lagst auf dem Rücken und warst ganz lang und dünn. Kamst mir groß vor. Ich hab mich vorsichtig zu dir gesetzt und deine Locken gestreichelt. ›Bin ich fast gestorben, Mama?‹, hast du mich gefragt, und ich hab ›Nein‹ gesagt und dich in den Arm genommen. Du warst ganz kalt, eiskalt. ›Warum hast du denn nichts an?‹, hab ich dich gefragt, und weißt du, was du geantwortet hast?« Ich schüttelte sacht den Kopf. »Du hast gesagt: Damit die Hitze aus der Haut rauskann.« Ich hab dir dann den Blümchenschlafanzug mit den Margeriten wieder angezogen und dich zurück in unser Bett geholt und wir haben nie wieder darüber gesprochen.« Ich stützte meinen Kopf zwischen die Hände. »Warum weiß ich das alles nicht mehr? War das direkt nach dem Stromschlag?« »Ja, zwei, drei Tage danach.« »An die Moby-Dick-Schallplatte erinnere ich mich natürlich. ›Freunde, ihr könnt mich Ismael nennen.‹ Aber alles andere ist weg. Und ich weiß auch noch, wie Hermann und Martin mich geärgert haben, als es mir besser ging. Sie haben behauptet, ich würde im Dunkeln leuchten.« »Ach deine Brüder. Einerseits war das schon immer sehr lustig. Andererseits denke ich heute auch hin und wieder, es war zu hart, zu viel, dieses ununterbrochene Ausreizen der Ironie.« »Sie haben auch gesagt, ich müsse die Lampe bezahlen. Es sei eine wertvolle Antiquität gewesen, ein unersetzliches Liebhaberstück, oder dass sich durch den Stromschlag meine Legasthenie vielleicht bessern könnte.« Meine Mutter lächelte, schaute ernst und lächelte wieder.

»Du durftest zwar zur Schule, aber für ein paar Tage keinen Sport machen und mit der bandagierten Hand nicht herumtoben. Da hast du dir das Heft genommen und diese Geschichte erfunden. Du solltest unbedingt weiterschreiben. Du könntest mir doch abends vorlesen, was du tagsüber geschrieben hast.«

In den nächsten Tagen reparierte ich einen Zaun, bei dem ich morsche Esskastanienstäbe ersetzte, frisierte die Drachenweide und strich den Stall im Farbton Schwedenrot. Die Tage wurden schon deutlich kürzer und auch kühler. Meine Mutter und ich gingen dennoch jeden Tag schwimmen. Oft schon am frühen Nachmittag, da die Touristen weniger wurden. Auch wenn ich mich wehrte, meinem Körper schien es zu gefallen. Im Kopf war zähe Schwärze, die an der Schädeldecke klebte, aber das hinderte den trägen Rest nicht daran, bis ins Mark erfrischt dem Wasser zu entsteigen. Auch mürrisch verrichtete Gartenarbeit konnte nicht verhindern, dass die anschließende Ermattung und der Anblick des picobello gejäteten Rosenbeetes Glückshormone in den Cortex feuerten. Jeden Abend schlenderten wir gemeinsam über das Grundstück, und ich genoss es, wie konkret die Dinge waren, die wir besprachen. Doch die leichthin ausgesprochenen Vorhaben erwiesen sich stets als komplizierter als gedacht und steckten voller Überraschungen.

Der Stamm einer Weide war weit über die Wasserfläche des Klarteiches hinausgewachsen und musste abgesägt werden:

Als ich es versuchte, versank ich im schlammigen Klärteichrand und bekam eine Ekelattacke, da mir braune Suppe über die Gummistiefelkanten in die Schafte schwappte. Der Stamm stürzte ins Wasser, versank, musste vom Bauern herausgezogen werden und stank bestialisch. Wie eine riesige verkackte Klobürste zog der Traktor das triefende Blätterungetüm hinter sich her, und es hinterließ einen übel riechenden Bremsstreifen auf der Wiese.

Die vom Gewicht der Birnen gebogenen Äste brauchten Stützen: Ich musste zwei Latten zusammennageln, da der mit Früchten überladene Zweig sehr hoch war. Ich stemmte ihn in die Höhe, doch meine Konstruktion zerbrach und krachte auf mich nieder. Die Latte traf mich wie ein mit Wucht geschleuderter Speer an der Schulter, ich ging zu Boden, und mehrere Birnen prasselten auf mich nieder. Es ist sehr eigenwillig, dachte ich im Gras sitzend, ganz allein einen Unfall zu haben.

Die Kletterhortensie hatte sich mit ihren Trieben unter die Dachpfannen des Backhauses geschoben: Ich schnitt die Ranken ab und versuchte sie herauszuziehen, was unmöglich war. Ich zog stärker, und plötzlich rutschten mehrere Dachziegel herunter. In der freigelegten Dachdämmung war ein Mäusenest voller hilfloser Mäusebabys, die die Schräge hinabrollten und in der Regenrinne landeten. Ich war schockiert von der Katastrophe, die ich verursacht hatte, aber auch unangenehm berührt von den nackten, hilflosen Kreaturen. Ich sammelte die Abgestürzten mit einem Gartenhandschuh ein, bugsierte sie zurück in ihr abgedecktes Zuhause und legte mehrere Dachpfannen über den Bau. Auch die blassen Triebe der Kletterhortensie gruselten mich ein wenig, da sie sich wie weiße Schlangen durch die Dämmung wanden.

Die im Rasen eingelassenen Steintritte waren vergrast und mussten freigelegt werden: ging gut.

Jede bewältigte Aufgabe wurde von meiner Mutter überschwänglich gewürdigt, und ich fand es amüsant, dass sie mit jedem Lob weitere Arbeiten in Auftrag gab. Niemals konnte sie sagen: »Danke, dass du den Ast der Weide über dem Klärteich abgesägt hast«, oder einfach froh darüber sein, dass ich die Birnbäume abgestützt hatte. Meine Mutter dachte anders. Sie rief: »Ah, endlich ist dieser Ast da weg. Der hat den Klärteich so schattig gemacht, dass er nun voller Entengrütze ist. Nimm dir doch den großen Kescher und fisch die Grütze ab.« Oder: »Ah, du hast sogar selber Stützen für die Birnbäume gebaut. Toll. Bitte bau mir doch dann gleich noch ein Rankgitter für die Rose hinter dem Stall. Die weiß überhaupt nicht mehr, wohin mit all ihrer Pracht.« Jede erledigte Arbeit war stets der Auftakt für etwas Neues. Es gab kein Ende, konnte und durfte kein Ende geben. Während der ersten Wochen auf dem Land haderte ich mit dieser Unmöglichkeit des Fertigwerdens, des Zuendekommens, doch dann begriff ich, dass genau darin eine viel tiefere Freiheit lag als im Abschließen einer Tätigkeit. Es war eine Überlebensstrategie.

Und ich schrieb. Tag für Tag bastelte ich an meinen Geschichten herum. Zu meinem ursprünglichen Plan, über das Theater zu schreiben, gesellten sich Kindheitserinnerungen und Mutterbegebenheiten. Ich war dankbar, sobald eine Geschichte mich trug und ich mich in ihrer Strömung durch die Sätze treiben lassen konnte. Insbesondere eine Berlin-Begebenheit wollte ich endlich durch eine Erzählung bannen.

Luftnummer nach Mitternacht

Auf dem Heimweg nach einer Vorstellung in Berlin war ich spätnachts mit dem Fahrrad, um das Kopfsteinpflaster zu meiden, auf den Bürgersteig ausgewichen. Ein Mann kam mir entgegen, wampenstolz hielt er mittig die Spur, machte keinerlei Anstalten auszuweichen. Ich fuhr auf ihn zu, lenkte vorsichtig nach rechts, er ging nach rechts. Ich lenkte nach links, auch er ging nach links. Ich musste abbremsen, versuchte noch ein Manöver und hielt an. Er sah mir in die Augen, betont starr und bedrohlich stumm. »Es tut mir leid. Aber die Straße holpert so.« Er schwieg. Sein Glotzen nervte mich, flößte mir aber auch ein wenig Angst ein. Da war etwas Kaltes in seinem Blick, wie abgestorben. Ich stieg vom Rad und versuchte, es an ihm vorbeizuschieben. Er schnitt mir den Weg ab. »Ich würde jetzt wirklich gerne weiter.« War er verrückt, aber harmlos oder normal, aber gefährlich? Es fiel mir in Berlin oft schwer, das Verhalten der Leute richtig zu lesen. Jemand lächelt einen an, man freut sich und lächelt zurück, woraufhin man gefragt wird: »Warum grinst du eigentlich so blöd?« Oder hinter einem ruft jemand: »He du!«, man dreht sich um, und da kommt einer auf einen zu mit Bomberjacke und Schlägervisage und sagt freundlich: »Ey Mann, dein Rucksack ist auf. Mach mal den Reißverschluss zu. Dein Portemonnaie fällt gleich raus.«

Der Kerl auf dem Gehweg presste die Lippen aufeinander, blinzelte nicht und stierte mich an. »Mein Gott«, sagte ich, »so schlimm ist das nun auch wieder nicht, mal kurz auf dem Bürgersteig zu fahren.« Ich wendete mein Fahrrad, um den Rückzug anzutreten. Wollte losfahren, doch es ging nicht, da er mich am Gepäckträger festhielt. Ich versuchte es mit mehr Kraft, sah mich nach ihm um, stellte mich mit vollem Gewicht auf die Pedale. Er hatte sich breitbeinig eine stabile Position gesucht und beide Hände in meinen Gepäckträger gekrallt. Er hob mich samt Hinterrad in die Höhe, und plötzlich radelte ich in der Luft, saß da wie auf einem Trimm-dich-Fahrrad. Meine Lächerlichkeit wuchs. Wieder musste ich absteigen. Er ließ den Gepäckträger los, ging seelenruhig an mir vorbei und stellte sich mir erneut in den Weg. Ich versuchte meine Worte versöhnlich klingen zu lassen. »Ich hab es verstanden: Man fährt nicht auf dem Bürgersteig. Danke!« Er war wesentlich kleiner als ich, aber massig und von kompakter Dumpfheit. Er hatte eigenartig dicke Bäckchen, als würde er darin Vorräte lagern. Ich schob los, auf ihn zu. Da klemmte er mein Vorderrad zwischen seinen Knien ein und glotzte und glotzte mir immer weiter stur in die Augen. Mit einem Ruck zog ich das Vorderrad aus der Umklammerung, stieg auf und wollte auf die holprige Straße hinunter. Da griff er nach meinem Lenker und hielt ihn mit der einen Hand fest, mit der anderen brach er mir die Lampe ab, ließ sie fallen und zertrat sie genüsslich kreisend mit dem Stiefel. Ich versuchte die Furcht zu unterdrücken, hörte mich aber kümmerliche Töne abgeben und zog weiter am Rad. Er brach mir den Halter ab, in den ich bei Ausflügen mein Handy einspannte, um mich in der noch unbekannten Stadt zurechtzufinden. Dann hob er einen Fuß und drückte damit langsam gegen das Vorderrad, trat mir in die Speichen hinein. Dabei stur den Blick auf mich gerichtet. Es war ein Uhr nachts, kein

Mensch zu sehen. Sollte ich wirklich um Hilfe rufen? Die Situation war gleichermaßen grotesk wie beunruhigend. Er hatte es zwischenzeitlich geschafft, mein Vorderrad mit seinem erheblichen Gewicht zu demolieren. Ich zog am Rad, wir beide zogen am Rad, was ihm zu gefallen schien. Endlich hatte ich angebissen und war in den Kampf eingestiegen. Wie ein Kampfhund kam er beim Rangeln in Wallung und wurde angriffslustiger. Zornig brüllte ich am Hinterrad zerrend: »Schluss jetzt mit dem Quatsch. Hören Sie auf. Jetzt lass mal mein Rad los, du Idiot!« Ich war eindeutig zu laut, nicht entspannt genug, gefangen in diesem miesen Sketch für zwei plakative Darsteller. Er riss Augen und Mund auf, wackelte mit der Zunge und schleuderte mich hin und her. Da, ohne wirklich zu verstehen, warum, verließ mich schlagartig die Lust, weiter um dieses Rad zu kämpfen. Eine Welle der Sinnlosigkeit schlug über mir zusammen und verpuffte jegliche Energie, in dieser hirnverbrannten Rangelei weiter mein Recht einzufordern. Ich nahm meine Hände vom Rahmen, machte eine beschwichtigende Geste und trat so unaufgeregt wie möglich den Rückzug an. Nach ein paar Metern wandte ich mich ab und ging in die nächste Querstraße hinein. Hinter mir hörte ich Scheppern und Knirschen. Ich lief ein Stück, versuchte mich zu beruhigen, doch dann kam auch schon die Verbitterung, mich so erbärmlich geschlagen gegeben zu haben. Schnellen Schrittes, Zornmantren vor mich hin brabbelnd, lief ich zurück. Er war verschwunden, aber mein Rad lag auf dem Gehweg. Ein Haufen Schrott, als wäre es unter die Ketten eines Panzers geraten. Ich hob es auf, doch es zu schieben, war vollkommen unmöglich. Da trug ich es zu einem Laternenmast, fädelte mein absurd teures Bügelschloss – dieses Schloss, von dem der Verkäufer gesagt hatte: Da muss schon einer mit der Flex kommen – durch die geborstenen Speichen und schloss es an. Am nächsten Morgen machte ich mich auf den Weg zum Tatort, doch als ich das Fahrrad aus der Ferne sah, drehte ich ab. Auch den Plan, zur Polizei zu gehen, verschob ich Tag für Tag.

Ich habe es bis heute nicht geschafft, mein Fahrrad wieder abzuholen. Es liegt dort wahrscheinlich noch immer. Als Mahnmal meiner mangelnden Durchsetzungskraft. Ich meide den Weg seither, obwohl es der direkteste zum Theater ist. Allerdings sehe ich seit diesem Vorfall in meinem Viertel überall Räder, die ähnliche Spuren der Zerstörung aufweisen. Für mich war dieses Ereignis ein prototypisches Berlinerlebnis. Genauso halsstarrig, wie sich dieser Typ in dieser Nacht mir in den Weg gestellt hatte, stellte sich mir Berlin in den Weg. Ich kam an dieser Stadt einfach nicht vorbei. Weder links noch rechts. Ich radelte da in der Luft. Unter solchen Bedingungen zu schreiben, war schier unmöglich.

Ich las meiner Mutter die Geschichte vor, und sie sah mich betreten an. Doch ich missdeutete ihre Betroffenheit als Empathie mit ihrem von der Großstadt gebeutelten Sohnemann. Umso überraschter war ich über ihre Vorwürfe. »Dieses Fahrrad hab ich dir doch zum Geburtstag geschenkt«, sagte sie, und ihre Augen, die im Alter zu ihrem großen Kummer kleiner geworden waren, blitzten mich an. »Es so im Stich zu lassen, finde ich unmöglich. Früher nannte man so etwas Feigheit.« Ich zuckte unter dem Wort zusammen. »Aber was hätte ich denn tun sollen, Mama? Der Typ war furchteinflößend.« »Trotzdem. So ein schönes Fahrrad. Glaubst du, dass es da noch immer steht?« »Ich fürchte, ja.« »Wenn ich wieder nach Berlin komme, gehen wir da zusammen hin und holen es. Gemeinsam, dann brauchst du keine Angst zu haben.«

An diesem Abend redeten wir lange darüber, welche Rolle Fahrräder in ihrem und in meinem Leben gespielt hatten. Im Nu drängten sich zig Begebenheiten in unsere Unterhaltung. Meine Mutter war eine gute Fahrradfahrerin gewesen. Sie hatte allerdings ein Problem, dessen Ursache ihr selbst rätselhaft war. Sie konnte nicht absteigen. Eine lebenslange Blockade verwehrte es ihr, eine Fahrt mit dem Rad auf üblichem Wege zu beenden. Diese Unfähigkeit der Koordination hatte sie schon immer zu eigenwilligen Absteigemanövern gezwungen, die mir als Kind, das jederzeit vom Rad hopsen konnte, vollkommen unerklärlich geblieben waren. Die einfachste, noch einigermaßen schonende Variante waren Wände aller Art. Meine Mutter suchte sich ein Haus oder eine Mauer, fuhr möglichst dicht heran, bremste, bis sie stand, und ließ sich seitlich an das Mauerwerk kippen. Erst wenn die Schulter ruhte, konnte sie die Füße von den Pedalen lösen, auf den Boden setzen und den Po vom Sattel schieben. Wenn keine Bauwerke vorhanden waren, musste sie sich anders helfen. Die norddeutsche Landschaft, in der meine Mutter mit dem Rad unterwegs war, heißt Angeln, und eines ihrer Charakteristika sind die sogenannten Knicks. Lang gezogene Wälle mit Sträuchern und Bäumen, die alle paar Jahre, so nennt man es, auf den Stock gesetzt werden. Sie begrenzen seit Jahrhunderten die Felder und schützen diese vor dem Wind. Für meine Mutter waren die Knicks von Vorteil, da es kaum einen Weg gibt, den sie nicht säumen. Sie konnte zwar nicht absteigen, aber fallen dafür umso besser. Auf unseren Ausflügen suchte sie sich einen nicht von stacheligen Brombeerranken überwucherten Knickabschnitt, fuhr nah an den Wall heran, und dann ließ sie sich lachend in die Sträucher kippen. Völlig absurd wurde es, wenn sie mit uns per Fahrrad zum Strand fuhr. Mit viel Schwung sauste sie den Weg hinab, beschleunigte maximal und stellte sich auf die Pedale, um es möglichst weit hinaus auf den feinkörnigen Sand zu schaffen. Wenn es nicht mehr weiterging, beide Räder im Sand versunken waren, stand das Rad samt Mutter einen Augenblick vollkommen still, und dann kippte sie seitlich weg, sank dahin und rollte sich ab. Nie konnte oder wollte sie die Frage beantworten, ob sie nur so tat, um uns zu belustigen, oder wirklich nicht in der Lage war, normal abzusteigen.

Während unserer Unterhaltung erinnerte sie mich an das Drama meiner Fahrradprüfung. In Sekundenschnelle hatte ich die Ereignisse wieder präsent. »Ich werde eine Geschichte darüber schreiben. Und dir dann vorlesen, Mama.« »Woran schreibst du denn gerade?«, wollte sie wissen. »An meiner Ankunft in Berlin und wie hart es war, Wien zu verlassen. Bist du schon müde? Oder möchtest du noch etwas hören?« »Gerne.«

Vier Fratzen pro Sekunde

Alles, aber auch wirklich alles war schiefgegangen seit meiner Vertreibung aus dem Wiener Paradies. Die Wohnung, die Sophie für uns – Vater, Mutter, Kind – in Berlin gefunden hatte, war malerisch an einem von Bäumen umstandenen Platz gelegen, aber zur Zeit unserer Ankunft eine Baustelle. Woche für Woche wurde der Einzugstermin verschoben, und wir mussten in verschiedenen Unterkünften kampieren und aus dem Koffer leben.

In Berlin Mitte war, am Tag bevor wir dort unterkamen, der Fahrer eines SUVs in eine Gruppe von Menschen gerast. Es hatte mehrere Tote gegeben, auch ein Kind. Der Unfallort lag nur wenige Gehminuten entfernt von unserer Unterkunft. Mir raubte diese Tragödie die letzten Kraftreserven, irgendetwas an dieser Stadt entdecken zu wollen, und ich konnte nicht anders, als darin ein todtrauriges Omen zu sehen. Der Unfall war erst wenige Stunden her, als ich dort durch Zufall vorbeiging, und es kam mir vor, als könnte man die Wucht des Wagens noch immer spüren, mit dem er die Passanten auf dem Gehweg überrollt hatte. Die Feuerwehrleute, die aufräumten, ölige, vielleicht auch blutige Sägespäne zusammenfegten, verhielten sich beklommen und sahen zu Boden. Menschen und Dinge verharrten in einem Schockzustand, und jeder Tourist, der vorbeikam, jede Reisegruppe begriff augenblicklich, dass sich etwas Schreckliches ereignet hatte. Doch auch Orten wird nur eine begrenzte Trauerzeit zugebilligt, und die Wunde inmitten der Geschäftigkeit der Stadt heilte blitzschnell und sauber wieder zu. Ein Meer von Blumen sammelte sich an einem Bauzaun, verwelkte und wurde abgeräumt. Oft dachte ich an den Fahrer des schweren Wagens, der, so wurde berichtet, einen epileptischen Anfall erlitten hatte. Und natürlich dachte ich ständig an meinen Bruder, der bei einem Verkehrsunfall vor über dreißig Jahren ums Leben gekommen war. Damals hatte sein bester Freund den Wagen in einen mitten in der Nacht auf dem Seitenstreifen parkenden Lastwagen gelenkt und so den tödlichen Unfall verursacht. Unverletzt war er danach aus dem völlig zerquetschten Wagen gestiegen.

Jeden Tag musste ich in Berlin auf dem Weg zur Probe an der Unfallstelle vorbei, und jeden Tag hielt ich inne und beobachtete, wie das Geschehene verblasste, wie der Schrecken vom Alltäglichen überwuchert, ja weggewuselt wurde.

Die Probebühne meines Theaters war in Reinickendorf, und wenn ich dort nach einer Stunde ankam, war ich eigentlich schon wieder bereit für ein Nickerchen, so sehr ermüdete mich das U- und S-Bahn-Fahren. Ich probte dort *Amphitryon* von Molière mit einem grandiosen Regisseur, der für seine exzessiven Aufführungen berühmt war. Ich verehrte ihn, hatte fantastische Arbeiten mit ihm gemacht, doch war ich mir nicht sicher, ob ich noch in der Lage sein würde, dem drastischen Spielstil gerecht zu werden. Ununterbrochen musste man hüpfen und rennen und Grimassen schneiden. Er rief: »Joachim, was machst du denn? Du hast ja schon seit fünf Sekunden denselben Gesichtsausdruck! Du musst viel mehr Grimassen schneiden. So und so und so. Molière funktioniert nur, wenn du drei verschiedene Gesichter pro Sekunde machst. Besser wären vier! Du musst immer so spielen, als ob du gerade einen Stromschlag bekommst.« Ich zappelte herum und strampelte mich ab, machte Fratzen und Glupschaugen. Ich hatte nicht gewusst, dass es das überhaupt gibt, aber ich bekam Muskelkater im Gesicht und eine Kiefersperre. Auch hatte ich den befremdlichen Eindruck, dass meine Zunge ausgeleiert war. Hin und wieder hing sie mir ein wenig aus dem Mund, was mich selbst nicht sonderlich störte, aber meine Familie irritierte. »Könntest du bitte die Zunge in den Mund tun, während ich mit dir spreche.« Wie ein todmüder Gecko zog ich sie nach innen. Die Kostüme der Aufführung waren fantastisch bunt, grell, synthetisch, und nach fünf Minuten war ich komplett durchgeschwitzt. Auf dem Kopf trug ich einen Plastiksoldatenhelm mit schwankendem Prachtfederbusch. Die Zuschauer amüsierten sich, doch in mir blieb während der Aufführungen immer ein Widerwille, mich derart zu verausgaben. Es war mir zu anstrengend, zu laut, zu hysterisch. Wenn ich nicht dran war, saß ich zusammengesunken hinter der Papierkulisse auf einem Stuhl, innerlich erloschen, ein uraltes Zirkuspferd mit gesenktem Kopfputz, nur um auf die nächste Fanfare hin den Autopiloten anzuwerfen und mit erhobenem Haupt hinaus in die Manege zu galoppieren. Waren das Folgen des erlittenen Schlaganfalls, war es das Alter oder eine gewisse Berufsmüdigkeit? Wollte ich mich mit Mitte fünfzig noch so gebärden? Wollte ich immer weiter meine Haut zu Markte tragen?

Während wir weiter darauf warteten, dass wir endlich in unsere Wohnung ziehen konnten, war es zu einem für mich besorgniserregenden Zwischenfall gekommen. Ich lief mit der Architektin durch die Zimmer, die schon seit Wochen hätten bezugsfertig sein sollen, in denen sich die mit Baustaub bedeckten Kisten stapelten, als ich spürte, wie mein Arm taub wurde und das Gefühl aus meiner linken Gesichtshälfte wich.

Verzweifelt sah ich mich um, es war vollkommen klar, dass wir auch in den nächsten Wochen nicht hier wohnen würden. Es fiel kein Licht durch die Fenster, da das Baugerüst mit dunklen Planen abgehängt war. Die Architektin war genau das, was man wohl ein Berliner Original nennt. Sie kam mit der Vespa angedüst, trug bunte Fantasiewesten, einen wehenden Schal und war meist völlig überfordert. Die Zusammenarbeit hatte gut begonnen, dann aber war ihr das Projekt mehr und mehr entglitten. Verschiedene Firmen waren abgesprungen, und die verbliebenen Bauarbeiter tanzten ihr auf der Nase herum. Windige Gestalten schlurften durch das schummrige Licht, und ich fragte mich, ob sie kollektiv eine Red-Bull-Resistenz entwickelt hatten, denn obwohl überall zerknüllte Dosen herumlagen, Flügel waren hier niemandem verliehen worden. Das Klo stank bestialisch, und die Architektin erklärte mir, wobei sie ihre Bewunderung kaum verbarg: »Die Bauarbeiter haben den Schlüssel zu eurer Wohnung weitergegeben. Diese Schlitzohren. Das ist die letzte funktionstüchtige Toilette im ganzen Haus. Ordentlich Betrieb hier.« Seit Monaten wurde ich mit Fachausdrücken gefoltert. Der Begriff »Strangsanierung« verfolgte mich bis in den Schlaf. Andauernd wurde mir erklärt, dass die Strangsanierung nicht fertig werden würde. Die Strangsanierung wurde zum Riesenproblem. Es hätte mich nicht gewundert, wenn sogar einer meiner Ärzte zu mir gesagt hätte, dass er mir dringend eine Strangsanierung empfehlen würde. »Das Ergebnis Ihrer Darmspiegelung sollte ein Weckruf für Sie sein. Ich empfehle eine Strangsanierung.«

Der Anblick der mit Bauschutt zugemüllten Wohnung, insbesondere des in Plastik eingewickelten und unter gesplitterten Latten und Brocken begrabenen Kinderbetts meines Sohnes ließen mich taumeln. Der Großvaterstuhl war voller Farbflecken. Mehrere der erst vor einer Woche eingesetzten

Fensterscheiben waren bereits wieder zerbrochen. Mein Arm hing schlaff herunter, und ich bekam Panik, einen zweiten Schlaganfall zu erleiden. Aus dem Augenwinkel sah ich, dass ganz offensichtlich auch der vierte Versuch gescheitert war und der hundert Jahre alte Tapetenkleister gräulich durch den Neuanstrich mit Biowandfarbe gesuppt war. Ich ging zu Boden. Über mir sah ich in der Decke Risse klaffen, gezackt wie Erdbebengräben zogen sie sich durch den Plafond. Das Gewicht der kathedralenartigen Penthäuser, die beim Dachausbau entstanden waren, drohte unsere Wohnung zu zerquetschen. Ich flüsterte: »Ich brauche einen Krankenwagen.« Wieder wurde ich, wie schon beim ersten Schlaganfall in Wien, abtransportiert und ins Krankenhaus gebracht. Wieder kotzte ich, wieder testete ich, ob meine Aussprache noch funktionierte, wieder war meine linke Seite gelähmt. Nach dem MRT allerdings stellte sich heraus, dass es mich nicht erneut erwischt, sondern ich mir die Symptome nur eingebildet hatte. Ein überaus freundlicher Neurologe erklärte mir, was mir widerfahren war: »Sie sind traumatisiert, und es ist absolut nicht ungewöhnlich, dass Ihr Gehirn die Schlaganfallsymptome simuliert. Wir erleben das hier ständig. Patienten zeigen alle typischen Anzeichen für einen Apoplex, bis hin zu Gesichts- und Halbseitenlähmungen. Aber im MRT ist nichts zu sehen. Meist verschwinden die Symptome im selben Augenblick, da wir Entwarnung geben können. Sie hatten eine Panikattacke. Sie sollten eine Therapie machen. Lernen Sie, mit Ihrer Angst umzugehen.« »Aber was«, fragte ich den Neurologen, »hat mein Gehirn davon, mir etwas vorzuspielen? Wozu dieses Theater?« Seine Antwort war heftig: »Na, warum wohl? Sie sind doch Schauspieler. Um sich wichtig zu machen, natürlich.« Mir war es genau so ergangen wie von ihm beschrieben. In dem Augenblick, da ich wusste, dass in meinem Gehirn kein erneutes Blutgerinnsel zu sehen war, kein Verschluss vorlag, stürzte das Angstgebäude in sich zusammen. Schlagartig bekam ich einen Bärenhunger, wollte aufstehen und nach Hause gehen. Man wollte mich zwecks weiterer Untersuchungen dabehalten, aber da ich unbedingt gehen wollte, musste ich eine Erklärung abgeben, dass ich im Falle meines Todes selbst schuld sei. Das gefiel mir, und ich unterschrieb mit Schwung. Auf dem Weg ins Hotel sah ich auf dem Handy eine Nachricht von der Architektin:

»Hoffe, es geht dir besser. Es gibt Neuigkeiten von der Strangsanierung. Dauert noch. Ich bleibe am Ball«, und sofort fingen meine Finger wieder zu kribbeln an und wurden taub. Der Schlaganfall hatte sich als plumper Darsteller in mir eingenistet, war jederzeit bereit, an die Rampe zu treten, um Monologe zu halten.

Aber natürlich wollte ich es gut machen und alle möglichen Ursachen eines weiteren Hirnschlages minimieren. Ein MRT samt Belastungstest erbrachte glücklicherweise keine Hinweise auf Herzflimmern. Während ich in der Röhre lag, wurde mir ein Mittel gespritzt, das Treppensteigen simuliert. Eine Ärztin hielt mir die Hand, während mir der Schweiß ausbrach und mein Herz auf und davon raste.

Von der Psychotherapie zu berichten, die ich kurz darauf begann, fällt mir nicht ganz leicht. Meine Therapeutin war ein ehemaliges Fotomodel, die eine Ausbildung zur Traumatherapeutin gemacht hatte, um der Zeit nach dem Laufsteg und den Fotoshootings gelassen entgegensehen zu können. Als ich zum ersten Mal in der Gemeinschaftspraxis in ihr Zimmer gerufen wurde, brauchte es all meine Selbstkontrolle, um mich nicht restlos idiotisch zu benehmen. Sie sah atemberaubend aus. Ich hasste mich noch im selben Augenblick dafür, wie es in mir losgockelte, und ich versuchte meine Schlaganfallgeschichte zu einem mit Bravour bestandenen

Abenteuer zu verharmlosen. Sie hatte sich einige Mühe gegeben, ihre Schönheit zugunsten ihrer therapeutischen Kompetenz zu verbergen, dabei, wie ich fand, aber genau das Gegenteil erreicht. Geradezu mit Ekel nahm ich wahr, wie ich versuchte, meine Stimme samtweich klingen zu lassen, und mich als geläuterten Radikalinski präsentierte, der für exzessive Kunstanstrengungen mit einem Schlaganfall gestraft worden war. Ich erzählte und erzählte, brachte sie zum Lachen und stellte mit Genugtuung fest, dass sie vergaß, sich Notizen zu machen. Es gab schwer zu deutende Minimomente, in denen wir uns ansahen und ich meinte, in ihren Augen eine ehrliche Zugewandtheit wahrzunehmen. Vielleicht, dachte ich im Nachhinein, war das aber doch nur ihre professionelle Aufmerksamkeit gewesen, die mein Narzissmus als Zuneigung missdeutet hatte. Nach nur ein paar Sitzungen klagte sie über Zeitmangel und Überlastung und empfahl mich weiter an einen sehr erfahrenen älteren Kollegen.

Der verschwundene Koffer

Ein letztes Mal musste ich nach Wien, um den Keller zu räumen. In aller Eile hatte ich eine Entrümpelungsfirma bestellt, die sich als Verbrecherbande entpuppen sollte. Vierhundert Euro hatte ich am Telefon vereinbart, dabei allerdings nicht bedacht, dass der Keller dermaßen vollgestopft sein würde. Zehn Jahre lang hatte ich lieber Dinge im geräumigen Verlies verschwinden lassen, als sie zu entsorgen. Leider machte ich den Fehler, dem Chef der windigen Firma gleich bei seiner Ankunft vor der Wiener Wohnung zu gestehen, dass ich noch am selben Abend zurück nach Berlin fliegen musste und unter extremer Zeitnot stand. Ich sah, wie er innerlich ganz ruhig und gnadenlos wurde, als er dies erfuhr. Der Keller war rappelvoll und chaotisch. Die Kisten seien viel schwerer als angekündigt, zog er nach einer halben Stunde Räumen eine erste Bilanz, und die Schränke kaum zu bewältigende Ungetüme. Stück für Stück wurden die Dinge in meinem Keller für übergewichtig oder als Gefahrengut deklariert. Jahrelang hatte ich nicht mehr an die zig Farbeimer und Lacke gedacht und auch mehrere Teppichrollen und ausrangierte Winterreifen verdrängt. Die Besitzerin des Hauses – jenes Hauses, in dem ich die glücklichste Zeit meines Lebens verbracht hatte –, die eigentlich eine Freundin geworden war, stand nun überall im Weg herum und machte Fotos von den abgesplitterten Ecken des Kelleraufgangs, durch den die Träger mit den Schränken rumpelten. Der Boss der Bande teilte mir bedauernd mit, er müsse einen zweiten Laster bestellen, Sonderzulage. Das Schlimmste allerdings war, dass überall Dinge auftauchten, die ich vollkommen vergessen hatte und die wegzugeben mich überforderte. Zig Mappen meiner Kinder mit Schulsachen, auch Briefe und Fotos, Kinderbücher und Kinderkleidung. So viel Zeug, das Zeit eingeatmet hatte, Lebenszeit, Familienzeit, Gedankenzeit, und jetzt, da es in den Laster gestopft wurde, diese Zeit wieder ausatmete, mir Vergangenheit ins Gesicht hauchte. Hektisch wühlte ich in den Kisten herum, riss dies oder jenes an mich, kletterte sogar in den Entrümpelungslaster und zerrte einen Lampenschirm der Großeltern wieder heraus. Währenddessen schrieb der Chef der Entrümpelungsfirma gelassen Zahlenkolonnen in ein Heft. Es war abenteuerlich, mit anzusehen, wie hier ein dreister Beutezug mit bürokratischer Akribie kaschiert wurde. Allmählich lichtete sich das Chaos. Die Träger waren amüsante Figuren, dünn und drahtig, machten Witze und Mätzchen. Sie fanden alte Hanteln, trainierten damit, und einer von ihnen setzte sich meinen ausrangierten Strohhut auf. Ich ging in den Supermarkt, um ihnen Leberkäsesemmeln zu kaufen. Ich wollte die Männer versöhnlich stimmen und mich als großzügig erweisen. Eine Semmel pro Person würde sicherlich zu wenig sein, aber vierzehn Semmeln an der vollen Fleischtheke zu bestellen, kam mir übertrieben vor. Ich entschied mich, zehn Leberkäsesemmeln zu ordern und dazu mehrere Literflaschen Cola zu kaufen. Die Semmeln konnten die Männer allerdings nicht essen, da sie Muslime waren. Zigmal bat ich um Entschuldigung und ging zurück, um die Semmeln gegen zehn Käsebrötchen einzutauschen. Doch der Umtauschversuch schien so abstrus, dass die Verkäufer und andere Kunden vor der Fleischtheke zu lachen begannen.

In der hintersten Ecke des Kellers tauchte eine Hängematte auf, die wir auf der wunderschönen – ach was! –, schönsten Dachterrasse Wiens aufgespannt hatten. Dort gab es eine seit ewiger Zeit bewachsene Fläche, auf der im Frühjahr Schnittlauch und Hyazinthen blühten. Unzählige Male hatten Sophie und ich dort in der Hängematte mit meinen Töchtern und unserem Sohn über den Blumen geschaukelt, den Mauerseglern zugeguckt oder auf den magischen Moment gewartet, da die Sonne im Blattgold der gegenüberliegenden russisch-orthodoxen Kirchkuppel explodierte. Ich schnappte mir die Hängematte, drückte sie an mich und legte sie zu den anderen untrennbar mit mir verbundenen Gegenständen, von denen zu verabschieden ich mich nicht imstande sah. Der Verbrecherkönig schritt mit dem Taschenrechner zur finalen Abrechnung, während seine Gehilfen schon erschöpft und rauchend auf den Sitzbänken der Transporter zusammengerückt auf die Abfahrt warteten. Er tippte und tippte und tat etwas, das ich nicht begriff. Er maß die Bodenfläche des nun leeren Kellers aus und zählte die Stufen hinauf bis ins Erdgeschoss. Was sollte denn das, bitte schön, für eine Gleichung werden, dachte ich, in der man den Preis mit den Stufen multipliziert und durch die Quadratmeterzahl der Bodenfläche dividiert? Er nickte, und wie bei einer saftigen Geraden schnellte seine Faust auf mein Gesicht zu, und er hielt mir den Rechner unter die Nase. 2.364,78 stand da. Schon im allerersten Augenblick ärgerte mich maßlos die 78 nach dem Komma dieser unverschämten Zahlenreihe. Warum ausgerechnet 78 und nicht 77? Oder sollte ich mich etwa freuen, dass es nicht 79 waren? Diese 78 Cent waren in Anbetracht der Willkür, deren Zeuge ich ja gewesen war, ein Affront der Extraklasse. »Das zahle ich nicht!«, bellte es aus mir heraus. Ich sah in sein Gesicht, seine Gelassenheit war grenzenlos. Er fing an zu reden, redete und redete, sprach von den riesigen

Schränken, dem Extra-Lastwagen, all den giftigen Farben und der ungewöhnlich langen und steilen Kellertreppe. Doch in mir regte sich der Trotz. »Ich gebe Ihnen tausend. Das ist schon mehr als das Doppelte von dem, was wir verabredet haben.« Er schien mit den Gedanken gar nicht mehr recht bei mir zu sein, nahm einen Anruf entgegen und schüttelte flüchtig den Kopf in meine Richtung. Ich stand da wie ein Idiot. Er unterbrach das Telefonat, lächelte sogar ein wenig und hielt mir wieder das Display des Taschenrechners entgegen. »Kommt nicht infrage. Das geht so nicht.« Ich versuchte, meine Antwort felsenfest und unumstößlich klingen zu lassen. Er schlenderte zu einem der Lastwagen und sprach etwas in die Führerkabine hinein. Daraufhin stiegen, nun wahnsinnig schlecht gelaunt und mir vernichtende Blicke zuwerfend, drei der Männer wieder aus, öffneten die Ladeluke und begannen, die Kartons herauszureißen, achtlos auf den Bürgersteig zu knallen. Ich brüllte: »Stopp!«, rannte hin und her, »Stopp!«, hob aufgeplatzte Kartons vom Bürgersteig, stellte sie beiseite, »Moment, bitte.« Ich sah auf mein Handy, in weniger als drei Stunden würde mein Flug zurück nach Berlin gehen. Die Rohheit, mit der die Männer die Dinge, von denen ich mich mühsam getrennt hatte, auf die Straße donnerten, war kaum zu ertragen. »Aufhören. Ist ja gut.« Sie wussten zu jedem Zeitpunkt genau, wie sie zu handeln hatten. Was für mich Ausnahmezustand war, war für sie Routine. Ich ergab mich meinem Schicksal. Ich rief: »Okay, zweitausend!« Doch auch dieser letzte Rest Auflehnung gegen die geforderte Summe verpuffte. Wieder schüttelte der Boss freundlich den Kopf, tippte erneut den Betrag in das Gerät und hielt es mir hin. Ich gab auf und steckte die Bankomatkarte ein, sagte noch, dass ich mir nicht sicher sei, ob ich einen solch hohen Betrag von meinem Konto würde abbuchen können, woraufhin er anbot: »Probieren wir's mal. Sonst musst du das

Limit ändern. Ich kann dir zeigen, wie das geht.« Kurz darauf surrte mein Beleg aus der Maschine. Er gab seiner Bande ein Zeichen, und beide Laster setzten sich in Bewegung. Er selbst stieg in einen Audi, würdigte mich keines Blickes mehr und fuhr sehr langsam und behäbig davon. Ich sah ihm nach, mich wurmte das Tempo der Limousine. Wie ein vollgefressenes Raubtier, dachte ich, schleppt sich der Wagen davon. Vollgefressen mit meinem Geld und der Selbstzufriedenheit, so jemanden wie mich einfach verspeist zu haben.

Ich hatte aus Berlin meinen größten Koffer mitgebracht, ein oranges Monstrum, und doch war er nun viel zu klein für die Gegenstände und Unterlagen, die ich vor der Müllkippe gerettet hatte. Wieder musste ich mich von Dingen trennen und entsorgte mehrere Ordner mit von mir gesammelten Zeitungsartikeln im Altpapier. Auch der kurz zuvor noch als unverzichtbar aus dem Lastwagen gerettete filigrane Großeltern-Lampenschirm wanderte in die überquellende Papiertonne. Da ich Angst hatte, beim unsachgemäßen Entsorgen von der Hausbesitzerin erwischt zu werden, wuchtete ich meinen Oberkörper auf den Mülltonnendeckel, um den Inhalt zu stauchen. Unter diesem Druck zerbrachen die feinen Rippen des Lampenschirms, und das Geräusch ihres Zerkrachens fuhr mir als Kummerblitz bis ins Steißbein. Eigentlich hatte ich vorgehabt, die Entrümpelung schnell hinter mich zu bringen, um noch ein paar Stunden in Wien umherzuspazieren. Vielleicht sogar in meinem Lieblings-Café, wo große Teile meiner Romane entstanden waren, Marillenknödel zu essen. Doch die Zeit war bereits knapp, und ich bestellte mir ein Taxi. Die Hausbesitzerin kam, um mir den Wohnungsschlüssel abzunehmen, und sprach mit mir, als würden wir uns kaum kennen. Sie werde mir eine Rechnung für die entstandenen Schäden zukommen lassen und für die Sanierung des verwahrlosten Kellerraumes. Ich war zu erschöpft, um zu widersprechen, und froh, als sie im Haus verschwand. Nie wieder, wurde mir in diesem Augenblick bewusst, werde ich dieses Haus betreten. Nie wieder werde ich irgendwo so glücklich sein wie hier.

Unsere Wohnung war im sogenannten Botschaftsviertel, von der Dachterrasse hatte ich hin und wieder in den Innenhof der iranischen Botschaft hinabgesehen, beobachtet, wie Männer dort persische Musik hörten und auf Teppichen um einen Grill herumsaßen oder -lagen. Würziger Bratenduft stieg zu mir auf. Wenn im Iran gewählt wurde, bildete sich eine Hunderte Meter lange Schlange vor der Botschaft. Es wurde gelacht und gescherzt, und erst im letzten Moment vor dem Eintreten nahmen die Frauen ihren Schmuck ab, wischten sich das Rot von den Lippen und verhüllten sich. Nach der Wahl rissen sie sich, sobald sie das Tor der Botschaft verlassen hatten, die Schleier wieder herunter, schüttelten die glänzend schwarzen Haare aus und schminkten sich, wie es mir schien, ostentativ greller als zuvor. Sie wühlten aus ihren Handtaschen die hochhackigen Schuhe und stöckelten in Grüppchen davon. Gegenüber der iranischen lag die russische Botschaft, und um die Ecke die chinesische. Überall standen Polizisten, und kaum eine Woche verging, ohne dass es zum Teil heftige Demonstrationen gab. Weil die Haustür bereits zugefallen war und ich nun endgültig meine Schlüssel abgegeben hatte, wollte ich die Plastiktüte mit den Leberkäsesemmeln in den Mülleimer hineinwerfen. Doch aus Sicherheitsgründen waren die Schlitze verkleinert und kaum größer als der Durchmesser einer Getränkedose. Ich hielt nach dem Taxi Ausschau, ließ den Koffer stehen und ging zum Mülleimer. Es war unmöglich, die gesamte Tüte durch die schmale Öffnung zu entsorgen. Ich musste jede Leberkäsesemmel einzeln aus der Tüte nehmen und durch das Loch drücken. Keine fünf Meter entfernt stand ein Polizist und beobachtete mich. Mit jeder in Alufolie eingeschlagenen Semmel, die ich hineinpresste, kam ich mir seltsamer vor. Das sah fraglos eigenartig aus: Ein großer, kahl geschorener Mann füttert im Botschaftsviertel einen Mülleimer mit silbernen Kugeln. Doch der Polizist rührte sich nicht. Auch von der gegenüberliegenden Botschaft wurde ich genau beäugt. Semmel Nummer acht, neun und zehn wanderten in den Abfalleimer. Das Märchen vom alten Mann mit den zehn silbernen Kanonenkugeln ging zu Ende. Ich sah das Taxi kommen. Kaum bekam ich das Koffermonster in den Kofferraum. Am Flughafen musste ich für meinen achtundzwanzig Kilo schweren Koffer hundertzwanzig Euro nachzahlen und abermals den Inhalt sieben, da die Kofferhülle ächzende Töne von sich gab und der Reißverschluss zu platzen drohte. Ich legte mein Ohr an den Koffer, etwas schien in seinem Inneren zu arbeiten, sich zu stauen und das Gewebe zu strapazieren. Er knarzte. Der Koffer roch nach Keller, und eine Erinnerungsexplosion schien kurz bevorzustehen. Zwei Strampelanzüge, diverse Kunstbände und ein Paket mit einem wunderschönen Jugendstil-Vorhangstoff mussten dran glauben.

Im überfüllten Flugzeuggang wischte ich aus Versehen einem bereits sitzenden Fluggast mit meinem Rucksack ins Gesicht. Vielleicht ein wenig genervt, aber letztlich freundlich bat er mich, doch bitte aufzupassen. Ich wandte mich zu ihm und vergriff mich völlig im Ton. »Oh, sind Sie verletzt? Brauchen wir hier einen Arzt? Ist es sehr schlimm?« Der Geschäftsmann verdrehte die Augen und bat mich, einfach weiterzugehen. Aber ich wusste nicht, wohin mit meiner Gereiztheit, und belästigte ihn weiter: »Nein, nein«, rief ich affektiert, »wenn Sie verletzt sind, müssen wir uns darum kümmern. Wo tut es denn weh? Man sieht ja nichts. Warum sieht man denn nichts?« Kopfschüttelnd sah er auf seinen Laptop hinunter. Hinter mir im Gang wurde sich bereits beschwert, da sich die Fluggäste stauten. Ich wurde weitergeschoben und setzte mich auf meinen Platz. Da erst wurde mir klar, wie derangiert ich aussah. Mein T-Shirt war verdreckt und ausgeleiert, auf der Hose waren Flecken, die höchstwahrscheinlich vom Senf der Leberkäsesemmeln herrührten. Ich roch bestialisch nach Schweiß und Keller. Eingequetscht hockte ich zwischen zwei Männern und versuchte, nicht zu stinken, doch beide drehten sich von mir weg und atmeten flach. Einer von ihnen setzte sich nach dem Start, sobald das Anschnallzeichen erloschen war, auf einen anderen Platz. Als der Steward Wasser verteilte, bat ich durstig um eine zweite Flasche, die er mir verwehrte. »Das kann doch nicht sein, dass ich nicht noch eine Flasche Wasser bekomme. Ist das Ihr Ernst?« »Es gibt nur eine Flasche pro Fluggast.« »Gast? Ich bitte Sie, geben Sie mir noch eine Flasche von dem verdammten Wasser.« Es war völlig neu für mich, dass ich immer öfter in Reibereien geriet, in kleine Handgemenge, in verfahrene scharfkantige Situationen, aus denen ich nicht herausfand. Gierig trank ich das Wasser und wurde müde, schlief ein und wachte erst wieder auf, als das Flugzeug in Berlin aufsetzte. Ich fror, aber fühlte mich erlöst, Wien nun endgültig hinter mir gelassen zu haben.

Ich freute mich sogar ein wenig auf Berlin und das Hotel, in welchem wir uns bis zur Fertigstellung der Wohnung einquartiert hatten.

Ich hatte Glück und bekam einen ICE, der mich direkt zum Hauptbahnhof fuhr. Dort nahm ich einen Bus, der mich auf der gegenüberliegenden Seite des Hotels an der Haltestelle absetzte. Meine kleine Familie hatte schon auf mich gewartet und winkte mir durch die Glasfront der Bar zu. Ich überquerte die Straße, und mein Sohn kam mir entgegengerannt. Schon im Zug und auch im Bus war ich mehrmals kurz eingeschlafen. Wir umarmten uns und gingen durch die Lobby in die Bar. Ich bestellte ein Bier und erzählte von der Wiener Verbrecherbande. Ich trank das Bier in großen Schlucken, bestellte mir ein zweites, und allmählich fiel ein wenig der Anspannung des Tages von mir ab. Ich musste auf die Toilette. Sophie zahlte und ging vor auf unser Zimmer und ich gemeinsam mit meinem Sohn aufs Klo. Wir pinkelten synchron in die Pissoirs, und es erfüllte ihn immer noch mit einem gewissen Stolz, groß genug dafür geworden zu sein. Wir gingen zurück in die Bar, und ich fragte: »Wo ist denn mein Koffer?« »Welcher Koffer, Papa?« »Na, der riesige Koffer, den ich da unter der Theke abgestellt habe.« Ich sah mich in der Bar um, vermutete, dass die beiden Barkeeperinnen ihn zur Seite geräumt hatten, da es voller geworden war und das Riesending wahrscheinlich zu viel Platz eingenommen hatte. »Entschuldigung, haben Sie meinen Koffer gesehen? Der stand da eben noch.« Die Frauen hatten ihre Haare streng zum Zopf nach hinten gebunden, wodurch mir ihre Gesichter ein wenig gespannt vorkamen. Sie trugen weiße Hemden, darüber schwarze Hosenträger und rotsamtige Fliegen. Da die Musik laut war und sie mich verständnislos ansahen, rief ich ihnen abermals meine Frage zu. »Hier stand mein Koffer! Haben Sie den weggeräumt?« »Nein, wir haben keinen Koffer gesehen.« »Das ist unmöglich, der war riesengroß. Orange. Ich war ja nur kurz auf dem Klo. Vielleicht jemand von der Rezeption?« Mein Sohn sah ein wenig besorgt drein, da er spürte, wie in mir die Fassungslosigkeit wuchs. Er mochte es nicht, wenn ich mich aufregte oder in der Öffentlichkeit laut wurde. Ich ging hinüber zur Rezeption und fragte dort nach meinem Koffer. »Vielleicht hat ihn ja ein Gast, der sich gestört gefühlt hat, weggeräumt?« Das völlige Desinteresse an meinem Problem fing an, mich zu wurmen. Ich ging zurück zur Bar und fragte ein Paar, das sich in der Zwischenzeit auf unsere Plätze gesetzt hatte, nach dem Koffer. Sie sprachen englisch. Dass ich jetzt auch noch englisch sprechen sollte, reizte mich zusätzlich. »Sorry, but did you see my suitcase? It was standing right here!« Etwas an der Eindringlichkeit meiner Frage schien die Frau zu stören, und sie wandte genervt den Blick ab. Ich hatte den ganzen Tag geschuftet, war zweimal geflogen, hatte zwei große Bier getrunken, und das fleckige Hemd hing mir aus der Hose. Ich war sehr nah an das amerikanische Paar herangetreten, um mich verständlich zu machen. »No, sorry, Sir! Please keep a little distance.« Ich beugte mich hinunter und sah an den Beinen der Gäste entlang. Es war absurd zu glauben, dass ich den Koffer durch genaueres Hingucken würde entdecken können. Wäre er da, hätte ich ihn schon längst gesehen, aus hundert Metern Entfernung hätte ich ihn gesehen, jeder hier im Raum hätte diesen Koffer, der nicht nur groß, sondern auch orange war, längst bemerkt. Doch ich versuchte, ihn durch intensives Hinstarren auf die Stelle, wo ich ihn abgestellt hatte, erscheinen zu lassen. Ich verlor ein wenig das Gleichgewicht, was mir seit meinem Schlaganfall hin und wieder passierte, und rammte mit meinem Kopf den Oberschenkel der Amerikanerin. Ihr Begleiter griff meine Schulter und zog mich energisch zurück. Er hob den Zeigefinger und ermahnte mich mit Nachdruck: »Enough, Sir. Back up.« »Mein Gott, das kann doch nicht wahr sein!«, rief ich um einiges zu laut. »Hier stand der scheiß Koffer. Der kann doch nicht weg sein.« Mein Sohn nahm mich an der Hand und versuchte, mich wegzuziehen. Ich beugte mich zu ihm und sah in seinen Augen, dass die Situation schon ein wenig mehr entglitten war, als ich ahnte. »Geh zu Mama hoch. Ich komm gleich. Alles gut.« Er löste sich und rannte davon. Vielleicht, dachte ich, hatte ich in der Erregung etwas durcheinanderbekommen und den Koffer selbst weggestellt. Ich zwang mich zur Besonnenheit und suchte erneut den Raum ab. Immer mehr Gäste kamen von ihren abendlichen Ausflügen zurück ins Hotel, waren teilweise festlich herausgeputzt, offensichtlich waren sie in der nahe gelegenen Philharmonie gewesen. Ich ging hinter die Theke und sprach mit den Bardamen, deren gestelztes Schütteln der klackenden Cocktailshaker meine Nerven strapazierte. Da brodelte etwas in mir, das ich unbedingt im Zaum halten sollte. Hatte ich den Koffer mit auf die Toilette genommen? Natürlich nicht! Und dennoch lief ich zu den Klos, fragte einen pinkelnden Mann im Anzug nach meinem Koffer. Ich öffnete die Klotüren, kniete mich auf den Boden vor der einzigen, die verschlossen war, und sah ein Paar Herrenschuhe unter heruntergelassenen Hosenbeinen. Ich musste mich beruhigen, erfrischte mich mit Wasser und trank aus dem Hahn. Ich bahnte mir meinen Weg zurück durch Gelächter und Gespräche zur Rezeption und setzte neu an. »Mir wurde mein Koffer gestohlen. Ich bin vor circa neunzig Minuten hier angekommen, war dann in der Bar, und während ich auf dem Klo war, wurde der Koffer gestohlen.« Sophie kam zusammen mit unserem Sohn aus dem Fahrstuhl. »Es ist absurd, aber der Koffer ist einfach verschwunden.« Sophie umarmte mich. »Es waren doch nur Sachen aus dem Keller im Koffer. Die brauchen wir doch eh nicht.« »Wie meinst du das?« »Das sind doch lauter Sachen, die wir seit Jahren nicht mehr gesehen haben und entsorgen wollten.« »Wenn du wüsstest, was ich da alles gefunden habe. Du hast überhaupt keine Vorstellung, was sich da heute abgespielt hat. Du warst doch da überhaupt nie unten.« Damit hatte ich tatsächlich recht. Sophie hatte wegen ihrer Spinnenphobie den Keller seit Jahren gemieden. Plötzlich schien mir dieser Koffer voll mit den wichtigsten Dingen zu sein, mein ganzes Wiener Leben schien in diesem Koffer verstaut. »Ich hab da die tollsten Sachen gerettet. Mein Gott, wo ist nur dieser Koffer.« Ich wandte mich dem introvertierten Männlein an der Rezeption zu. »Haben Sie niemanden mit einem orangen Koffer hereinkommen oder hinausgehen sehen?« »Nein, es tut mir leid. Aber es war ja auch viel los in der Zeit.« Er nahm seine Brille ab und putzte sie, so als wollte er mir damit zeigen, dass er sich jetzt scharfäugig an der Suche beteiligen würde. Ich sprach mit Sophie, schnell und unnachgiebig. »Ich rufe jetzt die Polizei. Das kann doch nicht sein. Die sind eh alle so komisch hier. Irgendwas stimmt hier nicht.« »Hast du wirklich überall geguckt? Ich kann mich überhaupt nicht an den Koffer erinnern.« »Wie bitte?« Ich lachte, wie jemand, dem man mitteilt, dass die Katze, die er seit zehn Jahren hat, eigentlich ein Hund ist, ungläubig und überheblich. »Mir langt es jetzt. Ich rufe die Polizei.« Mein Sohn war begeistert. »Glaubst du, Papa, sie schnappen den Dieb?« »Das hoffe ich.« Sophie hingegen wurde immer skeptischer. Ich nahm mein österreichisches Handy, verließ das Hotel, bahnte mir den Weg durch eine Traube rauchender Damen in Abendkleidern und drückte auf die gespeicherte Notrufnummer. Ich schilderte aufgebracht mein Anliegen und nannte wie gewünscht den Namen des Hotels und die Straße. Der Mann am anderen Ende der Leitung erklärte mir, dass er weder das Hotel noch die Straße finden könne. Erst in diesem Moment fiel mir seine österreichische Sprachfärbung auf, und auch ihm wurde zeitgleich klar, dass etwas falschlief bei diesem Anruf. »In welcher Stadt sind Sie denn?« »Ich bin in Berlin.« Ich hörte ein kurzes Grunzen, das schwer zu deuten war und sowohl ein enerviertes Lachen als auch eine Unmutsäußerung hätte sein können. Jetzt allerdings geschah etwas, das mich augenblicklich Wien vermissen ließ. Der Mann sagte, einen amerikanischen Akzent imitierend: »Ik bin kein Berliner. Da sollten S' besser die deutschen Kollegen anrufen. Fia uns is des a bissl z'weit.« »Verzeihen Sie bitte. Natürlich. Es tut mir leid«, antwortete ich dankbar für die Freundlichkeit und legte auf. Mit deutscher Vorwahl rief ich die Berliner Polizei an und wurde mit dröger Wortkargheit zum Vorfall befragt. »Name? Adresse? Farbe?« Ich bat darum, einen Streifenwagen vorbeizuschicken, da ich mir inzwischen sicher war, dass mir von den Hotelmitarbeitern etwas verheimlicht wurde. »Stunde«, sagte die Männerstimme. Es wurmte mich, dass alles außer Substantiven reine Zeitverschwendung zu sein schien. »Was, Stunde?« »Na, Stunde.« »Könnten Sie eventuell versuchen, in ganzen Sätzen mit mir zu sprechen?« Das Gespräch wurde wortlos beendet. Ich ging zurück ins Hotel und hinauf zu unseren Zimmern. Sophie las Elliot etwas vor. Beide waren bereits müde und hatten es sichtlich gemütlich. »Lasst euch nicht stören. Ich muss unten warten. Die Polizei kommt irgendwann vorbei.« Sophie hatte die Lust verloren, sich weiter mit dem Koffer zu beschäftigen, und sah müde vom Buch hoch. »Viel Glück!« Wortlos verließ ich das Zimmer, fuhr wieder hinab, bestellte mir das nächste Bier, suchte mir einen Platz mit Blick auf die Straße und hielt nach der Polizei Ausschau. Erst zwei Stunden und drei weitere Anrufe später fuhr ein Wagen vor. Inzwischen war es nach Mitternacht und wieder still in der Bar geworden. Die Polizistin und ihr Kollege waren zauberhaft, hörten sich mitfühlend meine Kofferklaugeschichte an, sagten mehrmals: »Das ist ja blöd«, und berieten, was nun zu tun sei. »Wir könnten uns die Videos der Überwachungskameras ansehen. Vielleicht sieht man da, was vorgefallen ist.« Sobald ich das Wort Überwachungskamera hörte, geriet ich in eine Art schwer zu bändigenden Glücksrausch. Am liebsten wäre ich den beiden um den Hals gefallen für diese Idee. Endlich, endlich wurde mir Glauben geschenkt, wurde etwas unternommen und nicht immer nur ratlos geguckt. Die Polizistin wollte allerdings, so ihre Formulierung, noch kurz eine schmöken. Ich zeigte mich großzügig und rief: »Na klar, rauchen wir noch eine.« Natürlich rauchte ich seit meinem Schlaganfall nicht mehr, aber jetzt konnte ich einfach nicht widerstehen, die mir angebotene Zigarette anzunehmen. Zu dritt standen wir vor dem Hotel, während der Mann an der Rezeption die Bänder zurückspulte. Die Polizistin und ihr Kollege waren Mitte zwanzig, und in ihren Gesichtern lag noch eine Kindlichkeit, die mit der Entschiedenheit ihrer Uniformen nicht recht zusammenpasste. Ich war mehr als doppelt so alt, derangiert und angetrunken und von einem Problem okkupiert, dessen Wichtigkeit im Vergleich zu den Dingen, die sie sonst zu Gesicht bekamen, eine Lappalie war. Wir gingen hinein, hinter die Rezeption und sahen hinauf zum viergeteilten Bildschirm. Wir sahen eine Einstellung des Eingangsbereiches, in der man auch hinaus auf die Straße sehen konnte, eine weitere, die die Rezeption zeigte, dann die Bar und offensichtlich einen hinter dem Hotel gelegenen Parkplatz. Auf einem zweiten Bildschirm waren verschiedene Flure mit Zimmertüren zu sehen. »Wissen Sie ungefähr die Uhrzeit, wann Sie angekommen sind?« »Na klar, das kann ich Ihnen sogar genau sagen.« Ich suchte den ICE vom Flughafen zum Bahnhof heraus und die sich daraus ergebende Abfahrt und Ankunft des Busses vor dem Hotel. Erstaunlicherweise konnte man auf dem Bildausschnitt der Überwachungskamera sogar ein wenig verdeckt die Bushaltestelle auf der gegenüberliegenden Seite durch die gläserne Schiebetür erkennen. Alle hinter dem Tresen wurden von leichter Spannung erfasst, was gleich zu sehen sein würde. Die Ästhetik der Bilder des viergeteilten Bildschirms, die seltsamen Winkel und die Stille, die die Szenerie umgab, kannte ich gut aus zig Filmen oder Serien. Ich erkannte die Damen hinter der Bar und dann plötzlich sah ich meinen Sohn herumlaufen und Sophie am Tresen sitzen. »Stopp, Stopp!«, rief ich. »Da! Das sind mein Sohn und meine Frau. Die haben auf mich gewartet. Jetzt müsste ich gleich auftauchen.« Es wurde langsamer vorgespult. Ich stand direkt neben der Polizistin, und der Griff ihrer Waffe streifte mich mehrmals an der Hüfte. Die Bilder ruckten hin und her, sprangen vor und bremsten wieder ab. »Da bin ich!«, rief ich. Ich saß an der Bar neben Sophie und meinem Sohn. Mein Anblick erschütterte mich, hatte so gar nichts mit meiner Selbstwahrnehmung zu tun. Sah so jemand aus, den man sehnsüchtig erwartet hatte? Wohl kaum. »Könnten Sie bitte einmal auf die Kamera der Bar gehen?«, bat ich. Das Bild füllte nun den gesamten Bildschirm. Müde und mürrisch, mit Bäuchlein unter dem Pullover und Bierglas in der Hand, hockte ich da. Mein Sohn kletterte auf dem Stuhl herum, und auch Sophie schien niedergeschlagen auf ihren Tee herabzublicken. Etwas an dieser ungewollten Dokumentation von uns dreien traf mich. Es war so sehr Alltag, so wenig festlich, hatte etwas durch und durch Banales, wie wir dort saßen, wer wir in diesem Moment waren. Sophie und ich waren von einer Aura der Hoffnungslosigkeit umgeben. Da erst wurde mir klar, dass ich den Koffer nicht sah. »Seltsam«, sagte ich, »da hab ich den Koffer ja eigentlich noch gehabt. Das ist, bevor ich aufs Klo gegangen bin. Auch meine Frau ist erst später auf unser Zimmer gegangen.« Es wurde langsam vorgespult. Ich stand auf und ging mit meinem Sohn Richtung Toilette. Lag es an uns oder an der Art des Materials, dass das alles unendlich traurig wirkte? »Können wir versuchen«, schlug ich vor, »mit der Kamera, die den Eingang überwacht, den Moment meiner Ankunft zu finden?« Es wurde zurückgespult. Sehr deutlich sah man im schnellen Rücklauf einen Bus vorbeisausen. Standbild, vor und zurück. Und dann war es so weit. Der Bus kam, hielt und hielt und hielt, verdeckte die Ampel, fuhr an und weiter. Und da stand ich. Allein auf dem Bürgersteig und ohne Koffer. Ich sah nach links und rechts, überquerte die

Straße. Die Schiebetür öffnete sich, und mein Sohn kam mir entgegengelaufen und fiel mir in die Arme. Ich drückte ihn an mich, hob ihn hoch. Kein Koffer weit und breit. Ich betrat das Hotel, verschwand aus dem Bild der einen Kamera und tauchte in der Bar wieder auf. Sophie stand auf, und ihre Hand glitt über meinen Kopf. Nirgends ein Koffer. Während ich die Sequenzen sah und meine Glaubwürdigkeit in sich zusammenbrach, hatte ich kurzzeitig das Gefühl, verrückt zu werden. Erinnerung für Erinnerung wurde durch die Unumstößlichkeit der Bilder zerstört. Denn ich erinnerte mich, wie ich den Koffer während der Busfahrt daran gehindert hatte, in andere Fahrgäste zu rollen, ich erinnerte mich daran, wie ich besorgt über seinen gespannten Reißverschluss mit der Fingerkuppe gestrichen hatte, ich erinnerte mich daran, wie ich ihn vorsichtig aus dem Bus bugsiert hatte, und ich erinnerte mich auch daran, wie ich meine Hand vom Griff gelöst hatte, um mit beiden Armen meinen Sohn an mich zu drücken und in die Höhe zu heben. Die beiden Nachwuchspolizisten brauchten einen Augenblick, um zurück in ihre urbane Abgebrühtheit zu finden. Ich war kurz davor, sie anzuflehen, nochmals zurückzuspulen, weiter hin und her zu spulen, um das Rätsel hinter dem Rätsel zu lösen und den Koffer doch noch zu finden. Es ging hier um alles, denn es war ganz offensichtlich nicht nur der Koffer verschwunden, sondern auch Moment für Moment meine Wirklichkeit zersplittert. Der Koffer und ich, wir waren beide abhandengekommen. Würde man sich den Film ein weiteres Mal anschauen, dann wäre auch ich nicht mehr zu sehen. Dann würde niemand aus dem Bus steigen und ins Hotel hinüberschwanken, und dann würde dort eine Mutter mit ihrem Sohn sitzen und auf niemanden warten. Ich senkte den Blick, schloss die Lider und bearbeitete meine Augäpfel mit den Fingerkuppen. Vielleicht war es ja ein organisches Versagen der Optik, vielleicht hatten sich meine Netzhäute während des Fluges abgelöst, vielleicht könnte ich die Wirklichkeit zurück in meinen Körper quetschen. Im Mund hatte ich den Geschmack der Zigarette, diesen widerlichen Geschmack, den man hat, wenn man ewig nicht geraucht hat und es dann doch wieder tut. Die beiden Polizisten sprachen jetzt anders mit mir und betonten einzelne Worte überdeutlich, so als könnte man nur durch Überartikulation meine Begriffsstutzigkeit überwinden. »Wir können keine Anzeige aufnehmen, da es den Koffer nicht gibt.« Ich nickte und dachte, genau so würde ich als Schauspieler auf gar keinen Fall jemanden spielen, der mit jemandem zu tun hat, der mit einem unsichtbaren Koffer unterwegs ist. Ich widersprach: »Es gibt ihn! Ich schwöre Ihnen, es gibt ihn!« »Wir … fahren … jetzt.«

Ich nahm den Fahrstuhl in die dritte Etage und klopfte an die Tür, lange und immer wieder, erst leiser und dann lauter. Sophie öffnete, hatte ihr wunderschönes Schlafgesicht. Nicht viele Menschen sind freundlich, wenn sie aus dem Schlaf gerissen werden. Ich legte mich zu ihr, zwischen uns atmete unser Sohn. Durch das ausgiebige Studieren der Überwachungsvideos hatte sich etwas in mir verschoben, war der Blick nach außen gerutscht, und schon sah ich mich wieder wie von oben gefilmt. War ich denn wenigstens jetzt da? War ich anwesend? Würde ein Video einen unbestreitbaren Nachweis meiner Existenz liefern? Wo war nur dieser Koffer? Ich war hellwach und zwang mich äußerlich zur Ruhe, war aber innerlich so angespannt, als wäre ich selbst zu einem vollgestopften Koffer mutiert. Meine Nähte ächzten. Sophie flüsterte: »Hast du ihn?«, und ich fauchte: »Nein, verdammt noch mal. Nein.« »Was ist nur los mit dir?« »Verzeih, aber es ist beunruhigend. Ich hab das Gefühl, mein Kopf ist kaputt. Wo ist nur dieser Koffer?« Von Anfang an tat auch uns diese Stadt nicht gut. Erinnerung für Erinnerung arbeitete ich mich in der trüben Halbdunkelheit des Hotelzimmers durch meine Rückreise. Welche Begebenheit war unumstößlich, was hatte sich zweifelsfrei ereignet? Wann hatte ich den Koffer unwiderlegbar zum letzten Mal gesehen? War der Koffer aus dem Schacht am Berliner Flughafen auf das Kofferband gerutscht? Ja. Hatte ich ihn auf der Rolltreppe hinab zu den Bahngleisen? Ja. Hatte ich ihn im Zug? Ja. Er war zu schwer gewesen, um ihn auf die Ablage über meinen Platz hinaufzuwuchten. Ich hatte es versucht, sogar den Koffer in luftiger Höhe mit dem Kopf stabilisiert, und war gescheitert. Hatte ich ihn unter die Sitze geschoben und mich gefreut, dass es funktionierte? Ja! Ich musste ihn mit viel Druck in den Freiraum hineinpressen. Hatte ich ihn dort wieder mühsam herausgezogen und mit aus dem Zug genommen? Ja! Hatte ich ihn im Bus? Ja. War ich mit ihm ausgestiegen und ins Hotel gegangen? Verdammt ja! Der klägliche Rest dieser Nacht verbrannte sich in zerfransenden Rekonstruktionen. Genauso wie die Bilder der Überwachungskamera spulte ich die Bilder meiner Erinnerung vor und zurück, grimmig auf der Suche nach dem entscheidenden Augenblick, da sich der Koffer und meine Geschichte getrennt hatten. Ich geriet in wirre Kofferträume, in denen ich herumbrüllte und merkwürdigerweise viel Kraft darauf verwandte, mich zu verstellen, niemand durfte merken, dass ich träumte. Noch bevor Sophie und unser Sohn aufwachten, schlich ich mich aus dem Zimmer. Auf dem Hotelflur grüßte ich Richtung Kamera. Ich telefonierte mich zur Stelle für Verlustanzeigen durch, und nachdem ich online ein Formular ausgefüllt hatte, setzte ich mich in den Frühstücksraum. Als ich mit einem Kaffee zurück zu meinem Platz kam, hatte ich bereits Antwort. Mein Koffer war an der Endhaltestelle in Hamburg-Altona gefunden worden. Im Waggon, in dem ich reserviert hatte. Zwischen zwei Sitzreihen geschoben. Er war bereits auf dem Weg zurück nach

Berlin, und ich könne ihn für einen gewissen Betrag ab Mittag abholen. Ich stürmte hinauf zu Sophie und Elliot, weckte sie mit Freudenrufen und warf die Bettdecke in die Höhe. Wir tanzten zu dritt auf dem Bett und feierten die Wiederauferstehung meines Koffers. Um Punkt zwölf war ich beim Bahnhof, High Noon, und mit einer Reibungslosigkeit, die etwas Unheimliches hatte, bekam ich meinen Koffer zurück. Als ich ihn sah, leuchtete er geradezu übertrieben orange. Er schien von innen heraus zu glühen und mich durch seine Signalfarbe zu verhöhnen. »Schau mich an!«, rief mir dieser Koffer entgegen. »Mich hast du verloren. Mich! Ein oranges Monstrum. Wer mich verliert, der kann alles verlieren. Jetzt und immer und zu jeder Zeit. Wer mich verliert, der ist verloren.« Ich fuhr die Rolltreppe hinauf. Andauernd musste ich mich umsehen, um mich der Anwesenheit des Koffers zu versichern, obwohl ich seinen Griff fest umschlossen hielt. Ich fuhr mit dem Bus, mit beiden Handflächen das Gepäckstück an mich drückend. Ich kämpfte mit den Tränen. Dann stieg ich an der Haltestelle gegenüber des Hotels aus. Mein Sohn stand auf der anderen Straßenseite, erwartete mich an der Bordsteinkante. Er rief: »Papa, du hast den Koffer!« Als ich ihn erreichte, umarmten wir uns. Ich hob ihn in die Höhe, sehr umständlich, nur mit einem Arm, mit einer Hand. Ich hatte dazugelernt. Noch mal würde ich den Koffer nicht loslassen.

Mutter braucht Geschichten

Ich klinkte mich ein in die Tagesroutinen meiner Mutter und genoss es, dadurch eigener Entscheidungen enthoben zu werden. Jeden Tag gelang es mir ein wenig mehr, dem eigenen Hadern zu entrinnen und, ohne allzu zeitraubende innere Kämpfe, meine Vorhaben zu erledigen. Mein Gesicht im Spiegel war schmaler geworden, schien abzuschwellen und seine traurige Gedunsenheit zu verlieren. Die Haut um die Lider straffte sich, und das Blau meiner Augen kam mir klarer vor, hatte vielleicht sogar ein wenig von der wässrigen Ratlosigkeit verloren. Von meinem blitzeblauen, die Welt herausfordernden Blick allerdings war nicht viel übrig geblieben. Nachdem ich den Morgen über an einer Geschichte über einen verschwundenen Koffer geschrieben hatte, fuhr ich mit dem Fahrrad die wenigen Kilometer in das an der Schlei gelegene Städtlein, um mir die Haare scheren zu lassen. Ich radelte über die Dörfer, wählte spontan einen Umweg zu den Windrädern, die in einem Maisfeld standen, und je näher ich kam, desto mehr staunte ich darüber, wie imposant sie waren. Schon immer hatte ich das machen wollen. Ich legte das Rad in den Knick und bahnte mir einen Weg durch die mich überragenden Maispflanzen. Die drei mächtigen Rotorblätter schaufelten sich mit einem tieffrequenten Brummton durch den Himmel. Ich betrat das Betonfundament, breitete die

Arme aus und lehnte mich gegen den Turm. Ich sah hinauf, und über mir schien die gewaltige Apparatur zu schwanken und sich über mich zu beugen. Jedes Mal, wenn eines der Blätter vorbeischwang, gab es einen wuchtigen Schub, und ich spürte die Druckwelle in meiner Lunge. Die ganze Anlage vibrierte. Der Brummton strömte in mich hinein und überlagerte das Kopfgeräusch, das mich seit meinem Schlaganfall plagte. Ich beugte mich weiter zurück und sah, dass die Spitzen der Rotorblätter auf dem Scheitelpunkt durch eine tief fliegende Wolke tauchten. Es war, als würden sie den Himmel pflügen. Ich presste mich an die kaltglatte Riesensäule, und mir war, als würde all diese in luftiger Höhe generierte Energie direkt in mich hineinschießen und mich mit Wind und Wolken befüllen. Durch den dröhnenden Rotationslärm sirrten und surrten schrille Obertöne, wilde Gesänge, deren Tonkaskaden sich blitzartig aufbauten und dann in der Luft zerrissen. Schon lange war ich nicht mehr in etwas derart Kraftvolles geraten, und erst als ich das Gefühl hatte, alle meine Zähne würden sich aus dem Kiefer zittern, meine Arschbacken den Rücken hochbibbern und ich mich irreversibel in einen Wind-und-Wolken-Wackelpudding verwandeln, drückte ich mich weg vom Turm.

In der maritimen Kleinstadt gab es zu meiner freudigen Überraschung seit einigen Wochen einen Barbershop. Seit Jahren war ich bei keinem Friseur mehr gewesen, da ich mich mit einer eigenen Haarschneidemaschine schor oder meine Haare im Theater kurz gehalten wurden. Doch jetzt waren sie schon fast zwei Zentimeter lang, und ich hatte für meine Verhältnisse eine regelrechte Wuschelmatte. Immer wieder hatte ich mir mit der Hand über den Kopf gestreichelt und mich gewundert, dass ich überhaupt noch so viele Haare hatte. Das Kurzrasieren des Kopfes war natürlich der Versuch, dem

Wenigerwerden der Haare durch eine klare Ansage entgegenzuwirken bzw. zu entkommen. Ich fuhr mit dem Rad beim Barbershop vor. Riesige Spiegel mit Goldverzierungen hingen vor den Friseurstühlen, die ebenfalls überdimensioniert wirkten mit ihren Chromlehnen und Chromfüßen. Kein anderer Kunde war im Geschäft, und ich durfte mich setzen. Der Friseur war ein flinker juveniler Mann, dessen eigene Frisur quasi seine Visitenkarte war. Auf dem Oberkopf hatte er eine geölte Haartolle, deren Dichte und Schwärze fantastisch waren, auf dem Hinterkopf akkurate Rasurmuster, die sich als helle Zickzacklinien über die Kopfhaut bis in den Bart fortsetzten. Er duftete heftig und fragte mich nach meinen Wünschen. Ich sah mich im Spiegel an und kam ins Grübeln. »Ich weiß nicht so genau«, wägte ich demonstrativ nachdenklich ab, »ob ich mir die Haare wie immer kurzrasieren soll. So wenig Haare habe ich ja eigentlich gar nicht.« Er strich mir mit seiner ungemein weichen Hand über den Kopf: »Super Haare hast du, mein Freund. Fest und überall.« Lange hatte mich nichts mehr so glücklich gemacht wie diese Diagnose eines Fachmanns. »Fest und überall« war mehr als fantastisch. »Bisschen ausrasieren, würde ich sagen, und Nase und Ohren musst du machen.« »Na klar.« Ich war nun zu allem bereit. Sein Lob hatte bei mir zu einer Vertrauensexpansion geführt, auch wenn ich keine Ahnung hatte, was er mit »Nase und Ohren musst du machen« meinte. Er knipste den Rasierer an und schleuderte ihn am Kabel links und rechts an meinem Kopf vorbei, bevor er ihn lässig in seine rechte Hand klatschen ließ. Im Spiegel sah ich, wie sich sein Blick veränderte und er vom Showteil zum Arbeitseinsatz wechselte.

Die spontane Entscheidung, meine Haare wachsen zu lassen, beflügelte mich. Der Friseur begriff sich offensichtlich als Künstler, trat hin und wieder ein paar Schritte zurück und besah sich seine Barbierkunst aus der Ferne. Er kürzte die

Koteletten ein, und im Nu waren sie so eckig getrimmt, als wären sie mit dem Geodreieck vermessen. Ein untrügliches Indiz für mein Alter schien mir auch zu sein, dass ich auf jede Art von Berührung mit unverhältnismäßiger Dankbarkeit reagierte. Die zur Beruhigung beim Blutabnehmen auf die Schulter gelegte Hand der Assistenzärztin oder das Abreiben der Einstichstelle mit Desinfektionsmittel waren für mich zu Höhepunkten der Hinwendung geworden. Der Orthopäde, der für ein Schweinegeld meine chronisch entzündete und verdickte Achillessehne mit einem, wie er behauptete, extra für mich bestellten Weihrauchöl massierte, hatte keinen blassen Schimmer davon, wie sehr ich mich die Woche über nach seinen Liebkosungen verzehrte. Und so befriedigte mich auch die Hand des Meister-Coiffeurs, der aus meinem Nacken die Haarstoppeln wegfächerte. Er umrundete mich mit dem Handspiegel, das Oval zeigte mir eine penibel gezogene Rasurlinie in meinem Nacken. Ich wurde mit einem weichen Handbesen abgefegt und mit Haarwasser verwöhnt, welches er mir mit derart behändem Fingerkuppengetrappel einmassierte, dass ich eine Zweitbegabung als Solopianist für mehr als wahrscheinlich hielt. Er kam mit einem Töpfchen, und eh ich mich versah, spachtelte er mir eine weiche Masse in die Nasenlöcher. Kurz roch es nach Rosenwasser und dann war die Nase zu, verschlossen mit heißem Wachs. Er nahm zwei Holzstiele und steckte sie mir in die Nasenlöcher. Daraufhin wiederholte er die Prozedur mit meinen Ohren. Ummantelte mit gekonntem Spachtelstrich die Ohrmuscheln und drückte das dehnfreudige Wachs bis tief in die Gehörgänge hinab. Das heiße Wachs verschloss meine Ohren, und die Hitze der Masse drang wohlig in mich. Von einem Moment auf den anderen versank ich in einer allumfassend warmen Taubheit. Auch in das Ohrwachs wurden zwei Stäbe versenkt. »Bin gleich wieder da.« Er ließ mich zurück, und ich sah im Spiegelbild, wie er vor der Tür eine Zigarette rauchte. Mein Anblick erheiterte mich. Wie vorbereitet für einen archaischen Ritus saß ich im Umhang auf dem goldenen Chromthron, Stöckchen in Nase und Ohren. Da, wo sonst Gerüche und Lärm hineinströmten, war nun alles mit heißen Stopfen verkorkt. Meinetwegen hätte er auch alle anderen Sinnesorgane mit seinem Zauberwachs zukitten mögen. Ich wollte, dass er mir die Augen zuschmierte, mir eine Brille aus Wachs ins Gesicht goss, ich wollte den Mund voll Wachs, meine ganze Haut sollte er verschließen und mich von oben bis unten einbalsamieren.

Ich hörte die Ladentür, der Barbier trat nah an mich heran, roch nach Rauch und fragte: »Bereit?« Ich nickte, ohne zu ahnen, wofür genau ich meine Einwilligung gab. Er nahm die Nasenstäbchen zwischen Daumen und Zeigefingern, hielt kurz inne und riss sie mit einer heftig vollführten Drehbewegung heraus. Der Schmerz, der mir in den Rüssel fuhr, war jenseits von allem, was ich für möglich gehalten hatte. Er schoss in meine Entspannung hinein, als würde man inmitten eines lieblichen Traumes mit kochendem Wasser übergossen. Der Schmerz traf mich umso gnadenloser, da die Nasen- und Ohrenwärme mich in völlige Arglosigkeit eingesponnen hatte. Ich schrie auf, warf mich im Stuhl zurück, doch er war geschickt und erfahren, griff sich die Ohrenhölzer und rupfte auch diese mit Schwung heraus. Die nächste Schmerzexplosion war noch heftiger als die erste, da nicht nur der Gehörgang voller Härchen war, sondern die gesamte Ohrmuschel bewachsen zu sein schien. Als hätte jemand mir die Ohren mit einem Flammenwerfer abgefackelt, warf ich mich mehrmals im Sitz hin und her, knallte mit den Knien gegen die Spiegelablage und krümmte mich. Mir schossen die Tränen aus den Augen. Er schwenkte die Jagdtrophäen vor meinem Gesicht herum. Etwas Ekelhafteres hatte ich selten gesehen.

Vier rosarote Wachspfropfen, die aussahen wie Himbeereis am Stiel, dem Haare gewachsen waren. Ich rieb mir die Ohren, presste mir die Nase und war kurz davor, aufzuspringen und ihn zu schubsen. »Guck dir das an! Damit kannst du dir die Zähne putzen.« Vorwurfsvoll, ja mit leichtem Kopfschütteln, ließ er die Klumpen in den Mülleimer fallen. Sein entrüsteter Gesichtsausdruck schien tatsächlich zu sagen: Das darf so nicht vorkommen, so darf man sich nicht gehen lassen. Ich riss mir den Umhang herunter und lief im Laden auf und ab. Er fand es amüsant, wie ich mich aufführte, und sein völliges Verkennen meiner Pein ließ mich ahnen, dass es wohl andere geben musste, die es gelassener nahmen. Ich zahlte, gab ihm, um mich zu rächen, ein absurd hohes Trinkgeld und verließ das Geschäft. Es war überraschend, wie kühl und frei mir die Luft in die Nasenlöcher strömte. Ich befühlte meine Ohren. Weich und samtig, wie von einem Riesenbaby, fühlten sie sich eigentümlich nackt an.

Ich bekam besser Luft, konnte besser hören, als wäre ich zuvor ein zotteliger Yeti gewesen, und, so befreit, machte ich mich per Fahrrad auf den Heimweg zu meiner Mutter, um ihr alles brühwarm zu erzählen. Während ich immer schneller in die Pedale trat, suchte ich bereits nach Formulierungen für meinen Vormittag, denn erst, wenn ich die richtigen Worte finden würde, würde es bleiben und nicht zur Alltäglichkeit verpuffen. Als frisch frisierter Kurier wollte ich meiner Mutter die Geschichte überbringen. Ein Postillon Maman.

Ich erreichte unser Haus, ließ das Rad in den Kies fallen und lief nach meiner Mutter rufend über das Grundstück. Ich fand sie tief in den Brombeeren. Ihr Kopf war nicht zu sehen, aber die Früchte abzupfende Mutterhand streckte sich nach den schwarzen Beeren. »Ich hab so etwas Verrücktes erlebt gerade. Komm mal aus der Hecke und fass meine Ohren an.« Sie bahnte sich den Weg zu mir und bog die Ranken beiseite. »Warum bin ich nur so klein«, beklagte sie sich, »die schönsten Brombeeren erwische ich einfach nicht. Ich werde mir die Klappleiter holen.«

»Jetzt fass mal meine Ohren an, Mama. Bitte.« Ihre Finger waren violett vom Brombeersaft. »Oh, oh«, murmelte sie, mehrmals meine Ohren zwirbelnd, »die sind aber weich. Und rot wie Tomaten.« »Ein Friseur hat mich in die Mangel genommen. Ich muss das jetzt alles schnell runter- und rausschreiben, bevor es verblasst. Nachher lese ich es dir dann vor.« »Wie lange wirst du für die Geschichte brauchen? Ich koche in der Zeit das Brombeergelee ein. Und in drei Stunden treffen wir uns am Steg. Schaffst du das?« »Na klar, Mama.« »Ich brauche Geschichten, ohne Geschichten kann ich nicht leben.« »Vielleicht«, sagte ich, »ist sie dann noch zu heiß und muss noch etwas abkühlen, aber wenn wir ein bisschen warten und einen Whisky trinken, wird es schon gehen.«

Als wir uns am frühen Abend trafen, wollte meine Mutter vor der Lesung noch im Teich schwimmen, aber ich hielt es nicht aus, länger zu warten. Sie ging ins Wasser, klemmte sich eine Poolnudel unter den Nacken, eine zweite unter die Kniekehlen und trieb in den Himmel schauend vor sich hin. Ich bestieg unser kleines Bötchen, paddelte zu ihr hinüber und las ihr vor. Unsere Whiskygläser standen neben mir auf dem Sitzbrettchen. Hin und wieder streckte meine Mutter die Hand aus, und dann reichte ich ihr das Glas aus dem Boot hinunter.

Der Applaussammler

Ich hatte schon einmal in Berlin gewohnt für zwei Jahre. Mein erstes Kind war gerade auf die Welt gekommen und lebte bei seiner Mutter in Hamburg, da diese dort am Theater spielte. Ich fuhr mit dem Zug ununterbrochen hin und her und hatte mich darauf spezialisiert, die erste Verbindung am Morgen zu nehmen und im Kinderabteil auf dem Boden zu schlafen. Auf einer dieser Fahrten war ich eingestiegen und übermüdet sofort in Tiefschlaf gefallen, dann aber davon aufgewacht, dass mir ein Kleinkind ein Spielzeugauto auf die Stirn hämmerte. Ich rappelte mich auf, Blut lief mir in die Augen. Die Mutter, die mich zuvor noch gar nicht entdeckt zu haben schien, schrie auf, wodurch auch ein Baby zu brüllen begann. Ich stieg über das Kind zur Tür, und Blut tropfte in die Haare des Kindes unter mir. Die Mutter rammte mich zur Seite und brüllte mich an. Es war verblüffend, mit welcher Geschwindigkeit sich die friedliche Schlafszene in einen Horrorfilm verwandelt hatte. Als ich von der Toilette, wo ich meine kleine, aber tief klaffende Wunde am Kopf versorgt hatte, zurück ins Kinderabteil kam, um meine Tasche zu holen, wartete schon eine Schaffnerin auf mich. Mit Feuchttüchern wurde immer noch das von mir vollgeblutete Kinderhaar gereinigt. Mir wurde damit gedroht, mich beim nächsten Halt des Zuges zu verweisen. Ich war zu müde und überfordert, mich zur Wehr zu setzen, suchte mir einen Sitzplatz und drückte mir zusammengeknülltes Klopapier auf den Cut.

Auch schon damals hatte mich Berlin zur Ameise gemacht. Ich versuchte mich durch eigene Projekte zu behaupten, doch hatte ich auch nach mehreren Monaten am Gorki Theater nicht das Gefühl, etwas Essenzielles von dem Ort, an dem ich arbeitete, zu begreifen. Wir waren ein seltsames Ensemble, dessen Zerrissenheit nie wirklich zur Sprache kam. Es gab viele sogenannte Unkündbare aus DDR-Zeiten, und diese mussten sich nun von den Westlern und Schweizern das Theater erklären lassen. Ich beschloss, einen Theaterabend nur mit Schauspielern zu kreieren, die auch schon vor der Wende am Gorki Theater angestellt gewesen waren, die ihr künstlerisches Leben dort verbracht hatten und nun mehr oder weniger elegant aufs Abstellgleis rangiert worden waren.

Auf meinen Streifzügen durch die Katakomben des Theaters machte ich eine sensationelle Entdeckung. In einem der vollgestellten Räume fanden sich verschiedene Besonderheiten, die mein Interesse weckten. Der fensterlose Raum war bis auf eine Höhe von ungefähr zwei Metern mit blau-weiß marmorierten Kacheln gefliest. An einer Seitenwand gab es mehrere Duschköpfe und in der Mitte des Raumes ein in den Boden eingelassenes Becken. Stufen führten hinab, von einem Geländer flankiert. Im Becken wurden zig Kabel gelagert, und doch sah ich an seinen Rändern die Spur einer horizontalen Wasserlinie, und auch in der Luft schien noch ein anderer Geruch zu hängen als der von Kartons und Dokumenten. Etwas wie Zitrone oder Kampfer. Bei nächster Gelegenheit fragte ich einen der Schauspieler, von dem ich wusste, dass er bereits seit vierzig Jahren am Gorki Theater engagiert war, ob er wisse, was es mit dem gekachelten Raum im Keller auf sich habe. Ohne zu zögern, sagte er: »Na klar weiß ich das! Das war unsere Sauna.« Nach einem Moment des freudigen Zögerns meinerseits über diese verheißungsvolle Antwort fragte ich ihn: »Es gab eine Sauna im Theater?« »Oh ja. Das war herrlich. Direkt nach der Wende wurde die geschlossen, und auch unsere Masseurin wurde entlassen.« Wir unterhielten uns einige Minuten, und ich überschüttete ihn mit Fragen. Dann jedoch wurden wir durch einen Einruf, bei dem sein Name durch die Theaterkantine schallte und er zur Bühne gebeten wurde, jäh unterbrochen. Er verschwand und ich blieb zurück voller schneller Gedanken und heißer Fragen, wie es mir immer geht, wenn plötzlich im großen Wust der Welt eine Kapsel aufspringt. In den folgenden Tagen löcherte ich die unkündbaren Schauspieler des Gorki Theaters, wann immer ich einem von ihnen begegnete. Sobald das Gespräch auf die Sauna kam, wurden die eher schweigsamen Männer gesprächig. Sie alle hatten früher einmal größere Rollen gespielt, und das Gorki Theater hatte zu DDR-Zeiten mit durchaus gewagten Aufführungen der Zensur etwas entgegengesetzt. Die Schauspieler waren durch den Fall der Mauer von Akteuren zu Beobachtern geworden, die nun zwar freundlich behandelt wurden, deren Ansichten und Vergangenheit aber niemanden wirklich kümmerte. Mein Interesse an der Kellersauna, der Freilegung dieses vergessenen Ortes, knüpfte an etwas an, was innerhalb des Theaters verschüttet worden war. Über Jahrzehnte war die Sauna ein Treffpunkt im Keller gewesen, und insbesondere während längerer Aufführungen wurde am Abend der Ofen eingeheizt. Mit Birkenholz, das die Akteure von ihren Datschen mitbrachten. Es gab einen Lautsprecher im Saunaraum, der stets laut aufgedreht war, damit die Schauspieler ihre Auftritte nicht verpassten. Ein Kollege erzählte mir, dass während einer Aufführung der *Jungfrau von Orleans* mehrere Ritter scheppernd die Treppe hinuntergingen und ihre Rüstungen an Haken hängten und saunierten, da sie eine einstündige Pause hatten.

Frauen und Männer seien immer gemischt in die Sauna gegangen, jeder sei, sobald es die Aufführung zuließ, hinuntergekommen. Mir gefiel dieser dem Hedonismus geweihte Raum im Keller eines Theaters über die Maßen gut. Denn es gab dort auch einen Kühlschrank mit alkoholischen Getränken, und Wurst und Käse wurden gerne auf Pritschen liegend konsumiert. Mein Entschluss stand fest, diesem Raum und den Schauspielern einen eigenen Theaterabend zu widmen. Ich wollte sie wieder in die Sauna schicken, ich wollte sie ihre Geschichten erzählen lassen, wollte zuhören und etwas von dieser untergegangenen, ja verdrängten Theaterwelt verstehen. Ich überzeugte die Leitung und nahm sie auch in die Pflicht, der Historie des Theaters gerecht zu werden und ihr nicht derart brachial unsere ausschließlich westdeutsche Kunstsichtweise überzustülpen. Es gab zu diesem Zeitpunkt am Gorki Theater noch über fünfzehn unkündbare Kolleginnen und Kollegen. Ich führte Gespräche, und schon nach ein paar Wochen hatte ich eine Besetzung von fünf Männern beisammen. Erstaunlicherweise hatte keine der Schauspielerinnen Interesse, dabei zu sein. Sie schienen sich mit der neuen Zeit besser arrangiert zu haben als ihre männlichen Kollegen. Da schlug mir dann doch einiges an Skepsis entgegen. Warum sollte ausgerechnet ein westdeutscher Jungregisseur zur Erinnerungskultur der DDR beitragen? Es würde also ein reiner Männersaunagang werden. Mein Plan war folgender: Im Studio des Gorki Theaters würde ich den Kellerraum samt Sauna nachbauen und wiederauferstehen lassen. Es war mir gelungen, die hochbetagte Masseurin ausfindig zu machen. Diese würde am Ende mit den Zuschauern in den Keller hinabsteigen und den Originalschauplatz vorführen und erläutern. So würde man, hoffte ich, aus dem mit Geschichten gesättigten Theaterraum in eine authentische Vergangenheit reisen. Eben noch hatten sich die schweißnassen Darsteller dort Birkenreiser auf die Rücken geklatscht, und nur ein paar Jahre später war es ein trostloser Lagerraum geworden. Alle fünf Darsteller hatten Geschichten zu erzählen, deren Existenz und Freilegung mich auch heute noch, über zwanzig Jahre später, staunen lassen.

Es gab einen Applaussammler unter ihnen, einen, der über Jahrzehnte mit einem Tonband den Applaus im Gorki Theater und auch in anderen Häusern aufgenommen hatte. Er hatte sämtliche Bänder und auch das Gerät noch. Das Fabrikat hieß KB 100 und war höllisch schwer, obwohl es recht klein war. Ich besuchte ihn zu Hause, und wir verbrachten viel Zeit vor dem nostalgisch anmutenden Apparat. Gekonnt legte er die Spulen ein und fädelte die Bänder zwischen den Tonköpfen hindurch. Die Geschicklichkeit seiner Handbewegungen ließ keinen Zweifel daran, dass er Hunderte Stunden mit dieser Tätigkeit verbracht hatte. Wenn das Band, was hin und wieder vorkam, hakte, schnipste er mit dem Daumen an eine bestimmte Stelle des Gehäuses und die Spule surrte weiter. Alle Rollen waren akkurat beschriftet. Es war ein riesiges Applausarchiv mit den Aufnahmen Hunderter Aufführungen. Anfangs fiel es mir schwer, die Klatschgeräusche zu differenzieren, aber durch seine fachkundlichen Hinweise nahm ich mehr und mehr Unterschiede wahr. Es gab warmen Applaus, der aber doch rasch abebbte, genauso wie verhaltenen Applaus, der sich aufbaute, stabilisierte und sogar brandete. Immer wurden mir zu den Applausaufnahmen die Stücke und die Besetzungen genannt. Und mehrmals flüsterte er in die Applausaufnahme hinein, welche Schauspielerin oder welcher Schauspieler als Nächstes vor den Vorhang treten würde. »Gleich kommt er, gleich kommt der Mühe.« Seine Ergriffenheit war zu spüren. Er präsentierte mir Tondokumente von nicht enden wollenden Applausorgien, von minutenlangem Bravogebrüll, wo Hunderte zusammengeschlagener Hände ein Geräusch von prasselndem Regen erzeugten. Ich mochte es, wie er über den Applaus sprach, wie genau er versuchte, die Worte zu wählen, um dem Gehörten gerecht zu werden. Und während ich Band für Band lauschen durfte, hatte ich meine Szenen mit ihm für den Theaterabend bereits im Kopf. Genauso wie mir sollte er den Zuschauern von seiner Leidenschaft erzählen, ihnen seine Bänder vorspielen. Im Bademantel und dann wieder ab in die Sauna. Er benutzte gerne die Termini »enden wollend« und »nicht enden wollend«. »Hören wir mal hier rein. Heiner Müller war damals Dramaturg am Gorki, und sein Stück *Die Korrektur* wurde minutenlang beklatscht. Die Aufnahme ist ein schönes Beispiel dafür, wie sich ein Applaus aus der Beklommenheit ins Kämpferische steigern kann. Nicht enden wollend wurden wir beklatscht.« Auch den Applaus seiner eigenen Aufführungen hatte er über Jahrzehnte konserviert. »Dies ist die liebste Aufnahme, die ich habe«, kündigte er ein Band an, und schon während er die Spule ins altertümliche Gerät einspannte, merkte ich, dass er kurz davor war, in Tränen auszubrechen, und diese niederzuräuspern versuchte. »Das habe ich schon jahrelang nicht mehr gehört. Ich spielte damals im Gorki einen Monolog. *Das Erdbeben in Chili*. Und es hatte geschneit, und die Straßenbahnen standen still. Ich hatte es nur mit Ach und Krach ins Theater geschafft. Alle Bürgersteige waren spiegelglatt, und die Vorstellung würde wohl ausfallen. Doch dann war um kurz vor acht doch noch eine Frau erschienen, die sich eine Karte kaufte. Es gibt ja im Theater die alte Regel, dass eine Vorstellung ausfällt, wenn weniger Zuschauer als Darsteller erscheinen. Aber ›eine‹ ist nicht weniger als ›einer‹. Also spielte ich. Es war eine der schönsten Aufführungen, die ich je erlebt habe. Die Zuschauerin und ich haben uns die ganze Zeit angesehen. Es war so konzentriert wie nie. Die Vorstellung ging zu Ende, und der Kollege vom Licht schaltete mit dem Black wie immer mein Tonbandgerät ein. Und stell dir vor, ich hörte das Ding surren. Und dann klatschte sie.« Er hatte das Tonband eingelegt und startete die Aufnahme. Ich musste zu Beginn ein Lachen unterdrücken, da es sich so trostlos anhörte, so vereinzelt und hilflos. Doch sie hörte nicht auf. Es klang immer wieder nach etwas völlig anderem. Nach einer flügelschlagenden Taube, nach jemandem, der einen Brotteig schlug, oder aber auch wie arg mechanisches Liebesspiel. Lange ging das, und dann hörte man jemanden mit offensichtlich sächsischem Akzent Bravo rufen, immer wieder Bravo und auch Danke. Es war komisch und bewegend. Er hörte versunken zu und holte tief Luft: »Lange her. Sieben Minuten und neunzehn Sekunden hat sie vollkommen alleine geklatscht. Nur für mich. Ich hab mich danach rasend schnell umgezogen und bin zum Ausgang geeilt. Aber sie war bereits gegangen. Lange her.« Der Applaussammler würde, da war ich mir sicher, einer der Höhepunkte des Abends werden.

Das Gorki Theater hatte zu DDR-Zeiten ein eigenes kleines Orchester, das aus fünf fest angestellten Theatermusikern bestand. Diese waren im Laufe der Jahre gestorben, übrig geblieben war bloß ein Querflötist, der runtergerissen wie Stan Laurel aussah. Er sprach leise, war von verblühter Eleganz und titulierte seine langjährigen musikalischen Weggefährten als die Instrumente, die sie gespielt hatten. Er sagte Sätze wie: »Die Geige ist an Tollwut gestorben«, oder: »Das Schlagzeug hat sich zu Tode gesoffen.« Das war für mich hohe Literatur. Er war der letzte verbliebene Musiker des Theaters und als Querflötist kaum einsetzbar. Da er allerdings eine sogenannte Spielverpflichtung im Vertrag hatte, musste er hin und wieder auftreten und Querflöte spielen. Es hatte mich schon im Vorfeld gewundert, da kannte ich seine Geschichte noch gar nicht, dass in Aufführungen des Gorki Theaters andauernd Querflöte gespielt wurde, auch wenn kein Mensch verstand, warum. Er war tatsächlich ein hervorragender Querflötist, und seine Erzählung würde, so plante ich es, immer wieder durch sein Spiel unterbrochen werden. Noch dazu war er unglaublich lustig, wenn er, spindeldürr und nur mit einem Handtuch um die Hüften, seine Flöte spielte und abenteuerliche Verrenkungen machte, um das Handtuch vor dem Hinabgleiten zu bewahren.

Der dritte Schauspieler wollte erzählen, wie er Honecker und seiner Frau im Wald begegnet war und es einen Streit gegeben hatte um einen Pilz namens Krause Glucke, den Honecker behauptete, zuerst entdeckt zu haben. Aber dann stieß ich auf etwas ganz anderes, was mir noch wesentlich besser gefiel. Der Schauspieler hatte seine baufällige Datscha zu DDR-Zeiten nach und nach renoviert und mit Bauelementen aus abgespielten Bühnenbildern ausstaffiert. Ich besuchte ihn auf dem Land, und er führte mich von Raum zu Raum und erklärte mir, aus welcher Inszenierung zum Beispiel die Fenster stammten. Ich hatte mir unter einer Datscha stets ein eher beengtes Gartenhaus vorgestellt. Das, was ich zu sehen bekam, war allerdings das Gegenteil einer bescheidenen Behausung. Es war ein zweistöckiger Prachtbau mit herrlicher Aufgangstreppe und verschiedenen russisch-orthodox anmutenden Kuppeln. Die Hausbesichtigung geriet zur Geschichtsexkursion durch Stücke und ihre Bühnenbilder. »Gut für mich«, sagte er, »dass sich das Gorki Theater dem russischen Realismus verpflichtet hatte. Dadurch wurde alles massiv gebaut und passte später gut zusammen.« Wir besahen uns das Haus von außen. »Die großen Fenster stammen aus den *Drei Schwestern* von Tschechow. Tschechow war eh immer gut. Viele Innenräume mit

Holz, viele Möbel. Baustoffe waren knapp. Aber wir im Theater wurden gut versorgt. Schau, da oben, die goldenen Kuppeln stammen aus Gorkis *Die Mutter*. Echtes Blattgold, da hat der Bühnenbildner drauf bestanden. Die Schindeln sind aus drei verschiedenen Stücken: *Sommergäste, Der Wald* von Ostrowski und einer *Anna-Karenina*-Aufführung. Holzschindeln waren sehr beliebt. Hier die Eingangstür liebe ich. Schau dir mal die Verzierungen an, alles handgeschnitzt. So etwas findest du heute gar nicht mehr. War aus einem Stück von Peter Hacks. Kennt heute keine Sau mehr.« Im Garten stand ein morscher Holzwagen, dessen Ladefläche begrünt worden war und der mir als Planwagen der *Mutter Courage* vorgestellt wurde. Wir gingen hinein, und es ging weiter Stück für Stück. »Das gesamte Holz der Verschalung kommt aus dem *Nachtasyl*. Die drei schönen Lüster sind wieder Tschechow, *Kirschgarten*. Und hier die Treppe, so wie du sie da siehst, war das Bühnenbild vom *Revisor*. Über hundertmal wurde das gespielt, da musste ich ewig warten.« Wir liefen Gogols Treppe hinauf. Ganz nebenbei, mit der größten Selbstverständlichkeit, sagte er: »Handlauf aus Christa Wolfs *Medea*.« Wir kamen in eine geräumige Bibliothek mit viel dunklem Holz und an drei Wänden bis zur Decke hinaufreichenden Regalen. »Diese Bibliothek hat ihre eigene Geschichte«, hob er an, und seine Augen waren erfüllt mit Stolz, einem funkelnden Schlawinertum, das mich vorfreudig nicken ließ. »Ich war sehr gut mit einem Bühnenbildner befreundet, und ich wusste, dass er ein Bühnenbild machen würde für einen Solschenizyn. Und nachdem wir ein bisschen getrunken hatten, da hab ich ihm die Idee untergejubelt, dass ich eine Bibliothek als Bühnenbild unvermeidbar fände. Er zögerte und jammerte, dass das zu teuer werden würde, aber ich gemahnte, dass man nur in einer echten, massiv gebauten Bibliothek auch realistisch und ergreifend würde spielen können. Wir lachten beide, da er natürlich genau verstand, warum ich so vehement für Eichenholz plädierte. Auf einem Bogen Papier zeichnete ich genau auf, wie groß die einzelne Elemente zu sein hatten. Wie hoch, wie breit, wie tief. Es wurde alles genauso gebaut, und da das Stück ein fürchterlicher Flopp wurde, kamen schon wenige Monate später meine Bücherschränke mit dem Gorkilaster angefahren. Noch heute weiß ich genau, wie begeistert alle waren, wie passgenau sich die Regale in den Raum einfügten. Alle riefen immerzu: Das gibt's ja nicht!, und: Wie für dich gemacht! Leider nur drei Wände. Theater halt, die vierte Wand bleibt leer.« Es gab in der Bibliothek ein rundes Buntglasfenster mit Bleiverglasung in Braun- und Grüntönen aus einem Stück von Arbusow, ein Schriftsteller, von dem ich noch nie gehört hatte. Es war eines der schönsten Bücherzimmer, die ich je gesehen hatte. Auch diesen Mann wollte ich anhand von Fotos in der Aufführung meines Stückes einfach nur erzählen lassen. Später kam dann eine Idee hinzu, die in ihrer Umsetzung erstaunlich gut funktionierte, nämlich, dass die Fenster und Türen und zig Elemente auf die Bademäntel derer projiziert wurden, die gerade in der Sauna waren. »Ich bin so froh, dass ich noch eine Zeit erlebt habe, in der die Dinge massiv gebaut wurden und zu gebrauchen waren«, erklärte mir der Schauspieler. »Aus den heutigen Bühnenbildern kann man nichts mehr machen. Immer nur Sperrholz oder Installationen. Wer braucht schon drei Meter große Teddybären oder fünftausend Fiberglasstangen.«

Auf unseren Proben reicherten sich die Geschichten gegenseitig an, da alle einander seit Ewigkeiten kannten und sich in Details ereiferten und übertrumpften. Ich hörte die meiste Zeit nur zu, machte mir Notizen und arrangierte bereits in Gedanken die Anzahl der Saunagänge und die Tonaufnahmen der Aufführung auf der Bühne des Gorki Theaters, die durch die Mithöranlage in den Saunaraum übertragen werden sollten.

Einer der Schauspieler erzählte keine Geschichte, sondern war ein Protagonist der alten Schule, der immer wieder hereinpolterte und seine Rüstung abwarf und gehetzt in die Sauna stürzte. Wie gut hatten es da die duftenden Kleindarsteller, die es sich, völlig im Einklang mit ihrer Erfolglosigkeit, im Keller gut gehen ließen und alle Auftritte schon hinter sich hatten. Auf der Bühne hatte der dröhnende Protagonist einen fatalen Texthänger, den seine Kollegen, wohlig in Bademäntel eingehüllt, genussvoll über die Mithöranlage verfolgten und kommentierten.

Die mich immer wieder aufs Neue anrührende Geschichte war die des ältesten Schauspielers. Er hatte sein Leben lang geraucht und war schließlich an Lungenkrebs erkrankt, hatte sich operieren lassen und erst durch die Krankheit seine Liebe zum Theater wirklich verstanden. Er wollte spielen, immer weiter spielen und rauchen, spielen und rauchen bis zum letzten Satz, bis zur letzten Zigarette. Sehr zurückgenommen erzählte er seinen Kollegen und den Zuschauern von seinem Leidensweg, seiner niemals schwächelnden Gier nach seiner Lieblingsmarke, Semper Filter. Er berichtete davon, wie er nach der Entfernung eines Lungenflügels aus der Narkose erwachte, eine vietnamesische Krankenschwester an seinem Bett stand und er, damals noch verwirrt von der Betäubung, geglaubt habe, er sei im Vietnamkrieg gefangen genommen worden und es würden ihm Organe entnommen werden. Der Schauspieler hatte einen ungemein trockenen und sarkastischen Humor, und man wusste nie recht, ob man lachen oder fassungslos sein sollte. Er rauchte weiter. Es kam eine zweite Operation, bei welcher der verbliebene Lungenflügel halbiert wurde. Er rauchte weiter. »Und ich höre auch nicht mehr auf. Ich denke gar nicht daran«, war sein letzter Satz, die anderen riefen: »Kommt, gehen wir noch mal rein. Dritter Saunagang«, und er sagte: »Komm gleich!« Allein zurückgeblieben, zog er sich nackt aus, und man sah seine von Narben entstellte Brust, den von der schweren Krankheit gezeichneten Körper. Er zündete sich unendlich lässig eine Zigarette an und rauchte sie genussvoll, während man im Hintergrund die anderen Männer in der Sauna sah, wie sie sich gegenseitig mit frischen Birkenzweigen schlugen.

Wir haben diese Aufführung häufig gespielt, und diese fünf wundervollen aus der Zeit gefallenen Männer sind mir auch heute noch nah. Ich habe damals verstanden, dass das Theater viel zu oft meint, es könne immerzu voranschreiten, zeitgenössisch sein und auf der sogenannten Höhe der Zeit agieren. Die Höhe der Zeit ist aber nichts wert, ohne sich des Ortes bewusst zu werden, an dem sie verrinnt, und derer, die ihn vielleicht seit Jahrzehnten mit ihrem Dasein geprägt haben.

Schuld und Bühne

Jeden Tag ging ich gemeinsam mit meiner Mutter schwimmen, arbeitete im Garten und fuhr mit dem Fahrrad auf Feldwegen umher. Überrascht stellte ich fest, dass ich nach über zwanzig Jahren ununterbrochenem Bereitschaftsdienst in Sachen Kinderbetreuung und Kindersorgen geradezu erlöst dachte: Jetzt ist mal ein paar Wochen Pause. An Elliot schrieb ich mehrere Briefe auf strahlend weiße Rinde, die ich von den Stämmen der Himalayabirke abgezogen hatte. Zu unserer beider Freude erreichten sie unbeschadet den Berliner Briefkasten. Natürlich telefonierte ich mit meinen Töchtern, beantwortete ihre Nachrichten, schickte Sophie Fotos vom Garten, den auch sie liebte, aber ich hielt mich zurück und erzählte wenig von mir.

Tag für Tag schrieb ich, ohne zu wissen, wohin mich meine Erzählungen tragen würden. Es kam mir völlig absurd vor, nach einem Sujet zu suchen, nie hatte ich das getan, immer hatte ich das geschrieben, was mir unter den Nägeln gebrannt hatte.

Unter Literaturgattungen herrscht eine brutale Hierarchie. Es gibt Versepen, Gesänge und tausendseitige Gesellschaftsromane, die alles überdauern. Es gibt unsterbliche Dramen, deren Personal unverwüstlich durch die Zeiten schreitet. Und natürlich Lyrik, die dem Wort *unsterblich* einen tieferen Sinn verleiht.

Aber dann gibt es eben auch die kleineren Formen, die keine allzu lange Lebensdauer haben. Eintagsfliegen aus Worten. Wie zum Beispiel den Schüttelreim, diesen Nichtsnutz, dessen Reimzwang sich so eng um seinen Inhalt schlingt wie ein Judogriff und der es nie so weit gebracht hat wie sein hochbegabter großer Bruder, der Haiku, der als runder Kiesel auf dem Grund des Baches rollt oder sich als Nebelschwade im Wipfel eines Ginkos verfängt.

Von allen literarischen Spielarten am meisten missachtet scheint mir aber unzweifelhaft die Anekdote zu sein. Keiner weiß so recht, was sie eigentlich sein soll. Ist sie kurz, oder darf sie auch etwas länger sein, muss sie immer amüsant sein, oder gibt es sie auch ernsthaft? Sogar der Witz hat es da besser erwischt. Der Witz weiß immer, wo er hinwill, geradewegs zur Pointe. Ist der Wesenskern einer Anekdote ihre mündliche Wiedergabe, oder kann sie es unbeschadet in die Verschriftlichung schaffen? Liest man nach, was eine Anekdote sein soll, stößt man auf folgende Definition:

Die wichtigste Eigenschaft einer Anekdote ist, dass sie »treffend« ist.

Was wäre nun in einer Geografie der literarischen Formen die Anekdote? Ich wage zu behaupten: eine winzige Quelle, aus der ununterbrochen, seit Anbeginn der Zeit, das klarste Wasser sprudelt. Müde und ausgelaugt vom Besteigen literarischer Achttausender kann man sich hier erfrischen und kurz verweilen. Und natürlich war das Theater der verlässlichste Anekdotenlieferant, der sich nur denken ließ.

Dalmatiner

Mit Ende zwanzig war ich in Dortmund engagiert. Dort sollte eine Oper zur Premiere gelangen, an deren Namen ich mich nicht mehr erinnere. Es war eine Wiederentdeckung aus den Dreißigerjahren, das weiß ich noch. Ich war damals mit einer Tänzerin befreundet und hatte mich mehrmals in die Proben geschlichen. Die etwas plakative, zu Beginn aber durchaus eindrucksvolle Idee des Bühnenbildes war folgende: sämtliche Wände und Möbel, der Boden und der Plafond waren weiß und mit schwarzen Tupfern übersät. Auch die Kostüme der Sänger, des Chores und der Tänzer waren allesamt gepunktet. Wenn sie sich nicht bewegten oder starr im Sessel saßen, verschmolzen die Darsteller mit dem Bühnenbild. Das hatte schon was, diese Massen-Mimikry. Doch nach einer gewissen Zeit schien das Gehirn aufzugeben, die Darsteller verschwammen, und die Punkte begannen zu pulsieren. Der Clou während der Ouvertüre waren zwei Dalmatiner, die bewegungslos und top trainiert links und rechts neben dem Sofa saßen. Ich hatte in den Proben miterlebt, wie sie von ihrem Herrchen geführt, gesetzt und belohnt wurden. Während der gesamten Ouvertüre sollten sie sich so wenig wie möglich bewegen. Dekodalmatiner aus Porzellan sollten sie sein. Mit Beginn des ersten Aktes betrat eine Sängerin die Bühne, setzte sich auf das Sofa, das Herrchen klatschte leise von der Seitenbühne in die Hände, die Dalmatiner liefen zu ihm, und die Musik begann. Ich hatte dies ein paarmal gesehen, und es war tatsächlich ein Überraschungsmoment, da man die Hunde, wenn man nichts von ihnen wusste, vollkommen übersah. Plötzlich setzte sich etwas im Bühnenbild in Bewegung, man traute seinen Augen nicht und fragte sich, warum rennen da jetzt die Punkte weg. Von der befreundeten Darstellerin allerdings wusste ich, dass alle Beteiligten das Bühnenbild und die gesamte Ausstattung hassten. Es war praktisch unmöglich, sich in dem Kasten zu orientieren, man stolperte über die Sessel und rannte sich gegenseitig um, man sah die Welt vor lauter Punkten nicht. Die Premiere wurde zum Fiasko. Der Vorhang war geschlossen, die Zuschauer hatten Platz genommen. Gespannte Stille. Der Vorhang öffnete sich, und die Leute waren so begeistert vom gepunkteten Bühnenbild, dass sie klatschten, bevor auch nur ein Ton erklungen war. Das missverstanden die Hunde als ihr Zeichen und liefen in die Richtung, aus der das Klatschen gekommen war. Der eine Dalmatiner sprang in den Orchestergraben, der andere kläffte das Premierenpublikum an. Unter den Bläsern gab es einen Tumult, da der herabstürzende Dalmatiner einen Posaunisten getroffen hatte. Der Hundetrainer kam um die Ecke und fing den kläffenden Hund ein, der durch Gelächter und Bravorufe weiter irritiert worden war. Währenddessen sauste sein gepunkteter Partner zwischen den Musikern hin und her, die ihre Instrumente in die Höhe hielten, was man gut vom Zuschauerraum aus sehen konnte. Das war ein ungewohnter Anblick. Als würden sie mit ihren Geigen, Trompeten, Querflöten oder Oboen durch einen Fluss waten. Es dauerte mehrere Minuten, bis sich die Szene beruhigte. Ein Mann betrat die Bühne und entschuldigte sich und sagte den in seiner Schlichtheit herzerwärmenden Satz: »Es besteht kein Grund zur Sorge, den Dalmatinern geht es gut. Wir fangen noch mal von vorne an.« Gelächter aus dem Orchestergraben, wieder Applaus, Bellen von weit her, unendliche Heiterkeit. Der Vorhang wurde geschlossen, und es wurde still, im Saal dunkel, und der samtene Vorhang schwang auf. Einige Zuschauer lachten erneut, andere machten Psssst, die beiden Hunde guckten fröhlich umher, gähnten herzhaft vor Freude und wedelten so heftig mit ihren Ruten, dass diese rhythmisch auf den Bühnenboden schlugen. Das Orchester stieg erneut in die Ouvertüre ein, aber der Dirigent hatte schon bald die größte Mühe, die Musiker im Takt zu halten, da diese vom hochfrequenten Hundeschwanzklopfen zu immer gewagteren Tempi verleitet wurden. Mit der einen Hand schwang der Maestro den Stab, mit der anderen machte er bremsende Handbewegungen. Doch die beiden tierischen Metronome drückten weiter auf die Tube. »Wenn das so weitergeht«, sagte eine Zuschauerin in der Reihe vor mir zu ihrem Mann, »sind wir hier in zwanzig Minuten fertig.« Die Sängerin trat auf und setzte sich neben die Hunde. Leise hörte man einen Klatscher, und die Hunde rannten folgsam zur Seitenbühne ab. Tausend Besucher machten Ohhhh, da sie nicht ahnen konnten, dass dies die ursprüngliche Idee gewesen war. Das Orchester beruhigte sich, doch während der gesamten Aufführung schien das Publikum die Dalmatiner zu vermissen, und beim Schlussapplaus wurden sie, im Gegensatz zu den Darstellern, frenetisch beklatscht.

Zum Entsetzen der singenden Kollegen ließ sich der Hundeführer vom Jubel für seine Tiere dazu verleiten, diese zu drolligen Kunststücken anzuspornen, wodurch die Premiere endgültig zur Farce geriet. Er tat so, als würde er seine Dalmatiner mit Daumen und Zeigefinger erschießen, woraufhin die beiden sich im Kreis drehten, niedersanken und alle viere von sich streckten.

Ein kleiner Nachtrag noch zu dieser Geschichte: Kurz vor Schluss wurde die Rückwand in die Höhe gezogen, um den Blick auf eine nun schwarze Wand mit weißen Punkten freizugeben. Eine Jahrhundertidee! Der Raum hatte nur eine Tür, und vor der Verwandlung musste der gesamte Opernchor durch diese einzige Öffnung verschwinden, was den Regisseur zum Wahnsinn getrieben hatte, da es nicht schnell genug ging, die Musik aber nicht warten konnte. Der Chor sollte sich beeilen, aber nicht hetzen. In einer der folgenden Aufführungen – dies habe ich nicht selbst gesehen, sondern von der befreundeten Tänzerin drastisch erzählt bekommen – war ein korpulenter Chorsänger nicht schnell genug gewesen. Der Inspizient aber konnte nicht länger warten, dachte wohl auch, dass der Sänger die Tür in der nächsten Sekunde passieren würde, rechnete sozusagen Kommando und Verzögerung gegeneinander und gab das Zeichen. Die Rückwand setzte sich in Bewegung. Der Chorist allerdings stand genau über der Schwelle, ein Bein vor, das andere hinter der Wand. Die Schwelle sauste ihm in den Schritt, und er flog wie auf einem Sattel sitzend in die Höhe. Da es einen krassen Lichtwechsel gab, entschwebte er in die Dunkelheit davon. Ein Schnürboden ist höher, als man denkt. Zwanzig Meter flog er durch den Bühnenraum wie Münchhausen auf der Kanonenkugel. Ungesichert. Ein Duett begann. Der arme Chorist wusste nicht, was er tun sollte. Die Zuschauer hatten es sehr wohl gesehen und gestaunt, einander beeindruckt zugenickt und geflüstert: »Toll! Warum da jetzt einer hochfliegt, verstehe ich zwar nicht. Trotzdem, nicht schlecht!« Doch dann überkam den Mann in luftiger Höhe die Angst. Da er aber sein musikalisches Talent selbst in Todesgefahr nicht zu unterdrücken vermochte, rief er nur vereinzelt »Hilfe!«, sobald die Partitur anschwoll, und er hoffte, nicht zu sehr zu stören. Es folgten zaghafte »Hier oben, hier oben«-Rufe und mehrere dezente Hallos. Niemand reagierte, und vielleicht wurden diese Einwürfe schlichtweg unter dem Motto Moderne Oper abgehakt. Dann allerdings nahm er mit wachsender Panik seinen Mut zusammen und brüllte: »Hilfe, Hilfe. Ich bin hier oben!« Als man begriff, was passiert war, ging ein panischer Ruck durch alle Anwesenden. Ein Zuschauer rief: »Da hängt einer!« Und nur wenige Sekunden später wurde vor dem singenden Paar der Vorhang zugezogen. In Windeseile wurde die Wand hinuntergelassen, und sobald sie aufsetzte, umringten alle den unfreiwilligen Reiter. Er konnte nicht aufstehen, sei unbeholfen seitlich von der Schwelle weggekippt und totenblass gewesen. Später allerdings, so wurde kolportiert, habe er in der Kantine pumperlgesund dagesessen und sich von seinen Chorkollegen ein Bier nach dem anderen ausgeben lassen.

Mutter mäht

Meine Mutter liebte es, zu mähen, weshalb sie verschiedene Gerätschaften und Maschinen besaß, mit denen sie sich ihren Weg durch unseren Garten bahnte. Für Brennnesseln, Brombeerranken oder anderes in die Höhe geschossenes Gestrüpp hatte sie einen sogenannten Balkenmäher. Dieses furchteinflößend röhrende und uralte Ding wurde mit einer Kordel angerissen, spuckte stotternd Abgasschwaden in die Luft und trug an seiner Stirnseite eine gut einen Meter breite Schneide mit furchtbar hin und her fletschenden Metallzähnen. Sie musste das Ungeheuer mit Schwung in das zu bekämpfende Gestrüpp schieben, weil die Räder quietschten und der Boden oft uneben war. Da meine Mutter klein und drahtig ist, konnte sie sich den Bügel des Balkenmähers optimal vor die Brust klemmen und in leichtem Galopp auf die wuchernden Widersacher zustürmen. Dieser Anblick hatte etwas Martialisches und auch Befremdliches, da meine Mutter während dieser Arbeit von einem Ehrgeiz gepackt wurde, der an Besessenheit grenzte. Immer und immer wieder rammte sie mit all ihrer Kraft den Mäher in den Dschungel hinein. Die niedersinkenden Ranken und Stängel verhakten sich in der Schneide und erschwerten es, den Mäher herauszubekommen. Dann riss meine Mutter an der von Grünzeug überhäuften Maschine, als würde sie ein schnaubendes Ungetüm an den Klauen aus dem Unterholz zerren. Es war ein Spektakel. Sie hatte Blätter im Haar und trug allerlei Schrammen und blutende Kratzer davon, sie zurückzuhalten aber war unmöglich. Wenn sie es geschafft hatte, in das Dickicht bis zu einem gewissen Punkt einzudringen, nahm sie einen weiteren Anlauf und preschte, mit dem Handhebel Vollgas gebend, in den Dschungel hinein, um diesen endgültig zu durchbrechen. Auf der anderen Seite kam sie, in einen fahrenden Unkrautberg gehüllt, wieder heraus.

Es war eine Eigenart meiner Mutter, sich nicht durch adäquate Kleidung oder Gartenhandschuhe zu schützen. Bis heute ist es mir ein Rätsel, warum sie oft im Sommerkleid in die Unkrautschlacht zieht. Es gibt aber vielleicht doch eine Erklärung für ihre Fahrlässigkeit, die in der Spontaneität dieser Aktionen liegen könnte. Die mit dem Balkenmäher zu bezwingenden Teile des Gartens waren abgelegen, dem Blick abgewandt und standen am Listenende der zu erledigenden Gartenarbeiten. Von einer Woche auf die andere gerieten sie außer Kontrolle. Wenn meine Mutter dies bemerkte, rannte sie, so wie sie war, in den Schuppen und warf den Balkenmäher an. Es blieb ihr einfach keine Zeit, sich umzuziehen, da die Brennnesseln keine Sekunde weiterwuchern durften. Mit blutigen Knien, zerschrammtem Gesicht und von Quaddeln geschwollenen Armen und Beinen kam sie aus diesen Schlachten zum Haus zurück. Wollte man ihr helfen, wurde man, wie bei allen Mäharbeiten, harsch zurückgewiesen. Niemand durfte in diese Hoheitsgebiete eindringen und ihr die mühevolle Arbeit abnehmen. Sie war der festen Überzeugung, dass niemand außer ihr es zu ihrer Zufriedenheit würde erledigen können. Da sie im Laufe der Jahrzehnte eine umfassende Könnerschaft erworben hatte, konnte an dieser Behauptung auch kein Zweifel geäußert werden. Niemand aus unserer Familie kannte die Bodenwellen so gut wie sie, niemand wusste, wie man das Gas mit dem maroden Hebel des Balkenmähers dosierte, um im richtigen Moment den Motor aufheulen zu lassen, wenn er auf das Gestrüpp stieß. Und niemand kannte die im hohen Gras oder den Brennnesseln verborgenen Hindernisse. Die heimtückischen Baumstümpfe oder aus dem Boden ragenden Findlingsspitzen, die jede Klinge im Nu zu ruinieren vermochten, waren allein ihr bekannt. Das riesige Grundstück in all seinen Besonder- und Beschaffenheiten war ihr in Fleisch und Blut übergegangen und somit eine Erweiterung ihres eigenen Körpers geworden. Sich die Fußnägel zu schneiden, war nichts anderes für meine Mutter, als die Rosen zu kappen, und den Garten zu wässern nichts anderes, als sich die Haare zu waschen.

Bange ging sie nach Sturmnächten über das Grundstück und konnte den Anblick eines Baumes, dem der Wind die Krone herausgebrochen hatte, kaum ertragen.

Die größte Fläche unseres Grundstückes war ein perfekt gemähter Rasen, den man durchaus als kleinen Landschaftspark bezeichnen konnte. Mehrere Hektar Grasland, von Bäumen bestanden, in Grüppchen, aber auch als Solitäre. Dieses Gras wuchs ab dem Frühjahr bis in den Herbst hinein in einem solchen Tempo, dass meine Mutter stets behauptete, sie müsse, wenn sie mit dem Mähen fertig sei, sogleich wieder von vorne beginnen. Sie liebte ihren Rasentraktor. Und sosehr sie bei vielen Dingen geradezu besessen war zu sparen, hatte sie sich beim Aufsitzrasenmäher nicht lumpen lassen und ein wahres Wundermobil erstanden. Wenn der Balkenmäher ein schnaubendes Ungetüm war, so war der Aufsitzrasenmäher ihr fahrender Thron. Meine Mutter war eine überzeugte Mulcherin, was bedeutet, dass der Grasschnitt nicht in einem Anhänger oder Korb gesammelt, sondern während des Schneidvorgangs zerhäckselt und auf dem Gelände verteilt wurde. Eine weitere Funktion des

Rasentraktors war es, extrem enge Radien um die Bäume fahren zu können. Meine Mutter beherrschte dieses Manöver in Perfektion. In hoher Geschwindigkeit fuhr sie auf die Stämme zu, hakte das etwas kleinere Vorderrad am Stamm ein und riss das Steuer herum. Der Mäher schmiegte sich ans Holz, sauste samt seiner virtuosen Fahrerin eng um den Baumstamm herum, wobei meiner Mutter ihre jahrzehntelange Reiterfahrung zugutekam und sie sich aus dem Sitz wie aus einem Sattel leicht zur Seite lehnte.

Sie unterteilte das riesige Gelände in vier Mähabschnitte. Alter Garten, neuer Garten, Platanenwiese und Apfelwiese. Sie bestritt es zwar, aber ich war trotzdem sicher, dass sie sich den Rasentraktor hatte frisieren lassen, um die stundenlange Arbeit zu verkürzen. Und so war dann das Gesamtbild ihrer Mähkünste eine Mischung aus Akkuratesse, Vollgas und Ballett. Jede Rasenfläche hatte nach dem Schnitt ihr eigenes Rasenmuster. Die Rasenfläche der Platanenwiese wurde in enger werdenden Kreisen gemäht, der Apfelgarten dagegen in Bahnen. Zum Kummer meiner Mutter mussten für Knick- und Holzarbeiten mehrmals im Jahr schwere Landwirtschaftsmaschinen auf dem Grundstück zum Einsatz kommen. Was zur Folge hatte, dass die Räder der Traktoren tief in den oft sehr nassen und fruchtbaren Boden einsanken. Es gab wahre Holperstrecken, in denen sie sich ans Lenkrad klemmen musste, um nicht von Schlaglöchern oder Bodenwellen vom Sitz geschleudert zu werden. Ich konnte nicht anders, als mit größter Sorge dabei zuzusehen, wie meine sechsundachtzigjährige Mutter stundenlang über das Gelände bretterte und dabei auf und nieder hüpfte. Andererseits, überlegte ich, war vielleicht genau das das Geheimnis ihrer ewigen Jugend. Sich mehrmals die Woche in bester Seeluft vom Kopf bis zu den Füßen mit Vibrationen durchzurütteln. Vielleicht war das eine völlig unterschätzte

Therapie für Organe und Gelenke. Kleinste sich bildende Verkalkungen wurden durch die Schockwellentherapie des Aufsitzmähers schon im Ursprung zertrümmert, die Schwingungen regten eventuell das Knochenwachstum an, und das beherzte Ans-Lenkrad-Krallen war zweifelsohne eine körperliche Ertüchtigung enormen Ausmaßes. Dazu noch das stundenlange Ausbalancieren des gealterten Körpers im Traktorsitz, was möglicherweise die Koordination förderte und die Verdauung anregte.

Meine Mutter besaß einen voluminösen, ja wuscheligen lilafarbenen Bademantel aus Kunstfasern, in dem sie ein wenig wie die Königin einer außerirdischen Spezies aussah. Dieser merkwürdige Pelz war ihr bevorzugter Rasentraktormähdress, da sie sich, wenn es ihr zu langweilig wurde, gerne zwischendurch im Teich abkühlte. Sie fuhr mit dem Mäher auf den Steg, ließ die fliederfarbene Robe hinabgleiten und stieg splitterfasernackt ins Wasser. Es gab Gartengegenden, für die der Rasentraktor zu breit war und die mit einem weiteren Gerät, einem elektrischen Mäher, kurz gehalten wurden. Drei verschiedene Kabeltrommeln wurden entrollt und zusammengesteckt, die an zig Stellen von meiner Mutter mit Gafferband geflickt worden waren, da sie schon unzählige Male beim Mähen das Kabel zersäbelt hatte. Was weder mit dem Balkenmäher noch mit dem Rasentraktor noch mit dem Elektromäher zurechtgestutzt werden konnte, wurde mit der Sense geschnitten oder mit der Sichel gekappt. Die Sense benutzte meine Mutter auch mit der Begründung, dass ihr der Lärm der Maschinen an lauen und von Vogelgezwitscher erfüllten Abenden zu sehr an den Nerven reißen würde. Zudem würde sie das Sensen an ihre Kindheit in Bayern erinnern, wo die Bauern in Reihen über die Felder geschritten waren.

Die filigranste aller Stutzaktionen wurde mit der kleinen Motorsense bewerkstelligt, die meine Mutter Simser nannte.

Diese konnte sie locker mit einer Hand halten, und der rotierende Kunststofffaden schuf herzerfreuende akkurate Rasenkanten und kam auch noch in den letzten Winkel. Mit dem Simser konnte zwischen den Rosen genauso wie unter den Hortensien oder um die vielen Sträucher herum gearbeitet werden. Hin und wieder riss der Kunststofffaden ab und wurde durch einen Druck auf den Spulkopf nachgelegt. Manchmal allerdings wurde die gesamte Verschlusskappe abgesprengt und weggeschleudert. Und das war dann tatsächlich der einzige Augenblick, in dem mich meine Mutter um Hilfe bat. »Dieses blöde Ding ist wieder weggesprungen. Könntest du mir bitte beim Suchen helfen? Ich glaube, es ist in den Phlox gehüpft.«

Blackout

Die handelnden Personen der folgenden Skizze müssen geheim gehalten werden. Insbesondere der Protagonist der qualvollen zwei Stunden, von denen ich zu berichten gedenke, muss durch Anonymität geschützt werden.

Ich war Ende zwanzig und spielte in Dortmund in einem Stück einen Sekretär, der durch die Eskapaden seines Vorgesetzten, einem Staatsminister, in nicht enden wollende Kalamitäten gerät. Das Stück hieß *Außer Kontrolle* und war eine englische screwballartige Komödie, die von Präzision und Schnelligkeit lebte. Je rasanter die Dialoge ineinandergriffen, desto dynamischer entwickelte sich die Komik. In Dortmund hatten wir die Aufführung bereits über fünfzig Mal gespielt, als mich die Anfrage erreichte, ob ich an einem anderen Theater die Rolle des Sekretärs für einen erkrankten Kollegen übernehmen wolle. Ich willigte begeistert ein, und schon zwei Tage später saß ich vor einer Videokassette, um mich mit der Inszenierung vertraut zu machen. Es war ein wenig ernüchternd, wie ähnlich sich die beiden Aufführungen waren. Es wurde an genau den gleichen Stellen gelacht, und auch das Bühnenbild war fast identisch. Ich sah mir das Video mehrmals an, studierte die wenigen Textverschiedenheiten ein und fuhr voller Vorfreude in die mehrere Stunden von Dortmund entfernte Kleinstadt nach Süddeutschland.

Dort traf ich auf das mich dankbar willkommen heißende Ensemble. Ich wurde als Retter bezeichnet, da ohne mich die nächsten drei restlos ausverkauften Vorstellungen hätten ausfallen müssen. Wir hatten zwei Tage Zeit, mich in die Aufführung einzubauen. Von Anfang an war es zwischen dem Kollegen, der den Minister spielte, und mir kompliziert. Der Dortmunder Minister war schnell und präzise in den Dialogen, der neue Minister hingegen war eine Katastrophe, und es war mir schleierhaft, wie sie die vorherigen Aufführungen geschafft hatten. Erst sehr viel später erfuhr ich, dass der Schauspieler, der meinen Part gespielt hatte, nicht etwa erkrankt, sondern ausgestiegen war, weil er den Ministerdarsteller nicht mehr ertragen hatte. Der süddeutsche Minister konnte den Text nicht, zeigte aber keinerlei Einsicht. Ich bestand auch jenseits der Bühnenproben darauf, mit ihm durch die Dialoge zu gehen. Stunde für Stunde saßen wir in seiner Garderobe und versuchten unsere Wortwechsel irgendwie in einen Fluss zu bekommen.

Die Proben waren grotesk. Ich hatte mir verschiedene Tricks überlegt, mit denen ich die Pausen überbrücken konnte, während er nach der nächsten Zeile suchte. Ich rammte mir meinen Brillenbügel ins Auge, nieste mir die Brille vom Kopf oder tat so, als würde ich auf die Brille treten. Dafür hatte ich jede Menge Erdnüsse in der Tasche, die ich geschickt fallen ließ und mit dem Fuß zerknirschte. Mein Spielpartner war alles andere als begeistert von meinen Einlagen, aber ich dachte gar nicht daran, während er nicht mehr weiterwusste, dumm herumzustehen und zu warten. Im Laufe meiner Umbesetzungsproben wurden wir dann immer sicherer und es machte mehr und mehr Freude. Die ersten beiden Vorstellungen liefen überraschend gut, und ich wurde als Held dafür gefeiert, in so kurzer Zeit eingesprungen zu sein. Doch dann, bei der dritten und letzten Vorstellung, wurde ich hilflos Zeuge eines Martyriums, wie es nur wenige Berufe zu bereiten vermögen. Es begann mit einem einzigen Versprecher meines Kollegen, den ich bis heute nicht vergessen habe, da er sozusagen die Höllenpforte markiert, durch die er mit diesem Wortdreher schritt. Anstatt »Sorgen Sie dafür, Henry, dass die Dame nicht ständig weint« sagte er:

»Sorgen Sie dafür, Henry, dass die Arme nicht ständig denkt.«

»Was bitte?«, fragte ich entgeistert. Er schien noch nicht begriffen zu haben, dass er im Satz falsch abgebogen war, und ich sah in seinen Augen, wie er innerlich zurückspulte. Hatte er einen Fehler gemacht oder doch ich? Er wiederholte den Satz: »Sorgen Sie dafür, Henry, dass die Dame nicht ständig denkt.« Was macht man mit so einem Satz? War das ein Mordauftrag? Ich musste lachen und drehte mich mit dem Rücken zum Publikum. Da begriff er, doch durch das Adrenalin des Versprechers aufgekratzt, und um die Schuld an mich, seinen Sekretär, abzuwälzen, raunzte er: »Haben Sie das begriffen, Henry?« Ich nickte und nieste mir, um Zeit zu gewinnen, die Brille von der Nase. Mit jeder weiteren Minute häuften sich die Versprecher.

Versprecher sind für einen Schauspieler gefährlicher, als man denkt, da sie brutal die Selbstsicherheit untergraben. Es ist, als würde man aus dem Nichts eine Ohrfeige bekommen. Natürlich gibt es Schweregrade. Es gibt den Verhaspler, den sinnentstellenden Wortdreher und den das Stück komplett vor die Wand fahrenden Katastrophenversprecher. Bei einem war ich dabei, der hier kurz eingeflochten werden soll. In einer Thomas-Bernhard-Aufführung sagte die hoch geschätzte Kollegin anstatt »Seitdem mein Vater seine Blindenbinden trägt, mache ich mir weniger Sorgen um ihn« Folgendes: »Seitdem mein Vater meine Binden trägt, mache ich mir weniger Sorgen um ihn.« Der großartige Kollege, der den Vater spielte, reagierte blitzartig und rief: »So weit kommt es noch!«

Überliefert ist auch folgende Großtat, die den Übergang vom Versprecher zum Hänger anschaulich markiert. Maria Stuart im Deutschen Theater in Berlin rief: »Der Thron von England ist durch einen Bagel entweiht.« Einen Bagel! Anstatt durch einen Bastard. Sie wusste keine weitere Zeile und verließ stolz, aufrecht und winkend die Bühne. Der Bagel hatte den gesamten Text in die Luft gejagt. Wer weiß, wie freudsch dieser Versprecher war. Hatte sie kaum zu bändigenden Hunger? Wartete in der Garderobe ein Liebhaber mit einem köstlich belegten Bagel auf sie? Das Gehirn ist ein unkalkulierbarer Schleudersitz, wenn man in Furor gerät.

Im weiteren Verlauf der Aufführung bekam ich als Sekretär mit meinem Minister mehr und mehr Mitleid. Er war ein selbstbewusster, ja präpotenter Kollege, und wenn er nicht weiterwusste, machte er fragende und auffordernde Handbewegungen in meine Richtung, als wäre ich derjenige, der seinen Text nicht konnte. Anfangs verstotterte oder verschluckte er die Sätze noch, doch dann hing er immer öfter und schwieg. Seine Gesichtsfarbe änderte sich. Er wurde erst rot, dann immer blasser und schwitzte. Die Souffleuse war hinter einem kleinen schalldurchlässigen Gazestreifen in der Bühnenwand versteckt. Immer öfter drückte sich der Minister in dieser Ecke des Bühnenbildes herum, tat so, als wäre er erschöpft, und lehnte sich mit dem Kopf an die Wand. Er wirkte zunehmend verhaltensauffällig. Ich versuchte, ihm zu helfen, flüsterte hin und wieder die fehlenden Worte, doch er hörte mich nicht. Und in diesem Zustand näherte er sich unaufhaltsam dem schlimmst möglichen Szenario. Dem Blackout, im Theaterjargon unendlich treffend mit der Formulierung »Man hängt wie eine Glocke« umschrieben. Niemand, der es nicht erlebt hat, kann erahnen, was es bedeutet, unter den Augen Hunderter Zuschauer wie eine Glocke zu hängen.

Unendlich schwer, unendlich einsam, unendlich endgültig. Die Zeit dehnt sich für den so Hängenden tatsächlich aus. Man gleitet durch einen schwerelosen Raum, in dem kein Wort mehr Sinn macht und einen die Leere anweht. Denn es ist nicht so, dass einem der Text nicht einfällt, dann könnte man ja suchen, nachdenken, aber nein, es ist so, dass es diesen Text nicht mehr gibt. Alle Worte sind von der Erdoberfläche getilgt. Man hat das Raumschiff losgelassen und driftet in die unendliche Stille des Universums hinaus.

Mir selbst ist dies erst ein einziges Mal widerfahren. Vor gar nicht allzu langer Zeit auf einem Gastspiel in Zagreb. Ich war bestens gelaunt und hatte mich nicht erneut mit dem Stück befasst, da wir es etliche Male gespielt hatten. Locker und mit den Kollegen plaudernd, lag ich auf der noch den Zuschauern abgewandten Drehbühne auf meiner Matratze. Ich wurde hineingedreht und zog an meiner Theaterzigarette. Kurz darauf fiel mein Stichwort, ich öffnete den Mund und nichts kam heraus. Meine Stimmbänder waren bereit, die Zunge ebenfalls, eingeatmet hatte ich auch, aber das Gehirn blockierte. Ich fuhr mir mit den Händen durch das lange Haar der Perücke. Gleich würde es mir einfallen, war ich mir sicher, gleich würde es zu sprudeln beginnen, doch in meinem Kopf wurde es warm und dunkel, so als würde mich jemand mit einem Kissen ersticken. Mir wurde leicht übel, Schweiß rann mir die Flanken hinunter. Ich stand von der Matratze auf und bewegte mich auf die Zuschauer zu. Ich kam mir sehr groß vor, wie ein Riese, versuchte zu denken, aber es gab keinen Hebel, um etwas in Gang zu setzen. Ich wartete und wartete. Träge glitten Wortfetzen an mir vorbei. Und dann plötzlich ploppte ein Satz auf. Nicht der Anfang des Stückes, aber ein Satz aus dem Text. Als würde in einem riesigen, verlassenen Archiv eine Schublade herausspringen. Ich sagte den Satz, und in dieser Sekunde schoss der Sinnzusammenhang zurück in meinen Kopf. Es gab einen Rückstoß, und die Buchstaben, Silben, Worte und Sätze sausten an ihre Plätze.

Der Minister war da angelangt, wohin ihn sein Weg unaufhaltsam geführt hatte. Im Blackout. Er hatte seinen Textpullover komplett aufgeribbelt und kauerte in einem Wust aus Worten. Kein Satz hatte mehr einen Anfang, kein Satz hatte mehr ein Ende. Er sagte Dinge wie:

»Wir müssen, wenn, also der Rücktritt, alles ohne Wenn und Aber, aber ich, schlimm, schlimm, na klar, der zweite Teppich.« Und dann schwieg er und schnitt Grimassen. Die Souffleuse rief mehrmals den Text durch die Wand. Vergeblich. Die Zuschauer hatten längst begriffen, dass der Zustand des überforderten Ministers und die Überforderung des Schauspielers zweierlei waren. Hier wurde nicht mehr gespielt, hier wurde auf offener Bühne gelitten. Und dann sagte er meinen Namen, nicht etwa den meiner Figur, Henry, nein, er sah mich an, mit Todesangst im Blick, seine Fingerkuppen drückten immer wieder die Tränensäcke unter seinen Augäpfeln, und er befahl mir: »Joachim, bring mir ein Glas Wasser.« An der Seitenbühne hörte ich Getuschel. Ich ging ab zur Inspizientin. »Er kann nicht mehr«, flüsterte ich. »Er hat Joachim zu mir gesagt. Wir müssen sofort aufhören.« Der Vorhang wurde zugezogen, und im Saal blieb es still. Besorgte stürzten zu ihm auf die Bühne und kümmerten sich. Er jedoch war uneinsichtig: »Es geht ja gleich wieder! Wo ist mein Wasser? Menschenskinder, das geht doch nicht! Zieht den Lappen wieder hoch. Volles Haus. Ich brauche Traubenzucker. Der ist vorne in meinem Handschuhfach.« Es gab eine Ansage vor dem Vorhang, dass es nach einer Pause weitergehen würde. Seine Beine wurden hochgelegt, er wurde mit einem Eisbeutel gekühlt, trank mehrere Gläser Sprudelwasser, machte Kniebeugen und bekam seinen Traubenzucker. Dann ging es wieder los. Doch die Orientierung währte nur Minuten, und schon bald merkte ich, dass seinen Sätzen erneut der Sinn abhandenkam. Er war in den letzten neunzig Minuten erschreckend gealtert. Andauernd sagte er Joachim zu mir, und auch die anderen Figuren nannte er bei ihren tatsächlichen Namen. Aus Henry, James, Abigail und Harriet waren Joachim, Jens, Martina und Simone geworden. Es war bitter, ihn dabei zu beobachten, wie hilflos und halsstarrig er versuchte, weiterzuspielen, und nicht aufzugeben vermochte.

In der Komödie musste eine Leiche in einem Schrank versteckt werden. Der Minister und ich, die gemeinsam versuchten, den gummiartigen Körper des Toten zu verstauen, wurden von einem Klopfen an der Tür überrascht. Ich rief: »Moment, Moment!«, und bugsierte Leiche und Minister in den Schrank. Die Ermittler betraten das Zimmer, und nun war es meine Aufgabe, durch eine abenteuerlich zusammengeschusterte Geschichte die Polizei davon zu überzeugen, dass eine Durchsuchung überflüssig sei. Mitten in meinem Text öffnete sich plötzlich die Schranktür und der kreidebleiche Minister kam heraus, lief quer durch den Raum an allen Polizisten vorbei und sagte leise zu mir: »Dadrin bekomme ich keine Luft.« Und übertrieben laut: »Joachim. Ich warte unten in der Lobby, hurry up!« Alle waren so perplex, dass niemand spontan zu reagieren vermochte. Meine Kollegen und die Polizeistatisten taten so, als hätten sie niemanden gesehen. Der Ermittler fragte mich: »Wann haben Sie den Minister zum letzten Mal gesehen?« Was hätte ich antworten können? Eben?

Die letzten fünfzehn Minuten saß er auf einem Sessel direkt vor der Wand, hinter der die Souffleuse jedes Wort vorsagen musste. Denn auch wenn es schwer zu glauben ist, wer hängt wie eine Glocke, kann nicht nur nicht mehr denken, nein, er kann auch nicht mehr hören. Man ist taub vor Leere. Alle Zuschauer hörten die Souffleuse, alle kannten den Satz bereits, den der Schauspieler zu sagen hatte, nur der Schauspieler nicht. Fünfhundert Zuschauer wollten helfen und flüsterten seinen Text. Alle Kollegen standen in einem Halbkreis um den Minister herum und sprachen überartikuliert seine nächste Zeile. Das Ganze wirkte mehr und mehr wie ein Logopädenkongress, auf dem Kaspar Hauser das Sprechen beigebracht werden sollte. Doch der ausgelöschte Ministerdarsteller hatte den leeren Kopf an die Wand gelehnt und flehte immer wieder: »Wie bitte? Was bitte?«

Kurz darauf kam es zu meinem persönlichen Lieblingsmoment in diesem Desaster. Plötzlich erfüllte das Geräusch von reißendem Gewebe den Raum. Die Souffleuse hatte den Gazestoff heruntergerissen und reichte mit langem Arm das Textbuch aus der Wand. Es war ein magischer Moment: wie der Arm länger und länger wurde und aus der Tapete wuchs. Der Schauspieler spielte erbärmlich: »Huch, was haben wir denn da!«, nahm das Buch und las die letzten zehn Minuten Zeile für Zeile vom Blatt ab. Stockend, sich den Schweiß aus den Augen wischend. Als es endlich geschafft war, war die kollektive Erleichterung immens. Er wurde frenetisch gefeiert für sein Durchhaltevermögen. Immer wieder brandete der Applaus auf, wenn er die Bühne betrat. Er verbeugte sich, nickte huldvoll ins Publikum, und seine Lippen flüsterten: »Danke, danke.«

Mutter mutiert

Als ich am Morgen zum Frühstück kam, rief meine Mutter, noch ehe ich sie begrüßt hatte, aus der Küche: »Es ist mal wieder so weit. Ich sehe aus wie ein Monster. Erschrick bitte nicht!« Auch wenn ich genau wusste, was sie meinte, konnte ich nicht anders, als ein entsetztes »Oh Gott, Mama!« auszustoßen, als sie mit der Thermoskanne um die Ecke kam. Alle paar Wochen wurde die linke Gesichtshälfte meiner Mutter über Nacht von einer heftigen Schwellung entstellt. Epizentrum der Metamorphose war ihre Oberlippe, die prallrot und aufgedunsen war. Auch ihre linke Wange hatte ihr Volumen vervielfacht und drückte auf das Auge. Meine Mutter sah meinen fassungslosen Blick und lächelte schief: »Ich hab schon Kortison genommen. In ein paar Stunden wird es wieder besser sein.« Verschiedene Versuche, die Ursache der Schwellung zu klären, waren erfolglos geblieben. War es eine allergische Reaktion auf bestimmte Lebensmittel? Konservierungsstoffe im Matjes oder Geschmacksverstärker in der Tütensuppe? Doch auch während einer strikten Diät war die Gesichtsschwellung aufgetreten. Über Monate hatte mir meine Mutter immer wieder ihre eigene, beunruhigende These präsentiert: Sie würde von einer winzigen Spinnenart in die Lippe gebissen, war sie sich sicher. Im Schlaf hätte sie das Kribbeln im Gesicht gespürt. Vielleicht würden die Spinnen auch Eier in ihre Lippe legen. Ich hatte damals ihr Schlafzimmer untersucht und jede noch so kleine Ritze mit Isolierschaum verschlossen. Während ich meiner entstellten Mutter beim Frühstück gegenübersaß, kam mir eine Horrorgeschichte wieder in den Sinn, und für eine Millisekunde konnte ich nicht anders, als mir vorzustellen, dass ihre Lippe aufplatzen und Hunderte Spinnen aus ihr herauskrabbeln würden. »Ich kann so nicht in den Baumarkt fahren. Wir brauchen unbedingt eine neue Kette für die Motorsäge. Machst du das?« »Na klar, Mama.«

So wie meine Mutter hatte auch mich die Zuneigung zu Baumärkten ergriffen. Es hatte etwas ungemein Beruhigendes, zwischen den Regalen zu flanieren und die Artikel zu studieren. In Berlin wurden alle Einkäufe von mir in größtmöglicher Eile erledigt. Ich hetzte durch Elektromärkte auf der Suche nach Ladekabeln, hetzte durch Supermärkte und kämpfte mich durch Kaufhäuser, um Fußballhandschuhe zu ergattern. Doch der nahe gelegene Baumarkt wurde für mich zu einer Oase der Kontemplation. Eine Million Dinge, die genau wussten, wofür sie gemacht worden waren. Ein Regal mit vierzig verschiedenen Riegeln, und da es welche gab, deren Größe mich staunen machte, wirkten die winzigen Riegelchen umso filigraner. Ich sinnierte über die Geduld der Schrauben. Jahrelang harrten diese Schrauben aus, bis jemand kommen und genau sie erwerben würde. O Langmut der Dübel, o Gelassenheit der Nägel. Konnte es ein sinnvolleres Dasein geben als das eines Nagels? Tagein, tagaus nichts tun und mit zig Gleichgesinnten in einem Kistchen dösen. Dann einmal kurz leiden und ein paar Schläge auf den Kopf bekommen. Und schon hatte man seine Daseinsberechtigung erlangt.

Meine Mutter hatte mir die Nummer des Kettensägeblattes aufgeschrieben. Aber da ich den Zettel nicht fand und mein Handy nicht mitgenommen hatte, rief ich sie von der Information des Baumarktes an.

Es tutete, und als meine Mutter abhob, verstellte sie am Telefon ihre Stimme. Sie nannte auch nicht unseren Familiennamen, sondern raunte ein tiefes »Hallo« in den Hörer. Ich hörte eine mir durchaus vertraute Kurzatmigkeit und ein weiteres »Hallo?«. »Mama, bist du das?« Sie räusperte sich und fragte mit verstellter Reibeisenstimme: »Wer spricht da?« »Ich bin's, dein Sohn.« Doch so leicht war meine Mutter nicht von der Wahrheit zu überzeugen. Sie fragte: »Wie heißt der Hund deines Bruders?« Ich musste grinsen, dachte, sie macht sich über mich lustig, und sagte einen falschen Namen: »Bobby!«, und zack, hatte sie aufgelegt. »Das gibt's ja nicht!«, rief ich hocherfreut und rief sie wieder an. Es tutete ewig, und dann kam wieder ihr »Hallo« wie aus dem Grab. »Ich bin es, bitte leg nicht auf! Der Hund meines Bruders heißt Louie. Ich schwöre, dass ich dein Sohn bin. Ich habe drei fantastische Kinder, liebe Platanen und bin Legastheniker.« Ich hörte ein leises »Hm …«, sie machte eine Pause und begrüßte mich mit unverstellter Stimme: »Na gut. Hallo, Sohn. Obwohl, so ganz sicher bin ich mir ehrlich gesagt immer noch nicht.« Aber das war nun schon Spiel. Ihr Misstrauen speiste sich aus zahllosen Berichten in den Schleswiger Nachrichten von Betrügern, die mit dem sogenannten Enkeltrick oder Schlimmerem alte Menschen übers Ohr gehauen hatten. Die Schleswiger Nachrichten waren geradezu besessen von der Berichterstattung über derlei Betrügereien, und wenn man täglich davon las, konnte man tatsächlich den Eindruck gewinnen, dass Hunderte falsche Enkel durch Schleswig-Holstein marodierten. Im Laufe dieses Telefonats erzählte sie mir auch von ihrer Angst, entführt zu werden. Im Nachbardorf war ein altes Ehepaar überfallen, gefesselt und brutal ausgeraubt worden. Es sei nur eine Frage der Zeit, erklärte sie mir, bis auch sie entführt werden würde. »Mama, bitte, warum soll denn ausgerechnet dich jemand entführen?«, fragte ich ungläubig. »Na wegen dir. Durch deine Prominenz bringst du mich in große Gefahr.« »Mama, bitte! Wie kommst du denn auf so was? Ich bin nicht prominent. Gott sei Dank, nicht. Nichts interessiert mich weniger. Da kannst du ganz beruhigt sein.« Doch sie war störrisch. »Na, das behauptest du jetzt, um mich zu beruhigen. Aber ich lebe hier in ständiger Entführungsgefahr wegen dir. Es ist nur eine Frage der Zeit, bis sie mich tuppen.« Tuppen war eine Wortkreation meiner Familie aus Kindertagen. Mein Bruder tuppte geangelte Fische mit einem Holzprügel. »So einen Blödsinn habe ich wirklich noch nie gehört, Mama. Ich schwöre dir, niemand wird dich tuppen.« »Würdest du denn Lösegeld für mich bezahlen?« »Na klar würde ich Lösegeld zahlen, alles, was ich habe.« »Siehst du, du hast dich auch schon damit beschäftigt. So abwegig ist das gar nicht.« Ich lachte und bat sie um die Nummer des Kettensägeblattes.

Als ich den Hörer zurück über den Tresen der Information reichte, sah ich in das fassungslose Gesicht eines kindlich dreinschauenden Mitarbeiters. »Entschuldigen Sie bitte, hat etwas länger gedauert.« Er nickte und schwieg, aber ich ahnte, dass die Wörter Entführung, Lösegeld und Kettensägeblatt seine Fantasie angekurbelt hatten.

Im Laufe des Vormittags ging die Schwellung langsam zurück, und es hatte etwas Magisches, wie aus der Monstervisage das eigenwillig schöne, stolze Muttergesicht erneut hervortrat. Es war wie die Wiedergeburt ihrer Schönheit aus ungeformter Gesichtsmasse, und am Abend kam es mir so vor, als wäre sie geradezu verjüngt aus der Metamorphose hervorgegangen.

Der Beichtstuhl

Wenn man wie ich jahrzehntelang Theater gespielt hat, ist man unzählige Male gestorben. Ich habe mich als Werther erschossen, als Mortimer mit dem Messer entleibt, ich bin von einem Stuhl in die tödliche Schlinge gesprungen, habe gezuckt und währenddessen einen Schlauch geöffnet, um im Todeskampf in die Hose zu pinkeln. Ich habe mich vergiftet und in Krämpfen gewunden und dabei heimlich Brausetabletten gegessen, um mit gelbem Schaum vor dem Mund zu verrecken. Ich wurde von einem Kampfhund totgebissen, den ich vom Publikum abgewandt mit Leckerli belohnen musste, während er mir in die Kehle biss, mich vollsabberte und mit dem Schwanz wedelte.

Meine traurigste Todeserfahrung allerdings machte ich in einem Beichtstuhl in Bielefeld. Meine Rolle war die eines sexsüchtigen jungen Priesters, der sich aus Scham über seine Gelüste in einem Beichtstuhl zu Tode masturbieren sollte. Das gesamte Stück über war ich eingesperrt und wurde mit einer Kamera für die Zuschauer live übertragen. Neunzig Minuten lang. Der junge italienische Dramatiker sei, so der Dramaturg des Bielefelder Theaters, kurz davor, komplett durch die Decke zu gehen. Diese Decke muss sich dann als dicker als gedacht herausgestellt haben, denn nach der desaströsen Uraufführung seines Stückes hat nie wieder jemand etwas vom

Shootingstar aus Padua gehört. Die Handlung des Stückes ist kaum nachzuerzählen. Lauter von ihrem Glauben deformierte Figuren in bizarren Situationen. Hier eine Selbstgeißelung, da ein Erweckungserlebnis, dort blutende Stigmata oder Fußwaschungen. Es ging Schlag auf Schlag. Ich bekam von alldem kaum etwas mit, da ich mich in meinem Beichtstuhl mit mir selbst zu beschäftigen hatte. Die Regisseurin war eine, ja, man muss es so deutlich sagen, besessene Polin, die im Stück mit ihrer eigenen Glaubenskatastrophe abzurechnen gedachte. Ich hatte lange aus Bibelzitaten und Priesterbiografie montierte Texte, erzählte von meiner Kindheit auf den Äolischen Inseln, einer Grotte, in der ich in einem fiebrigen Tagtraum nackt von lebendig gewordenen Stalaktiten umschlungen wurde, von den Schlägen des Vaters, dem Duft der blühenden Kapernsträucher und einer Olivenpflückerin, die ich durch ein Astloch unter der Dusche beim Einseifen ihrer Brüste beobachtete. Es war überfrachteter pseudosakraler Kitsch, doch ich mochte meine Texte. Etwas daran traf mich, denn unerfüllte Sehnsüchte hatte ich wahrlich mehr als genug. Der junge Priester hieß Gianni, und er hatte sich noch nie selbst befriedigt. In einer langen Szene betastete ich meinen Körper unter der rauen Kutte. Es war ein wenig wie in *Der Name der Rose,* allerdings ab achtzehn. Gianni hatte in dem Stück den ersten Samenerguss seines Lebens, und ihn überkam die Scham, weil er wusste, dass er von nun an unrein war und seine Liebe zu Gott niemals wieder unschuldig sein würde. Meine anderthalb Stunden im Beichtstuhl wurden von der niemals lächelnden polnischen Regisseurin akribisch durchchoreografiert. Ich hatte eine versteckte Uhr und einen Zettel, wann ich was zu machen hatte, damit die live übertragenen Bilder meines Martyriums mit den Szenen auf der offenen Bühne koordiniert werden konnten. Von den ersten autoerotischen Erkundungen bis zum wild onanierenden Höllensturz durchlief ich zig Phasen der Verzweiflung und Rebellion, der Ermattung und des erneuten Aufflammens der Lust. Vier Ejakulationen führten mich ins Verderben. Die letzte sollte simultan mit dem Tod eintreten. Nach circa einer halben Stunde sollte die Kutte fallen. Nun bin ich wirklich kein verklemmter Mensch und habe zum Themenkomplex Selbstbefriedigung eine durch und durch entspannte Einstellung. Auch damals schon. Doch splitterfasernackt auf einer Gebetsbank kniend, rubbelnd und betend gefilmt zu werden, ließ mich vor Scham erzittern. Zu der Gebetszeile: »Im Namen des Vaters, des Sohnes und des Heiligen Geistes, Amen«, sollte ich rhythmisch meine Hand bewegen. Eigentlich hatte ich die Gegenwart eines Gottes nie wirklich gespürt, aber jetzt plötzlich fühlte ich ein tiefes Unbehagen. Sollte es ihn eventuell doch geben, war das, was ich in dieser Aufführung tat, keine gute Idee, denn dann wäre ich mit Sicherheit auf ewig verdammt. Durch die Tür des Beichtstuhls meinte ich die Regisseurin hämisch lachen zu hören. Ich musste stets darauf achten, dass mein Genital nicht von der Kamera gesehen werden konnte. Immer wieder riss die Regisseurin den Beichtstuhl auf und rief auf Englisch, sie hätte wieder meine leere Hand gesehen, my empty hand. Mich wirklich anzufassen, war mir überhaupt nicht in den Sinn gekommen. »I don't believe you. I see it all the time. You're just playing!« Na klar!, dachte ich. Was denn sonst? Wollte sie von mir etwa, dass ich es wirklich tat? Es war hochkompliziert. Ich sollte schlussendlich auf dem Boden der engen Kabine landen, nackt auf dem Rücken, unter der Beichtbank begraben. Mit zuckendem Becken sollte sich das Sperma über meine Hand ergießen. Es gab ausführliche Diskussionen über die Konsistenz des Ejakulates, und als der Requisiteur seinen Satz begann mit: »Also bei mir …«, unterbrach ich ihn heftig und rief: »Alles gut! Gar kein Problem.

Ich bin bei allem dabei!« Ich erinnere mich noch genau daran, dass der sämige Brei, den die Requisite herstellte, nach Pfefferminze roch. Ich sollte unter spastischen Zuckungen die Hand gen Himmel strecken und brüllen: »Vater, warum hast du mich verlassen?«, und dann in schwellendem Orgelgetöse versterben. Ich muss hier immer wieder mit Nachdruck sagen, dass ich es wirklich gut machen wollte. Ich hatte bei Peter Zadek gelesen, dass es genau da interessant würde, wenn Schauspieler anfingen, sich zu schämen. Ich war also auf der richtigen Spur. Ich war übersät von blauen Flecken, da mehrmals die massive Bank auf mich gefallen war. Wie gerne hätte ich den Text schüchtern wie ein Gebet gesprochen und nur hin und wieder einen verträumten Blick ins Publikum geworfen. Aber die unerbittliche Regisseurin verlangte von allen vollen Körpereinsatz, berief sich auf Kantor und Meyerhold. Alle waren erschöpft von ihren Exzessen.

Nach einem Zwischenfall kam es zur Eskalation, und ich bekam einen Tobsuchtsanfall, während ich nackt und unkoordiniert versuchte, in meine Kutte zu schlüpfen. Es war, ohne dass ich es mitbekommen hatte, zu einer Unterbrechung gekommen, und während ich weiter spielte und masturbierte, wurde auf der Bühne minutenlang heftig diskutiert. In der Hitze der Auseinandersetzung wurde ich vergessen. Um sich zu beruhigen, wurden die Schauspieler in ihre Garderoben geschickt, und erst Minuten später fiel dem Regieassistenten auf, dass jemand fehlte. Während ich mich entblößt am Boden wand und im orgastischen Todeskampf nicht länger nur markierte, klopfte es plötzlich an meine Beichtstuhltür. Ich rief: »Herein!« Die Tür öffnete sich, und das Gesicht des Assistenten erblasste bei meinem Anblick, entsetzt sah er auf mich herab. Er errötete und stammelte: »Entschuldige bitte, entschuldige, dass ich dich störe.« Ich riss die Kutte über mich, um meine Ganzkörperperformance zu bedecken.

»Was ist denn? Was willst du?«, keuchte ich atemlos. »Na ja … äh … wir haben unterbrochen. Es ist Pause.« Ich kam mir ertappt vor, hatte mich endlich gehen lassen und war sicher, heute gelobt zu werden. »Wie bitte?« »Ja, es ist gerade keiner da. Es ist Pause! Schon länger.« Da wurde ich zornig, trat gegen die Gebetsbank und brüllte ihn an. Er schloss die Tür, und ich randalierte weiter im Beichtstuhl herum.

Nach jedem Durchlauf gab es stundenlange Kritik. Wir saßen auf dem Boden, und ich notierte mir meine Kritikpunkte. Anweisungen wie diese: »– in Minute 36 schneller die Kutte runter – wenn in der Musik der Beat beschleunigt, krasser rubbeln – lauter und rhythmischer stöhnen – im Text darf man die Anstrengung nicht hören – Schaum vor dem Mund gut – Glied okay –«

Mit jedem Tag wuchs meine Scham. Langsam dämmerte mir, dass ich nicht an Selbstbefriedigung zugrunde gehen, sondern einen Schaminfarkt erleiden würde. Die Redewendung »sich zu Tode schämen« würde durch mich in den Rang einer tatsächlichen Todesart erhoben. Die Zeit wurde mir unerträglich lang in meinem heiligen Verlies, da mir keine weiteren Variationen der Selbstbefriedung mehr einfielen. Ich war kurz davor, aufzugeben, doch leider ist man als Schauspieler durch Lob schrecklich korrumpierbar. Es gibt kaum jemanden in diesem Beruf, der sich durch ein paar Worte der Anerkennung nicht vom Querulanten zum Bravling bekehren ließe. Der kubanische Intendant lobte mich nach der Generalprobe mit leicht anzüglichem Lächeln für meine »outstanding performance« und auch die polnische Regisseurin hatte kurz vor der Premiere ihre Mimik ausgetauscht. Sie strahlte jetzt nur noch, lobte alles, was sie sah, und bedankte sich in einer Tour für unser aller Einsatz. Für mich war die Premiere nicht anders als die Durchläufe des Stückes zuvor. Ich hockte in meinem Beichtstuhl und gab alles. Als ich aus dem Holzverlies trat, steigerte sich der Applaus ein wenig, aber ich begriff augenblicklich, dass sich keine Sternstunde ereignet haben konnte. In der Applausreihe wollte mir niemand die Hand reichen, da meine Hände klebten und nach Pfefferminz rochen. Die Regisseurin machte bereits wieder ihr griesgrämiges Gesicht und verbeugte sich mechanisch wie ein Klappmesser. Auf der Premierenfeier kam ein Kollege vorbei, legte mir seinen vom Bier schwer gewordenen Arm auf die Schulter und grinste. Er sagte nur drei Worte, ich glaube, er meinte es tatsächlich voller Anerkennung, aber für mich klang es wie blanker Hohn. Er sagte nur: »Glückwunsch. Super gewichst!«, und das war es.

Mutter klettert zu den Sternen

Während der letzten Monate in Berlin war ich von Schlaflosigkeit gemartert worden. Eingeschlafen war ich aufgrund der chronischen Übermüdung stets über der ersten Seite meines Buches, dann aber pünktlich zwischen drei und vier Uhr wieder aufgewacht. Unter geschlossenen Lidern versuchte ich mich an meinen Schlaf zu klammern, doch wie durch ein injiziertes Gift strömten Gedanken in mich hinein und verjagten den Schlummer. Bewegungslos lag ich da und starrte in das Dunkel, als wäre es ein auf mich gerichteter Pistolenlauf. Wenn ich im Morgengrauen wieder einschlief, war es, als würde mich Morpheus höchstpersönlich erwürgen. Doch schon nach wenigen Tagen auf dem Land besserte sich dieser Zustand. Auch wenn es seltsam klingen mag, aber hier hatte ich nicht andauernd das Gefühl, von der Nacht selbst beobachtet zu werden. Der dunkle Nachthimmel auf dem Land war tiefer und aufgespannter, hatte eine Milchstraße und Wichtigeres zu tun, als mich zu observieren. Ich ertappte mich dabei, wie ich unter der Bettdecke, um warm zu werden, die Füße aneinanderrieb. Das hatte ich schon monatelang nicht mehr getan, von leisen Grunzern beim Drücken der Nase in das von der Mutter mit duftender Biberbettwäsche bezogene Kissen ganz zu schweigen.

In einer dieser Nächte klopfte es an mein Fenster. Ich hatte das Pochen schon eine ganze Weile gehört, aber als Traum, Kopf- oder Tiergeräusch beiseitegedrängt. Doch dann war es nicht länger zu ignorieren, auch wunderte ich mich, dass mir durch die geschlossenen Augenlider hindurch ein silbriges Gleißen ins Gehirn drang. Ich schlug die Augen auf und war geblendet vom Mondlicht. Vor dem Fenster stand wie ein Gespenst im Nachthemd meine Mutter und sah zu mir ins Zimmer hinein. Ganz still stand sie da, und es war, als würde sie von innen heraus leuchten. Das weiße Haar umrahmte das alt gewordene Muttergesicht wie ein Strahlenkranz. Wieder klopfte sie. Ich stand auf und öffnete das Fenster: »Mama, was machst du denn da draußen mitten in der Nacht?« »Ach, ich konnte nicht schlafen. Der Mond macht mich ganz verrückt. Komm, wir klettern auf den Stall hinauf. Wie früher.« Noch bevor ich antworten konnte, streckte sie die Hand aus und legte sie mir an die Wange. »Komm einfach. Denk nicht lange nach. Nimm uns deine Decke mit.« Ich nickte, zog mir einen Pullover über und ging in den Garten. Meine Mutter hatte erdige Hände. Wahrscheinlich hatte sie die Erdhaufen der Maulwürfe verteilt. Sie war kein abergläubischer Mensch, aber im Vollmondlicht verteilte Maulwurfhügel sollten die Tiere angeblich dauerhaft vertreiben. Sie bat mich, die Leiter zu holen und an die Stallwand zu lehnen. Ich ging zum Schuppen, legte mir die mehrere Meter lange Leiter über die Schulter, balancierte sie aus und manövrierte sie zwischen den Obstbäumen hindurch zum Stall. Meine Mutter hatte sich in meine Bettdecke gehüllt. Das Mondlicht war derart gleißend, dass ich deutlich mehrere erdige Handabdrücke auf dem Bettbezug sah. Für einen Augenblick hatte ich das bizarre Gefühl, mich in einem Traum zu bewegen. Wahrscheinlich würde ich jeden Moment enttäuscht in meinem Berliner Bett aufwachen. Für eine Millisekunde wehte mich eine Ahnung an, und ich war mir nicht ganz sicher, ob meine Mutter überhaupt noch am Leben war oder ob sie mich in diesem Traum besuchen kam. Ich lehnte die Leiter an den Stall und stellte mich auf die unterste Sprosse, wippte, um das Leiterende mit meinem Gewicht ein wenig in den Rasen zu rammen. »Kannst du die Bettdecke nehmen?«, bat sie mich. »Schaffst du das denn, Mama? Das ist doch eine Ewigkeit her, dass wir da hoch sind.« »Natürlich. Ich kann hervorragend klettern.« Ich sicherte die Leiter, und sie machte sich an den Aufstieg. Sie war tatsächlich schon immer eine ausgezeichnete Kletterin gewesen. Ich hatte damit gerechnet, dass sie aufgrund ihres Alters, einer falschen Hüfte, einer neuen Herzklappe und eines neuen Knies nur mühsam Sprosse für Sprosse ersteigen würde. Doch da hatte ich mich getäuscht. Geradezu wieselflink stieg sie die Leiter zum Dach empor, schwang sich über die Traufe und war verschwunden. »Jetzt du!«, rief mich ihre Stimme. Wie eine üppige Schärpe schlang ich mir die Bettdecke um den Körper und machte mich an den Aufstieg, was beschwerlich war, da sich ein Bettdeckenzipfel mehrmals zwischen Fuß und Sprosse verhedderte. Auf dem Dach angekommen, war es, als wäre ich von einer Welt in eine andere gelangt, ja, es war, als hätte ich eine Membran durchstoßen und meinen Kopf ins Universum gesteckt. »Schau dir das an!«, flüsterte meine Mutter. Ich breitete die Decke auf der Teerpappe aus, wir setzten uns nebeneinander und schlugen die Enden der Decke über unsere Beine, da es doch ein wenig kühler war als am Boden. Wir verstummten beim Anblick der millionenfach besternten Unendlichkeit. Alle beide kannten wir uns gut mit Sternenbildern aus. Wenn wir als Kinder mit meiner Mutter auf das Dach gestiegen waren, hatte mein mittlerer Bruder stets seine fluoreszierende Sternenkarte aus Pappe dabeigehabt. Eine kreisrunde Scheibe, auf der er den Tag einstellen konnte, an dem wir ins All sahen. Mit einem Kompass wurden die Himmelsrichtungen bestimmt, die Scheibe ausgerichtet, und nun schimmerten die Phosphorsternchen unter uns als gespiegelter Miniaturkosmos des Weltraumes über uns. Ohne ein Wort zu sagen, wies meine Mutter mit dem Finger auf verschiedene Sternbilder. Hin und wieder sausten Sternschnuppen als Lichtwischer durch die Nacht, was Mitte August nicht ungewöhnlich war. Die sogenannten Perseidenschauer hatten meine Brüder und mich stets in einen irrsinnigen Wunschtaumel gestürzt und uns alles in die Sternennacht hinausbrüllen lassen, was uns in den Sinn kam. Ich rief: »Ich wünsche mir Muskeln! Bitte, bitte! Mehr Muskeln.« Und meine Brüder übertönten mich und brüllten in die Nacht: »Nein, nein. Hirn! Er wünscht sich mehr Hirn!«

Meine Mutter ließ sich nach hinten auf die Bettdecke sinken und verschränkte die Hände unter ihrem Kopf. »Mir wird immer ein bisschen übel, wenn ich in die Sterne gucke«, sagte sie eher zu sich selbst, und auch ich streckte mich aus.

So lagen wir ein Weilchen nebeneinander und schwiegen.

»Weißt du …«, begann meine Mutter, »ich kann mir mein Leben als zwei unterschiedliche Geschichten erzählen. In der einen habe ich mit acht Jahren meinen Vater durch einen Verkehrsunfall verloren, überfahren von betrunkenen Amis direkt nach dem Krieg, und meine Mutter lag zwei Jahre im Krankenhaus und wusste nicht, ob sie jemals wieder würde laufen können. Sie hat einen neuen Mann geheiratet, den ich oft gehasst habe, und mich haben sie ins Internat gesteckt, weil ich gestört habe. Dort bin ich vor Kummer und Heimweh fast gestorben. Ich war miserabel in der Schule und wurde den Ansprüchen meiner Mutter nie gerecht. Ich konnte weder gut genug singen, um Opernsängerin zu werden, noch gut genug tanzen, um Balletttänzerin zu werden, und Schauspielerin wollte ich auch nicht werden. Dann habe ich ohne Abschluss die Schule abgebrochen und bin nach Italien geflüchtet, um dort eine Ausbildung zu machen. Alle waren heilfroh, dass ich weg war. Ich habe mich dort verliebt und furchtbare Dinge erlebt. Ich war schwanger, aber das Kind durfte nicht geboren werden, da Alberto erzkatholisch war und wir nicht verheiratet. Dann war ich wieder schwanger, diesmal von deinem Vater. Ich wollte in Italien leben, bin dann aber doch wieder zurück nach Deutschland. Ich habe das Kind im Nachtzug auf der Toilette verloren. Trotzdem habe ich deinen Vater geheiratet. Unsere Ehe war schrecklich, er hat mich betrogen, fast bin ich daran zerbrochen, doch ich habe mich nie getrennt. Die Jahre gingen so dahin, und ich hab eigentlich immer nur gekämpft. War gekränkt, verletzt und unsicher. Dann ist dein Bruder verunglückt, und ich dachte nicht, dass ich es überleben würde. Monatelang habe ich mich an meinen betenden Händen festgehalten oder ins Feuer gestarrt. Dein Vater und ich haben uns getrennt. Doch dann hat er Krebs bekommen. Ich bin zurück zu ihm und habe ihn gepflegt, bis er gestorben ist. Dann wollte ich endlich allein zurechtkommen. Ich wollte studieren. Hab ich mich nicht getraut. Dann habe ich Michael kennengelernt. Auch er wurde krank. Wieder Krebs, und auch ihn habe ich gepflegt, bis er gestorben ist. Und jetzt bin ich allein.« Sie sah sich kurz nach mir um, wandte sich wieder ab und sprach weiter. »So geht die eine Geschichte. Aber die andere Geschichte, mein lieber Sohn, geht so: Nach dem Tod meines Vaters, da war ich acht, habe ich angefangen zu lesen und bin in der Welt der Bücher verschwunden. Auch im Internat habe ich immerzu gelesen unter der Bettdecke. Das war herrlich, und die Geschichten haben mich gerettet. Ich war glücklich, als ich endlich begriffen habe, dass ich weder Balletttänzerin noch Sängerin noch Schauspielerin werden wollte. Ich wollte einen richtigen Beruf erlernen. Ich war mutig und bin ganz allein nach Italien gegangen. Ich habe die Sprache gelernt und das Leben dort geliebt. Alberto und ich waren nächtelang unterwegs, und auch ich fand, dass es noch zu früh für ein Kind war. Ich wollte meine Ausbildung in Rom zur Krankengymnastin fertig machen. Doch dann bin ich zurückgegangen und habe deinen Vater kennengelernt, der mir, obwohl er ein dicker Mann mit Schnauzer war, unendlich gut gefiel. Nachdem ich ein Kind von deinem Vater verloren hatte, war ich nicht sicher, ob ich noch Kinder bekommen könnte. Ich wollte es so sehr. Und dann haben wir geheiratet, und bald war ich wieder schwanger, und dein ältester Bruder ist auf die Welt gekommen. Und dann Martin und dann du. Auch wenn es keine glückliche Ehe war, ihr wart und seid mein Ein und Alles. Und sobald ihr etwas älter wart, habe ich wieder angefangen zu arbeiten. Ich habe meinen Beruf, auch wenn er immer schlecht bezahlt wurde, geliebt. Ich habe Fortbildungen gemacht und war richtig gut. Ich habe es geschafft, mich mit meiner Mutter gut zu verstehen, und sogar mit ihrem neuen Mann hab ich meinen Frieden gemacht. Und dann haben wir dieses Haus auf dem Land gekauft, es hat mich schon immer glücklich gemacht, hier zu sein. Es waren so gute Jahre, euch aufwachsen zu sehen und euch dabei begleiten zu dürfen. Ich erinnere mich daran gar nicht mehr so genau, leider. Aber die Zeit verging einfach, und das war herrlich und gut so. Du bist nach Amerika gegangen, mein ältester Sohn hat studiert, und Martin ist verunglückt. Ich verstehe es bis heute nicht, wie ich es geschafft habe, diesen Kummer zu überleben. Aber eigentlich weiß ich es genau. Ich hatte ja euch. Ich hatte ja noch zwei Söhne, und dadurch ging es irgendwie. Und als dein Vater so krank wurde und zu mir zurückkam, waren wir uns plötzlich ganz nah. Meine Ängste sind von mir abgefallen, und wir hatten es gut bis zu seinem Tod. Es war unsere glücklichste Zeit. Und dann bin ich ganz aufs Land gezogen und habe mich sogar noch mal verliebt. Ich kannte das ja gar nicht, dass mich jemand wirklich so liebt, wie ich bin. Ich habe sechs fantastische Enkel. Stell dir das mal vor. Sechs Enkel, die ich über alles liebe und die mich, wie es scheint, gerne besuchen kommen. Ich bin sechsundachtzig und gesund. Und ich lebe hier. Mitten im Paradies. Von hier kann mich niemand vertreiben und hier bleibe ich jetzt einfach, bis ich sterbe. Das sind meine beiden Geschichten, mein lieber Sohn, und ich habe lange gebraucht, bis sie zusammengefunden haben und zu einer Geschichte geworden sind.«

Sie stand auf, reichte mir die Hand, um mir aufzuhelfen, und zog mich mit Kraft auf die Füße. Sie gähnte den Mond an, ohne sich die Hand vor den weit geöffneten Mund zu halten, und durch eine perfekt getimte optische Kapriole sah es so aus, als würde sie in den Himmelskörper hineinbeißen und den hellgelben Trabanten einfach aufessen. Als wären wir zwei Schlafwandler, liefen wir auf dem Dachfirst zur Leiter, und sie schwang sich geschickt über die Kante. Mit einer Hand hielt sie sich an der Regenrinne fest und begann, die Sprossen hinabzusteigen. Doch plötzlich hielt sie inne und fuhr mit den Fingern durch das Halbrund der Rinne. »Die ist ja voller Laub. Das wollte ich schon lange machen.« Sie kam zurück aufs Dach, begann, auf allen vieren nahe am Abgrund Laub und Äste aus der Regenrinne zu kratzen und in die Tiefe zu werfen. Voller Sorge, sie könne das Gleichgewicht verlieren und abstürzen, kauerte ich mich hinter sie und hielt sie an den Knöcheln fest. Meine innig vorgetragene Bitte, die waghalsige Aktion auf den nächsten Tag zu verschieben, wischte sie beiseite: »Wenn wir schon mal hier oben sind. Das ist doch schnell gemacht. Und dann schlafen wir auch besser.« Ich krallte mich in die Fußgelenke meiner Mutter, und über uns verglühte verschwenderisch Sternschnuppe für Sternschnuppe. Doch fürs Wünschen war keine Zeit, denn es gab Wichtigeres zu tun.

Ariel im Fahrstuhl

Ursprünglich war die Besetzung der Inszenierung umfangreich gewesen, doch dann auf nur drei Spieler reduziert worden. Wir spielten *Der Sturm* von Shakespeare am Wiener Akademietheater, und das Bühnenbild war das denkbar einfachste: ein lang gestreckter Tisch, ein paar Stühle, schwarze Stellwände und eine Stange, die von hoch oben bis zum Boden den gesamten Bühnenraum durchmaß und an Feuerwehrfilme erinnerte. Ich spielte meistens Ariel, aber auch Ferdinand und einen Säufer, meine Kollegin Maria Happel einen grandios gequälten Caliban und eine zauberhafte Miranda, und der inzwischen verstorbene Johann Adam Oest war Prospero. Da ich den *Sturm* des Öfteren im Theater erlebt habe, kann ich sagen, dass Adam der wohl feinfühligste vertriebene Herzog war, den ich je gesehen habe. Wir haben diese Aufführung hundertelfmal in einem Zeitraum von mehr als zehn Jahren gespielt. Wenn Adam die letzten Worte des Stückes sprach: »Wir sind aus solchem Stoff, aus dem man Träume macht, und unser kleines Leben umschließt ein Schlaf«, so haben mich diese Zeilen jedes Mal tief bewegt. Immer wieder aufs Neue. Es war eine Inszenierung, die karg war, die sich der Bebilderung der im *Sturm* beschriebenen Zaubereien widersetzte und sich einzig auf das Beschwören der Sprachbilder konzentrierte. Ein Wagnis, da es doch stürmt und knallt und Ariel fliegen kann und plötzlich reich gedeckte Tafeln die Hofgesellschaft verführen. Nicht so bei uns. Der Ariel, den ich spielte, war ein subalternes, aber bösartiges Wesen, und immer wieder musste ich, sobald mein Meister nach mir rief, hoch oben vom Schnürboden an der langen Eisenstange hinabrutschen. Es ist mir im Laufe der Jahre mehr und mehr zum Rätsel geworden, warum mir dieser hochriskante, ja lebensgefährliche Vorgang erlaubt war. Ich saß in gut sechs Metern Höhe auf der sogenannten zweiten Brücke am für die Zuschauer nicht sichtbaren oberen Ende der Stange. Um die Stange herum war eine kleine Plattform gebaut. Dort, in theaterluftiger Höhe, setzte ich mich völlig ungesichert an die Stange heran und ließ die Füße über dem Abgrund baumeln. Ich hatte einen Kreideblock, so wie ihn Turner oder Stabhochspringer haben, um meine Hände einzureiben. Sobald mich Prospero rief, klammerte ich mich an die Stange, schlang meine Beine um sie, lüpfte meinen Arielhintern von der Plattform und glitt am Eisenrund hinab. Geschmeidig und schnell sauste ich in die Tiefe, musste allerdings gut achtgeben und im rechten Augenblick fester zupacken, um mich abzubremsen und butterweich zu landen, so wie es Luftgeister nun einmal tun. Sobald meine Szene zu Ende war, ging ich ab, fuhr in einem winzigen Fahrstuhl hinter der Bühne in den zweiten Stock, schlich über den Steg zur Stange und wartete auf meine nächste Rutschpartie. Im Laufe des Stückes glitt ich sechsmal die Stange hinab. Hatten wir die Aufführung ein paar Monate lang nicht gespielt, saß ich mit pochendem Herzen am Abgrund, sah meinen Kollegen auf den Kopf und kreidete immer wieder meine schweißnassen Hände ein. Es ist wohl tatsächlich so, dass die Bedenken mit dem Älterwerden wachsen. Ständig sah ich mich abstürzen und auf dem Bühnenboden zerschellen.

Das Stück endete damit, dass mich mein Meister aus der Sklaverei in die Freiheit entließ und ich für immer davonziehen durfte. Ich ergriff die Stange, sagte zu ihm: »Ich trinke die Luft«, blies ihm einen Abschiedshauch ins schüttere Haar und kletterte flink das einzige Mal die Stange empor. Dieser Moment war der kritischste. Mit erschöpftem und brennendem Bizeps erreichte ich das Ende der Stange und musste nun die Hände lösen, um hinüber auf die Plattform zu gelangen. Dort klammerte ich mich an ein Brett. Tatsächlich hing ich für einen Augenblick in einer Höhe von sechs Metern frei in der Luft. Ich holte Schwung mit den Beinen, schwang sie wie ein Turner hin und her, wuchtete mich hinüber und legte mich auf den Rücken. Da mein Kollege Adam noch seine letzten Zeilen sprach, die eben schon erwähnten ergreifenden Sätze, musste ich absolut still sein und meine Erschöpfung nach innen wegatmen. Doch ich wurde älter, und von Jahr zu Jahr kam Ariel schwerer die Stange hoch. Und dann passierte das Unvermeidliche. Mittig auf der Stange verließen den Luftgeist seine Kräfte. Mit aller Macht versuchte ich, mich weiter hinaufzuziehen, doch meine Muskeln zitterten, und mein Po hatte sich zum Komplizen der Schwerkraft gemacht und zog mich unerbittlich nach unten. Ich gab auf und ließ mich Zentimeter für Zentimeter wieder hinunterrutschen. Nach einem kurzen Moment der Ratlosigkeit versuchte ich, möglichst magisch zu Fuß in die Freiheit abzugehen. Eigentlich war es sogar ganz gut gewesen, dachte ich im Nachhinein, da Ariel so aufhörte, ein Luftgeist zu sein, und darin ja vielleicht eine noch tiefere Freiheit lag. Schluss mit Rutschen und Klettern, ab heute wird gelaufen. Trotzdem war der Moment, an der Stange zu kleben wie ein nasser Sack, ernüchternd. Die Karriereleiter bzw. Karrierestange würde es wohl nach diesem Schwächeanfall nicht weiter hinaufgehen.

Während einer der Vorstellungen wurde ich dann noch mit einem anderen für Luftgeister nicht rühmlichen Unglück konfrontiert. Ich wollte nach dem dritten Rutscher mit meinem Fahrstuhl zurück auf den Schnürboden fahren, als es plötzlich dunkel, stockdunkel, wurde und ich auf halber Strecke stecken blieb. Ich suchte die Knöpfe und hämmerte auf ihnen herum und betätigte dabei wohl auch den Notknopf. Es tutete, und nach einer gefühlten Ewigkeit meldete sich eine müde Wiener Männerstimme. »Ja bitte?« »Ich stecke im Fahrstuhl fest! Im Akademietheater. Ich muss hier raus!« »Die Nummer, bittschön.« »Was für eine Nummer?« »Unterm Notknopf steht a Nummer!« »Die kann ich nicht sehen. Es ist stockdunkel hier drinnen.« »A Momenterl bitte.« Ich lauschte in die Stille hinein und hörte meine beiden Kollegen auf der Bühne. Dort schien es noch normal weiterzulaufen. Also leider kein Stromausfall im ganzen Theater. Doch gleich würde die Szene zu Ende gehen und mein Meister nach mir rufen. Der Fahrstuhlmann meldete sich: »Sie sind im Akademietheater, richtig?« »Ja, na klar. Ich muss hier raus!« »Wir schicken wen.« »Was? Ja, wann denn?« »In einer halben Stunde sollt wer da sein.« Ich vollbrachte das akustische Kunststück, im Flüsterton zu brüllen. »Ich muss auf die Bühne! Helfen Sie mir. Sofort!« Er befand seinen letzten Satz auch noch für eine zweite Antwort brauchbar und wiederholte: »In einer halben Stunde sollte wer da sein.« Es war seltsam, in der finsteren Kiste mit diesem Mann zu telefonieren.

Ich hatte von Menschen gelesen, deren größte Angst es ist, lebendig begraben zu werden, und die sich einen Telefonanschluss in den Sarg hineinlegen lassen, um sich im Falle eines Irrtums melden zu können. Ich presste meine Lippen auf das Metallgitter des Lautsprechers und flehte ihn an: »Eine halbe Stunde! Das geht nicht. Ich spiel gerade eine Vorstellung. Ich muss auf die Bühne. Ich bin Schauspieler.« »Na, das ändert jetzt nichts«, war sein lapidar hingeworfener Todesstoßsatz, und dann fragte er mich ohne jede Empathie, weil es offensichtlich eine Anordnung war, das zu fragen: »Leiden S' an Platzangst?« »Nein, verdammt.« Da hörte ich Johann Adam Oest rufen: »Ariel!« Ich klopfte leise gegen die Fahrstuhltür, hoffte, dass es der Inspizientin oder einem Techniker schon aufgefallen war, in welcher Notlage ich mich befand. Und wieder rief es von der Bühne: »Ariel!« Ich hämmerte verzweifelt auf die Knöpfe. »Ariel! Komm!«, rief Prospero nun schon erbost. Ich sank in der Dunkelheit auf den Fahrstuhlboden nieder. Plötzlich vernahm ich ein schabendes Geräusch über mir. Eine Luke wurde im Fahrstuhldach geöffnet, und grell traf mich der Lichtkegel einer Taschenlampe. Eine, wie es mir vorkam, riesengroße Hand streckte sich mir entgegen. Ich griff zu und flog wie bei einer Akrobatiknummer in die Höhe. Bis heute weiß ich nicht, wer dieser Mann war, der mich mit sicherem Griff und übermenschlicher Kraft aus meinem dunklen Gefängnis in die Höhe wuchtete. »Ariel! Wo bist du denn?« Ich brüllte von weit hinter der Bühne aus dem Fahrstuhlschacht. »Ich komme. Meister! Ich komme.« Ich kletterte hinter dem breitschultrigen Mann eine Wendeltreppe hinauf, die ich nicht kannte. Kabel wurden hochgehalten, und ich stieg über Scheinwerfer. Eisenbrücken wurden heruntergeklappt, und schließlich erreichte ich vertrautes Terrain. Wieder rief ich: »Oh, mein Meister, ich komme. Ich bin gleich bei dir!« Ich erreichte die Stange, wusste, dass ich in Gefahr war, durch Eile einen Fehler zu machen, setzte mich und kreidete mir die Hände ein. Auf die zwei Sekunden kam es nun auch nicht mehr an. Unten war es still geworden. Das hätte jetzt gerade noch gefehlt, dass Ariel erst nicht kommt und dann wie ein Stein vom Himmel fällt und in den Bühnenboden einschlägt. Ich sah hinab, direkt unter der Stange stand Adam und sah zu mir herauf. »Vorsicht,

Meister! Ich komme!« Er trat beiseite, und ich rutschte in die Tiefe. Er hatte sich ein wenig verschätzt, und plötzlich standen wir viel zu nah voreinander. Nase an Nase. Ich sehe sein Gesicht mit den buschigen Augenbrauen und diesen so sanften Augen noch genau vor mir: »Mein Gott, Ariel, wo bleibst du denn nur?« Ich überlegte, was ich antworten könnte, und sagte schließlich: »Verzeih, Meister. Es gab Probleme!« Ein schlichter und hilfloser Satz. »Probleme?« Ich sah, dass er Lust bekam, die Sache etwas auszureizen. »Was denn bitte für Probleme?« »Große, große Probleme.« »Aber jetzt ist alles wieder gut?« Unsere Mundwinkel wurden schon ganz lebendig und zuckten. »Ja, Meister!«, nickte ich. »Alle Probleme gelöst!« »Das denkst du! Es gibt viel für dich zu tun!« Und damit stiegen wir wieder ins Stück ein.

Wir spielten diese Aufführung auch am Berliner Ensemble bei Claus Peymann. Da ich aber viel zu tun hatte, konnten wegen mir häufig Vorstellungen nicht stattfinden. Peymann war sauer auf mich, da die Aufführungen, die wir gespielt hatten, stets ausverkauft gewesen waren. Als ich zum wiederholten Male eine komplette Disposition über den Haufen warf, setzte Peymann das Stück kurzerhand ab und nahm es aus dem Spielplan. Er weigerte sich, die sechs Meter lange Stange in einem Lastwagen nach Wien zurückfahren zu lassen. Sie wurde in sechs Stücke zersägt und mit der Post geschickt. Fassungslos hatten die Wiener Techniker das Paket ausgepackt und die Metallstücke wieder zusammengeschweißt. Von nun an spürte ich in jeder Vorstellung in meinen über die Schweißnähte der Stange gleitenden Handflächen Peymanns Genugtuung, das Ding zersägt haben zu lassen.

Ich gäbe viel darum, den *Sturm* noch einmal zu spielen. Aber Adam ist gestorben, und ich vermisse ihn so sehr, doch vielleicht war er in dieser Geschichte ganz kurz wieder dabei.

Mutter lacht

Wenn meine Mutter etwas kocht oder backt, tut sie dies weder nach Rezept, noch benutzt sie eine Küchenwaage oder einen Messbecher. Auch wenn das absurd klingen mag, aber der Grund dafür ist ihr unbändiger Drang nach Unabhängigkeit. Warum sollte irgendein dahergelaufener Verfasser eines Kochbuches das Recht dazu haben, ihr Vorschriften zu machen, wie viel Mehl in einen Apfelkuchen gehört? So, wie sie der Tachometer ihres Autos reizt, so fordern auch die Maßeinheiten im Messbecher ihre Selbstbestimmtheit heraus. Rezepte empfindet sie genauso wie Geschwindigkeitsbegrenzungen als Bevormundung. Auch die Anweisungen von Ärzten hält sie für Übergriffe auf ihre Autonomie. Lange habe ich gebraucht, diesen Irrsinn nicht als blanke Unvernünftigkeit abzutun, sondern zu erkennen, dass das Sich-Widersetzen gegen Regeln, das Handeln gegen das, was man den gesunden Menschenverstand nennt, eine ihrer Kraftquellen ist.

Als sie vor einigen Jahren eine neue Herzklappe bekam und ich sie einen Tag nach der Operation im Krankenhaus besuchte, war ihr Bett leer. Ich hörte Wasser plätschern im Bad und rief: »Mama, bist du da drin?« Mit heller Stimme rief sie: »Jaha, komm gleich.« »Duschst du etwa? Du darfst nicht duschen!« »Nein, nein.« Ich hörte sie sagen: »So, bitte umdrehen. Gleich geschafft.« »Sag mal, was machst du denn da drin?« Ich öffnete die Tür, und ehe meine Mutter sie mit der Ferse wieder zustoßen konnte, sah ich, wie sie einer uralten, von blauen Flecken übersäten Dame unter der Dusche mit einem absonderlich großen Schwamm den Rücken einseifte. »Könntest du bitte draußen warten? Wir sind gleich so weit.« Ich setzte mich auf ihr Bett, das ich am Bücherstapel auf dem Nachttisch daneben erkannte. Alle vier Bände von *Joseph und seine Brüder* und eine Biografie über Caspar David Friedrich. Ich wartete. Aus der Dusche drang zweistimmiges Lachen. Als die beiden Damen herauskamen, trug meine frisch operierte Mutter ihre Zimmernachbarin mehr, als dass sie sie stützte, da diese kaum in der Lage war, selbstständig zu laufen, und brachte sie zurück in ihr Bett. »So, das hätten wir geschafft, Frau Greggersen.« Das Gesicht der Dame schillerte in allen Hämatomfarben, und das eine Auge war komplett zugeschwollen. Meine Mutter positionierte das Kopfkissen, half ihr, sich auszustrecken, und deckte sie zu. Erst dann wandte sie sich zu mir. »Na, da bist du ja.« Sie kam zu mir herüber und flüsterte: »Die Dame hat so schlecht gerochen. Da ist was schiefgelaufen. Das halt ich nicht aus. Jetzt ist es besser.« Ich flüsterte energisch zurück. »Mama, du kannst hier nicht einfach andere Patienten duschen!« »Ach, bis da einer kommt. Die haben hier alle viel zu tun. Da mache ich es lieber selbst.« Das war einer ihrer Standardsätze und geradezu das Credo ihres Daseins: Da mache ich es lieber selbst. »Wie war denn deine Operation? Ist alles gut?« »Na klar. Kein Problem. Am liebsten würde ich mich anziehen, und weg hier. Ich muss die Hecke schneiden, und die Schwimmleiter muss aus dem Teich.« »Wie lange sollst du denn hierbleiben?« »Eine Woche. Die spinnen!« Die frisch geduschte Bettnachbarin war völlig erschöpft in einen tiefen Schnarchschlaf gefallen, hatte den Mund weit geöffnet, und ihre spitze graue Zunge lag wie vertrocknet im zahnlosen Mund. Meine Mutter sah zu ihr hinüber. »Die Arme ist gestürzt. Bordstein.« Und dann grinste sie plötzlich. »Was ist denn daran so lustig, Mama?« »Ach nichts.« Still vergnügt gickelte sie in sich hinein und verbarg das Gesicht in den Händen. Ich hatte meiner Mutter Blumen mit ins Krankenhaus gebracht, die sie begeistert in Empfang nahm, in eine Vase drapierte und zu der anderen Patientin auf den Nachttisch stellte. »Da freut sie sich, wenn sie aufwacht.« »Die sind eigentlich für dich!« »Ach, die sehe ich doch auch gut von hier.« »Wie war denn die Operation, Mama? Erzähl doch mal.« »Alles gut. Jetzt habe ich eine Herzklappe vom Schwein. Oink, oink.«

Es war befremdlich und doch kannte ich das seit Kindertagen, dass meine Mutter in unpassenden Momenten zu lachen begann, Dinge amüsant fand, die andere eher betroffen machten. Ich war einmal mit fünf Jahren in einen Apfelbaum geklettert, abgerutscht, gefallen und mit dem Fuß in einer Astgabel hängen geblieben. Minutenlang hing ich kopfüber im Baum. In meinem Schädel staute sich das Blut, und ich schrie nach meiner Mutter, die ich hinter der Glasschiebetür im Wohnzimmer auf dem Sofa lesen sah. Als sie mich hörte, sprang sie nicht etwa auf, um mich zu retten, sondern legte eine Postkarte in das Buch als Lesezeichen, stand auf und kam an die Tür. Sie lächelte. Nie mehr habe ich dieses verkehrt herum in der Welt hängende grinsende Muttergesicht vergessen. Anstatt zu mir zu eilen, stand sie da und amüsierte sich über ihren im Baum rot angelaufenen und weinenden Sohn. Als wäre ich eine kindsgroße Baumdekoration, die dort hineingehängt worden war, um das Mutterherz zu erfreuen. Sie zog die Tür auf und kam zu mir. Noch bevor sie mich griff, fing ich an zu schreien: »Warum kommst du denn nicht? Warum kommst du denn nicht?« Sie umarmte mich, hob mich in die Höhe, und der verkeilte Fuß kam frei. Sie stellte mich auf die Füße, das Blut schwappte aus meinem Kopf zurück in den Körper. »Ach mein Lieber, was machst du denn da? Warum hängst du denn im Baum?« Sie versuchte, sich zu beherrschen, aber ihr Bemühen, mich zu trösten, wurde immer wieder von schallendem Gelächter unterbrochen. »Geht's?« Doch ich war stinksauer und bekam einen meiner Tobsuchtsanfälle. Meine Mutter erzählte damals die Begebenheit beim Abendessen, und auch mein Vater und meine Brüder lachten und lachten. Mehrere Wochen wurde ich von ihnen, warum auch immer, Freddy Fledermaus genannt. Die einzige Chance, sich dem gewachsen zu zeigen, war: mitlachen.

Ich arbeitete den Vormittag über weiter an der Geschichte meiner Fahrradprüfung und an einer Geschichte über mein Erst-Engagement als Panther in Ulm. Zum Mittagessen hatte ich mir Pfannkuchen gewünscht. Es ist mir ein unlösbares Rätsel, warum die Pfannkuchen meiner Mutter die besten sind, die es gibt. Wie kann es sein, dass man drei Zutaten, Milch, Eier und Mehl, zu einem einzigartigen Gericht verrühren kann? Vielleicht liegt es auch an dem aus eigenen Äpfeln gemachten Apfelmus. Es gibt ein Geräusch, das mich mein Leben lang begleitet hat und das ich liebe: Meine Mutter presst die Pfannkuchen in der Pfanne mit dem Pfannenwender platt. Durch dieses Drücken fangen die Pfannkuchen an zu singen. Sie geben hell quietschende Töne von sich. Laute, die aus zig gespitzten Teigmündern zu pfeifen scheinen. Und auch meine Mutter pfeift gerne beim Pfannkuchenbacken. Singt mit ihnen im Duett Pfannkuchen-Couplets.

Baghira in Ulm

Nach der Schauspielschule fand ich kein Engagement, zweifelte fürchterlich an meiner Berufswahl und sah mir die Vorlesungsverzeichnisse verschiedener Universitäten an. Sollte ich nicht doch lieber Arzt werden? Da bekam ich einen Anruf meiner Schauspielschule. Die Sekretärin freute sich, meine Stimme zu hören, und fragte, wie es mir ginge. »Na ja, geht so«, sagte ich. »Ich hab ein Angebot für dich.« »Echt?« »Es ist nicht der Hammer, aber bitte denk drüber nach. In Ulm machen sie das *Dschungelbuch* und suchen noch den Puma. Baghira.« »Ist das nicht ein Panther?«, fragte ich. »Ob Puma oder Panther, einerlei. Das solltest du machen. Ist ein junger Regisseur. Der hat dich beim Vorsprechen gesehen und sich gewundert, dass du noch nichts gefunden hast. Er will dich unbedingt. Aber es ist kein Festengagement, nur eine einzige Produktion. Was sagst du?« »Klar, mach ich!« Natürlich hatte ich mir den Beginn meiner schauspielerischen Karriere anders vorgestellt, als einen Panther in Ulm zu spielen, Hamlet in Hamburg wäre mir wesentlich lieber gewesen. Einmal im Jahr machten die meisten Theater ein Kinderstück, und diese hatten keinen guten Ruf. Ich hatte von Jungschauspielern gehört, die im Kinderstück wie im Bermudadreieck auf rätselhafte Weise für immer verschollen gegangen waren.

In den über dreißig Jahren, die ich Theater spiele, musste

ich dreimal das Kinderstück machen, und jedes Mal war es schrecklich. *Das Dschungelbuch* in Ulm, *Schneewittchen und die sieben Zwerge* in Hannover und *In achtzig Tagen um die Welt* in Bielefeld. Immer wieder, viele Jahre lang, saß ich in irgendeiner deutschen Kleinstadt zusammen mit meinen Kolleginnen und Kollegen auf der sogenannten internen Spielplanverkündigung und hatte Angst, im Kinderstück besetzt zu werden. Und so wurde es einem auch von den jeweiligen Intendantinnen oder Intendanten mitgeteilt, mit Trauermiene, als würde man in die Verbannung geschickt. »Lieber Joachim, es tut uns unfassbar leid, aber du bist wieder im Kinderstück.« Es gab die üblichen Trostplattitüden wie: »Der Prinz ist eine tolle Rolle!« Aber auch echte Kondolenzperlen waren dabei: »Diesmal spielst du immerhin ein Säugetier.« Jahr für Jahr gab es bei den im Kinderstück Besetzten Tränen und verzweifelte Rufe in die Runde: »Bitte, bitte nicht. Das könnt ihr nicht machen. Nicht schon wieder!« Natürlich hatten die Kinder nur das Beste verdient, die talentiertesten und ambitioniertesten Kräfte, die ein Theater aufzubieten in der Lage war, denn immerhin waren, das wurde stets betont und wiederholt, das die Zuschauer der Zukunft, aber die Realität sah anders aus. Im Kinderstück landeten meist die, die nirgends anders zu besetzen waren, oder die, die an den Theatern hängen geblieben waren. Es wurde der Spielplan gemacht, die Stücke wurden durchbesetzt, es wurde geguckt, wer zu wenig zu tun hatte, und dann wurde nach einem passenden Kinderstück gesucht, in das man möglichst alle Übriggebliebenen hineinstopfen konnte. Es wurde alljährlich mit großem Aufwand der Leitung schöngeredet, kam aber einer Demütigung gleich. Auf diesen Spielplanverkündigungen ging es heftig zu. Da saß dann ein stolzes Gretchen oder ein King Lear neben den zu Esel, Hund, Katze und Hahn degradierten Bremer Stadtmusikanten. Wer im Kinderstück mitspielen musste, wusste, dass er Weihnachten im Theater verbringen würde, der wusste, dass er innerhalb weniger Wochen das Stück dreißig, vierzig oder gar fünfzig Mal spielen musste, oft sogar zweimal am Tag, der wusste, dass er vor Hunderten kaum zu bändigenden Kindern aufzutreten hatte, und der wusste auch, dass meist fragwürdige Figuren oder blutige Anfänger das Kinderstück inszenieren würden. Ich habe einmal in Dortmund einen ganzen Nachmittag lang versucht, eine junge Kollegin zu trösten, die zwischen Verzweiflung und Zorn das Ende ihrer Schauspielerei verkündete, da sie zum dritten Mal in Folge das Kinderstück gespielt hatte und mir sagte: »Ich will keine Tiere mehr spielen, die morgens aufwachen und sich strecken. Ich war jetzt ein Pinguin, ein Bär und eine Maus, und jedes Mal musste ich spielen, wie ich aufwache, aus irgendeinem beschissenen Karton gucke, Fäustchen mache, mir die Augen reibe und mich niedlich strecke. Es ist erbärmlich. Ich höre auf.« Was mich über viele Jahre vor dem Kinderstück bewahren sollte, war meine stabile Unmusikalität, denn natürlich wird in Kinderstücken oft gesungen. Hatte ich während der Schauspielschule schwer unter meiner Unfähigkeit zu singen gelitten, entpuppte sich diese später als Segen, als Bannzauber gegen Mary Poppins und Co.

Schneewittchen und die sieben Zwerge in Hannover scheiterte allein schon daran, dass das Ensemble zu klein war und es an Darstellern fehlte. Daher musste ich nicht nur den Prinzen, sondern auch einen der Zwerge spielen. So kamen wir immerhin auf vier Zwerge. Wenn ich als letzter Zwerg das Häuschen betrat, drehte ich mich um und rief durch die niedrige Tür: »Ihr drei wartet draußen!« Oder Schneewittchen fragte: »Warum seid ihr denn nur zu viert?« »Zwei sind krank und einer ist auf dem Klo«, antwortete ich. Es sollte lustig sein, aber die Kinder nahmen es ernst und weinten, als ich improvisierte und sagte, drei Zwerge seien bei einem Grubenunglück verschüttet worden. Ich muss zu meiner Rechtfertigung anführen, dass dies in der vierundvierzigsten Vorstellung geschah und der Zwerg, den ich spielte, inzwischen einen echten Bart trug. Alles war winzig. Die Bettchen waren winzig, das Tischchen war winzig, die Stühlchen waren winzig. Nur ich war nicht winzig. Ich war einen Meter neunzig. Ein Riesenzwerg als gruselige Abnormität im Miniaturzimmer. Sämtliche Perücken waren aus billigem Kunsthaar, luden sich statisch auf, knisterten und standen zu Berge. Das Essen, welches Schneewittchen servierte, war aus Holz. Zusammengefaltet, die Knie unterm Kinn, hockte ich im Zwergenhaus und knabberte als zipfelbemütztes Monstrum auf einer Holzhühnerkeule herum. Alles an dieser Aufführung war unfreiwillig komisch, lieblos und ernüchternd.

Nun also Baghira in Ulm. Ich stand ganz am Anfang meines Wegs als Schauspieler, und hätte ich damals schon gewusst, was ich eben über das Kinderstück geschrieben habe, ich hätte laut ins Telefon gerufen: »Baghira in Ulm? Niemals!«, und aufgelegt. Aber ich wollte spielen, unbedingt. Ich besorgte mir eine Unterkunft in Ulm. Da ich mein erstes mit dem Schauspielerberuf selbst verdientes Geld nicht für eine teure Wohnung ausgeben wollte, ließ ich mich auf einen zwiespältigen Handel ein. Ich bezog ein Büro, das ich allerdings morgens vor sieben verlassen musste und erst nach sechs wieder betreten durfte. Fünf Mark die Nacht hatten mich geködert. Es war ein trostloser Raum mit zig Schreibtischen, darauf Computer so groß wie Umzugskartons, Neonröhren und in einer kleinen Kammer eine schmale Liege. Dort standen auf einem Regalbrett die Tassen der Mitarbeiter mit ihren Namen. Ich hatte keine Dusche, kaufte mir eine große Emaille-Schüssel und einen Schlafsack, redete mir alle Entbehrungen als wertvolle Erfahrungen schön.

Am ersten Probentag war ich in Hochstimmung und lief, von Glück imprägniert, die lange Zufahrtsstraße, an der das Büro lag, entlang Richtung Innenstadt. Auf einer Probebühne traf ich auf meine Kollegen und den Regisseur. Eine junge Schauspielerin sollte den Mogli spielen, und ihre androgyne Erscheinung, ihre glockenhelle Stimme verliehen ihr in der Tat etwas Kindliches. Der Regisseur begrüßte mich freundlich, ja überschwänglich: »Toll, dass du dabei bist.« Seine Augenbrauen waren zu einem buschigen Balken zusammengewachsen, und während er uns etwas über das Stück erzählte, rauchte er hektisch eine Zigarette nach der anderen. Sein Aussehen beunruhigte mich. Etwas Dunkles umgab ihn, und seine Gedanken schienen genauso schwarz wie der Kaffee zu sein, den er ohne Milch und Zucker trank. Sein Haaransatz war nur wenige Zentimeter vom Brauenbalken entfernt, unter dem geweitete Pupillen in tiefen Höhlen steckten. Er hatte die befremdliche Angewohnheit, die Plastikhüllen von den Zigarettenpäckchen zu streifen, den dünnen Kunststoffstreifen am roten Zipfel herauszulösen und sich mit diesem Band, völlig im Bühnengeschehen versunken, die Zahnzwischenräume zu reinigen. Kaum konnte er uns direkt in die Augen sehen. Er sprach leise und eindringlich. In den Pausen legte er sich unter den Tisch und hörte so dröhnend laut Opernarien, dass die Stimmen durch die Kopfhörermuscheln drangen.

Vom ersten Moment an konnte keinerlei Zweifel daran bestehen, dass er sich zu viel vorgenommen hatte. Er sprach von Kolonialismus, von der Zerstörung des Regenwaldes, vom Artensterben und davon, was es heißt, Tiere mit menschlichen Attributen zu versehen. Ich hatte darauf gehofft, in Ulm eine schöne Zeit zu verleben, einen geschmeidigen Panther zu geben und die Kinder zu erfreuen. Ich wollte zur Ruhe kommen und mich auf die Suche nach der Freude am Theaterspielen machen.

Intensiv rauchend schraubte sich der Regisseur in Endlossätzen tiefer und tiefer in seine hochkomplexen Thesen hinein: »Wir müssen es unbedingt schaffen, dass sich neben der Handlungsebene noch eine zweite und eventuell eine dritte Ebene auftut. Ihr seid Menschen, die Tiere spielen, die sich wie Menschen benehmen. Ich finde es unglaublich wichtig, dass wir Mogli mit einer Frau besetzt haben. So hat auch diese Figur eine doppelte Identität.« Während er sprach, wurde sein dunkler Augenbrauenbalken schwerer und schwerer, drückte ihm klobig die Augen zu. »Jede Figur muss einen gesellschaftlichen Anker auswerfen. Die Geier werden bei uns wie Obdachlose aussehen, die Wölfe stammen aus dem Proletariat, sind solidarisch, aber ewig hungrig, Shir Khan ist ganz klar ein traumatisierter Diktator, der an nichts anderes denkt als an Unterwerfung, die Affen sind die Anarchisten, die Schlange Kaa arbeitet in den Wipfeln als Prostituierte, Baghira ist der Dandy des Dschungels, ein Humanist, er vertritt das Absterben des Bildungsbürgertums, und Balu ein abgehalfterter Clown, der letzte Vertreter einer dem Untergang geweihten Spaßgesellschaft.« Dagegen hatte ich nichts einzuwenden. Dandy gefiel mir. Eine fahrige Kostümbildnerin heftete selbst gezeichnete Figurinen an die Wand. Sie sprach und lachte gleichzeitig, zergluckste ihre eigenen Sätze durch platzende Kicherblasen, wodurch ich kaum etwas verstand. Mein Kostüm war fantastisch: ein schwarzer Anzug aus, wie sie schwärmte, changierendem Samt. Der Darsteller des Shir Khan war ein wässriger Typ. Sehr blond, sehr blass und mit sehr blauen Augen. Mit nervösem Pinzettengriff zog er sich Hautpartikel von der Unterlippe, die er alle paar Minuten möglichst unauffällig mit einem Taschentuch abtupfte, da sie zu bluten schien. Überheblich hörte er zu, und ich war mir nicht ganz sicher, ob er schon den fiesen Tiger spielte oder ein wirklich widerwärtiger Zeitgenosse war. Der Balu-Darsteller machte einen recht müden Eindruck auf mich und aß Gummibärchen, immer einzeln und nie zweimal dieselbe Farbe nacheinander. Er kaute langsam, zwinkerte langsam und glotzte freundlich aus seinen braunen Kulleraugen in die Runde. Die Darstellerin der Schlange war eine aufgetakelte Provinzdiva, die seit einer Ewigkeit am Ulmer Theater spielte und mit einem von ihr selbst hochgerühmten Balladenprogramm in Erscheinung trat. In der Stadt hingen Plakate von ihr und luden zur Eröffnung einer Baumarktfiliale ein. Jedem Einzug wohnt ein Zauber inne – so hatten sie gnadenlos Hesses Zeile umgedichtet. Sie trug in all den Probenwochen eine hautenge schwarze Latexhose, die ich zunehmend hasste, da sie bei jeder ihrer Bewegungen fies quietschte. Jedes Beineüberschlagen, Bücken, Aufstehen oder Setzen wurde von penetranten Quietschgeräuschen untermalt. Zur lärmenden Hose trug sie schwarze Lederstiefel und einen schwarzen Ledermantel, über dessen mit Epauletten besetzten Schultern ihr platinblond gefärbtes Haar fiel.

Dass der Regisseur aufgeregt und unsicher war, hatte sie sofort bemerkt, und es entspannte sie sichtlich, da von ihm keine Gefahr ausgehen würde. Ihr Lachen ging jedes Mal in ein bellendes Husten über. Die Stimmung auf der Leseprobe empfand ich vom ersten Augenblick an als gereizt. Ich wurde vorgestellt und freundlich begrüßt, und doch machte die ganze Veranstaltung einen fragwürdigen Eindruck auf mich. Der Enthusiasmus des Regisseurs und die müde bis gelangweilt wirkende Dschungelbuchbesetzung waren kaum zusammenzubringen. »Ich freue mich wahnsinnig auf die nächsten Wochen mit euch. Kommt bitte morgen alle mit gelerntem Text. Musikalische Proben sind von zehn bis elf, und dann fangen wir einfach mal an. Suchen uns einen Weg in den Dschungel.« Ich hatte dem Regisseur bereits am Telefon unmissverständlich klarzumachen versucht, dass ich nicht singen könne. Doch er glaubte mir nicht. Ich sagte: »Aber Baghira, der hat doch gar keine Lieder. Also im Film singt der kein einziges Mal.« »Das werden wir ändern! Ich will, dass der singt.«

Der Korrepetitor war Amerikaner und machte mir Mut: »Mein Freund, kein Problem, das schaffen wir locker. Du hast so eine tolle große Stimme. Die bauen wir aus, du wirst singen ohne Angst. Verspreche ich dir!« Wir übten und übten. Doch dann schlug er den Klavierdeckel zu: »Tut mir leid, ich habe mich getäuscht. Ich kriege nicht hin mit dir. Wir schaffen einfach nicht. Alles klar, mein Freund?« Ich war erleichtert: »Alles klar!«

Die ersten zwei Wochen probten wir sehr ausgelassen, improvisierten viel, doch schon bald fingen die Probleme an. Shir Khan wurde immer unleidlicher, kümmerte sich nicht um die Anweisungen des Regisseurs, und Balu war von einem tiefen, behaglichen Phlegma erfüllt. Sobald er einen Moment lang nicht dran war, setzte er sich auf einen der Pappmaschee-Felsen und döste. Mogli und ich verstanden uns gut und gingen zwischen den Proben etwas essen. Ich war zu dieser Zeit oft ziemlich einsam, las viel. Die Nächte waren nicht einfach. Die Schauspieler bestanden auf strikte Einhaltung der Arbeitszeiten und ließen, wenn man das so sagen kann, um Punkt zweiundzwanzig Uhr die Liane los. So langsam sie sich in ihre Probenkostüme gezwängt hatten, so behänd streiften sie diese nun ab und verschwanden in die meist regnerische Ulmer Nacht. Ich ging oft zu McDonald's, das direkt neben der Probebühne war, und danach in meine unwirtliche Bürobehausung. Ich musste die Rollläden herunterlassen und sollte mich nur in dem der Straße abgewandten Büro aufhalten. Man dürfe kein Licht sehen, hatte mir der Freund des Freundes gesagt, der mir die Wohnung vermittelt und das Geld für zwei Monate im Voraus kassiert hatte. Ich wusch mich in der Emaille-Schüssel. Das gefiel mir gut, und ich kam mir vor wie in einem Western. Da ich kein Handtuch hatte, trocknete ich mich mit Taschentüchern ab. Wenn man es geschickt anstellt, benötigt man tatsächlich nur ein Päckchen Taschentücher, um einen einsneunzig großen patschnassen Mann tippitoppi trocken zu bekommen. Ich schlich nur mit einer Unterhose bekleidet in schummeriger Notbeleuchtung an den Schreibtischen vorbei. Aufstellfotos von Familien, mickrige Topfpflanzen, ein Reisemagnet vom Eiffelturm auf der Lampe, hilflose Versuche der hier arbeitenden Menschen, sich mit dem aseptischen Arbeitsraum anzufreunden. Ich kam mir vor wie ein Einbrecher, und nie verließ mich in all den Nächten die Sorge, ertappt zu werden. Die Klospülung war mit Sicherheit die lauteste, die ich je betätigt hatte. Sie spülte nicht, sie brüllte in die Nacht: Hier versteckt sich einer! Wenn ich Hunger bekam, stahl ich mir aus dem Gemeinschaftskühlschrank einen Joghurt. Wie in einer WG war der Kühlschrank mit Post-it-Zetteln unterteilt, die Angestellten hatten mit ihren Namen ihre Claims abgesteckt. Es machte mir Freude, wie ein böses Heinzelmännchen die Lebensmittel zu vertauschen. Vielleicht würde das allein schon genügen, Zwietracht zu säen und den ganzen Laden in die Luft zu jagen. Morgens beseitigte ich alle meine Spuren, deckte zum Beispiel die Bananenschale im Müllbeutel mit zerknülltem Klopapier zu. Um halb sieben musste ich das Büro verlassen und jedes Mal alle meine Sachen mitnehmen. Mittwochs sogar um sechs Uhr, da eine Putzfrau kam. Das war alles mühsamer als erwartet und hatte einen gewissen Symbolcharakter, der meine Situation treffend beschrieb. Keinerlei Spuren zu hinterlassen, nahm einen Großteil meiner Zeit in Anspruch. Von sieben Uhr, da war es noch stockdunkel, bis zum Probenbeginn um elf lungerte ich mit einer Reisetasche über der Schulter und Schlafsack auf dem Rücken in Ulm herum. Nach zwei Wochen hatte ich bereits eine gewisse Routine entwickelt. Ich ging in eine Bäckerei und frühstückte, lernte dort meinen Text, wärmte mich auf. Dann wanderte ich zur Probebühne, die um spätestens neun Uhr aufgesperrt wurde. Ich schlich mich hinein, rollte meinen Schlafsack auf der Hinterbühne aus, gut verborgen zwischen Kulissenteilen und Bergen von Moltonvorhängen, und schlief noch ein Stündchen. Um zehn begannen die musikalischen Proben, die mich nichts angingen. Das war die schönste Stunde des Tages. Verschlafen ließ ich mich vom entfernten Klavierspiel berieseln, döste vor mich hin und lauschte. Balu sang: »Probier's mal mit Gemütlichkeit, mit Ruhe und Gemütlichkeit, dann wirfst du deine Sorgen über Bord.« Da war ich ganz seiner Meinung und schlief wieder ein. Seltsamerweise weiß ich nicht mehr, ob mir die Arbeit Freude bereitete, aber dass wesentlich mehr geredet und diskutiert wurde als geprobt, daran erinnere ich mich sehr wohl. Insbesondere die Darstellerin der Schlange Kaa verwickelte den Regisseur in endlose Debatten über die Interpretation ihrer Rolle. Sie wollte eine Diva sein, eine fantastische Perücke tragen und im pompösen Abendkleid singend an einem Trapez aus den Baumwipfeln heruntergelassen werden. Doch es gab nicht genug Gurte, da bereits alle für die Affen benötigt wurden. »Mein Gott«, rief sie, »es gibt auch Affen, die nicht klettern, die auf Felsen leben.« »Das sind Paviane, unsere Affen sind Gibbons, die besten Kletterer der Welt. Außerdem gehört der Felsen den Wölfen. Mogli wird in die Baumwipfel entführt. Es gibt keinen Gurt für dich, du musst klettern. Der Baum ist doch extra wie eine Wendeltreppe gebaut. Das ist ein toller Auftritt.« »Das ist ein absolut idiotischer Auftritt.

Hinterm Baum bin ich nicht zu sehen. Soll ich da etwa weitersingen? Ich will ein Trapez! Die Affen kriegen einen roten Arsch und ab auf die Felsen mit ihnen!« Der König der Affen, King Louie, rief: »Ich hab eh Höhenangst!«

Es wurde immer weniger geprobt. Mogli und ich saßen meist abseits, von allen vergessen, und schwiegen. Schwiegen, aber dachten das Gleiche: War das der Beruf, dem wir unser Leben widmen wollten? Diesem Schaulaufen der Befindlichkeiten? Nach vier Wochen waren wir immer noch nicht über die ersten zwanzig Seiten hinausgekommen. Langsam wurde die Zeit knapp. Der Regisseur verteidigte sich: »Wenn wir am Anfang nicht in die Tiefe gehen, werden wir es nie schaffen. Wir müssen rauskommen aus der Konvention. Ihr macht das schon wirklich toll, aber da ist noch so viel mehr drin. Ich will, dass das vielschichtige Charaktere werden und nicht so Abziehbilder.« Alle wurden immer gereizter. Nach einer sich ewig lang dahinquälenden Probe drehte Shir Khan plötzlich durch und schrie den Regisseur an: »Jetzt hör mal auf mit diesem ganzen Scheißgequatsche. Das ist das Kinderstück! Kapierst du das denn nicht? Das ist nicht *Faust* oder *Hedda Gabler,* es ist einfach nur das beschissene Kinderstück. Wir müssen das über vierzig Mal spielen. Augen zu und durch.« Der Regisseur machte sich groß. »Ich finde, die Kinder haben es verdient, dass wir uns Mühe geben. Es werden auch viele Eltern kommen, die möchte ich eben auch mit auf unsere Reise nehmen. Gerade Shir Khan, finde ich …« Shir Khan fauchte dazwischen. »Es muss jetzt mal vorangehen. Wir haben noch zwei Wochen, und Mogli war noch nicht mal bei den Scheißaffen. Das hier ist alles so eine Zeitverschwendung. Sag uns, was wir machen sollen, und dann spielen wir das. Aber geh mir nicht mehr auf den Senkel mit diesem Psychokack.«

Der Regisseur hatte die These aufgestellt, Shir Khan hätte etwas verdrängt, seine Angst vor dem Feuer würde einem

Trauma in der Tigerkindheit entspringen. Immer wieder hatte er den Tigerdarsteller dazu aufgefordert, vielschichtiger zu spielen, das Innenleben seiner Figur komplexer zu gestalten. Obwohl die Stimmung jeden Moment zu kippen drohte, döste der Balu-Darsteller weiter vor sich hin. So eine Ritterrüstung aus Phlegma hätte ich mir auch gerne angelegt. Der Regisseur und Shir Khan steuerten mit immer kürzer werdenden Sätzen auf ein echtes Zerwürfnis zu. Der Anteil der Argumente sank rapide, während der Anteil der unverzeihlichen Kränkungen sprunghaft anstieg. »Deine Alles-ist-hier-scheiße-Haltung killt uns«, krächzte der Regisseur, dessen Zorn sich in seiner Kehle verkeilte. »Ich kill dich gleich, du Arsch!«, übertönte ihn Shir Khan locker. »So ein Stück muss man einfach zusammenbauen. Zack, fertig.« Er trat mit voller Wucht ein Loch in den Felsen, riss sich seine schwarz-gelb gestreifte Anzugjacke herunter und blieb höhnisch lachend in der Tür stehen: »Ich mach mich doch hier nicht zum Affen!« Was ich noch im Nachhinein eine wirklich gelungene Formulierung für einen zornigen Tiger finde. Der Regisseur ließ sich auf seinem Stuhl nieder, hatte vor lauter Nervosität plötzlich zwei Zigaretten in der Hand und quiekte unangenehm schrill: »Lass dich hier nie wieder blicken. Hau ab, ja, hau ab!« Es kehrte Ruhe ein, eine unverwechselbare Ruhe, wie es sie nur nach Brüllereien gibt. Betretene Blicke, Zähne auf Unterlippen und eine Luft, der man anmerkte, dass auch sie lieber woanders gewesen wäre. Der Balu-Darsteller wuchtete sich hoch und setzte sich auf die Tischkante zum Regisseur: »Weißt du, er hat nicht ganz unrecht. Ich finde das ja auch gut, dass du nicht gleich das erstbeste Angebot nimmst, aber irgendwann vergeht einem halt die Lust, wenn alles immer wieder infrage gestellt wird. Wir hängen uns hier alle wirklich voll rein, aber jetzt müssen wir einfach mal durch das Stück durch, okay?« Der Regisseur nickte unwillig, stand auf, seine Stimme klang völlig verrutscht, so als hätte ihm die Erregung die Stimmbänder gekappt: »Wir machen morgen weiter. Ich muss mal raus hier, an die Luft. Bis morgen, ihr Lieben.«

In den nächsten Tagen verdüsterte sich die Stimmung stündlich, und auch andere Darsteller beschwerten sich immer schonungsloser. Shir Khan saß fies grinsend auf einem Stuhl und sah dabei zu, wie seine Attacke andere ermutigt hatte, sich zu beklagen, ihrem Unmut freien Lauf zu lassen. Von Regie konnte keine Rede mehr sein, es war eher ein Katastropheneinsatz, zig Brandherde weiteten sich aus und mussten simultan bekämpft werden. Plötzlich war der Bühnenbildner zornig, weil zu viel Personal auf den Pappmaschee-Felsen herumlungerte und diese nicht für so viel Gewicht konstruiert worden waren. »Es tut mir leid, aber Balu kann nicht auf den Felsen!« »Was willst du damit sagen?« Balu stellte sich viel zu nah vor den Bühnenbildner. »Dass ich fett bin? Bin ich zu fett für deinen Scheißfelsen?« Ich senkte den Kopf und grinste in Richtung Kunstrasen. Ratlos und schwer gekränkt gingen die Dschungelbewohner Abend für Abend auseinander. Mogli und ich waren verstummt. Wir waren beide Anfänger und staunten und litten stumm.

Am nächsten Morgen betrat, zusammen mit dem Regisseur, der sogenannte Oberspielleiter des Ulmer Theaters die Probebühne. Er trug einen maßgeschneiderten Anzug und versprühte vom ersten Moment an wie ein Luftbefeuchter seine problemlösende Aura.

»Wie ich gehört habe, habt ihr euch ein wenig verrannt. Ich freue mich, euch zuzugucken, und vielleicht kann ich ja helfen. Wir haben noch drei Tage auf der Probebühne und dann noch fünf Bühnenproben. Wir sollten also einfach mal vorne anfangen.«

Er setzte sich schräg hinter den Regisseur, und während wir probierten, beugte er sich hin und wieder nach vorne und flüsterte ihm etwas zu. Daraufhin nickte der Regisseur und gab uns Anweisungen, als wären es seine eigenen. Alle Schauspieler waren wundersam verändert, waren aufmerksam und folgsam. Der Shir-Khan-Darsteller war gezähmt zurückgekehrt und lächelte gefährlich. In den folgenden Tagen wurde ich Zeuge einer gnadenlosen Machtübernahme. Der Oberspielleiter rückte näher und näher an den Regisseur heran, tuschelte immer öfter in sein Ohr hinein, bis er es nicht mehr aushielt und zu ihm sagte: »Ist das in Ordnung, wenn ich kurz mal selber …?« Der Regisseur sah ihn verdutzt an, und der Oberspielleiter sprach von nun an direkt mit uns. Aber jedes Mal, wenn er uns einen Vorschlag machte, wandte er sich nach Zustimmung heischend um und holte sich durch ein mattes Nicken des Regisseurs dessen Einverständnis. Es dauerte nur einen weiteren Vormittag, und er hatte den zusammengesunkenen, kettenrauchenden Mann mit den dunklen Augenringen hinter sich vollkommen vergessen.

Immerhin kamen und gingen sie noch gemeinsam. Doch auch das war nur ein Übergang. Erst kam der abgesetzte Regisseur fünf Minuten später, dann eine halbe Stunde, dann machte er einen betrunkenen Eindruck auf mich, kicherte im Dunkeln, und schließlich verkündete der Oberspielleiter: »Ich muss euch leider sagen, dass Volker mich gestern Abend angerufen und die Regie niedergelegt hat. Er kommt nicht mehr. Ich bedauere das sehr. Leider haben wir nicht die Zeit, lange darüber nachzudenken. In vier Tagen ist die Premiere. Morgen beginnen die Endproben.« Shir Khan gähnte zufrieden, streckte eine seiner Fingerkuppen, auf denen er aufgesteckte lange Krallen trug, in die Höhe und krümmte sie. Die provinzprostituierte Schlangendarstellerin schlug ihre mit Blättern verzierten dschungelbestrapsten Beine übereinander, klatschte beglückt die Schlangenleder-Handschuhe zusammen und rief: »Na, Gott sei Dank ist der weg! Jetzt haben wir noch eine Chance.«

Wir kamen gut voran, und es war mir nicht ganz klar, ob es daran lag, dass der Oberspielleiter mehr Erfahrung hatte, oder daran, dass plötzlich alle Schauspieler voller Elan ihr Bestes gaben. Doch dann ereilte uns ein herber Rückschlag. Warner Brothers zogen die Rechte für die Lieder zurück. Zwei Tage vor der Premiere war das eine Katastrophe. Der Korrepetitor wollte sich nicht geschlagen geben und dachte sich einen absonderlichen Trick aus. Es war erlaubt, eine bestimmte Anzahl der Originaltakte zu verwenden, ohne dass Warner Brothers etwas dagegen tun konnte. Er komponierte lauter fremde Melodiesplitter in die weltberühmten Lieder hinein. Es klang grauenhaft. Alle drei Sekunden entglitt etwas zutiefst Vertrautes, etwas, das nicht anders sein konnte, und bog in absurde, angejazzte Umleitungen ab. Balu und Mogli sangen die ersten Takte des Liedes: »Probier's mal mit Gemütlichkeit, mit Ruhe und Gemütlichkeit …«, und ansatzlos verließ die Melodie den vertrauten Pfad und schlug sich verzerrt balladenartig ins Unterholz. In den Aufführungen sollte das zu einer totalen Verwirrung der Kinder führen, da diese versuchten, mitzusingen und mitzuklatschen, doch jedes Mal, wenn sie das Lied erfreut erkannten, etwas anderes kam und sie ins Leere sangen, gegen den Rhythmus klatschten. Endlich bekamen wir unsere Originalkostüme, und ich war begeistert. Noch nie hatte ich einen eigens für mich gefertigten Maßanzug getragen. Meine Locken wurden mit einem Haargel gebändigt und schwarz besprüht, die Augen mit schwarzem Kajal betont. Mit Genuss streifte ich die Samthandschuhe über. Mein Dandystock hatte einen silbernen Pantherknauf. Ich posierte in meiner Garderobe vor dem Spiegel und gefiel mir ausgesprochen gut. Mogli sah bezaubernd aus mit ihrer pechschwarzen Perücke, und ich hatte mich tatsächlich ein wenig in die Darstellerin verliebt. Während einer Flucht vor Shir Khan nahm ich sie auf den Rücken und kletterte geschmeidig auf den Felsen. Sie hielt sich gut fest an mir, das gefiel mir, presste ihren Kopf zwischen meine Schulterblätter.

Bei der Premiere, die morgens um elf vor achthundert Kindern stattfand, die in dem Moment, da es im Zuschauerraum dunkel wurde, nicht etwa leiser wurden, sondern völlig aus dem Häuschen gerieten, kam es zu einem auch für mich erschütternden Vorfall, der die Mogli-Darstellerin für Minuten außer Gefecht setzte. Eigentlich hatten wir uns tapfer durch die anfängliche Unruhephase gespielt. Es war viel über die Affen gelacht worden, die Kinder liebten Balu, und es gelang uns, die Kindermasse zu bändigen. Mir wurde erst jetzt klar, dass Baghira ein Langweiler war, eine Art Aufpasser, in dem die jungen Zuschauer niemand anderen sehen konnten als ihre Eltern oder Lehrer. Immer wenn ich die Bühne betrat, gab es ein genervtes Anschwellen des Getuschel-Pegels. Dabei fühlte ich mich gut. Mein schwarzer maßgeschneiderter Samtanzug schmiegte sich an mich, und den Stock mit silbernem Knauf konnte ich geschickt zwischen den Fingern kreisen lassen. Ich kletterte auf die Felsen, streckte mich, leckte mir katzenhaft die Tatzen und beobachtete Mogli, wie er mit den Wölfen herumtollte. Die Schlange Kaa hatte ihr Trapez bekommen und schwebte singend aus den Wipfeln hinab. Der Übergriff der Affen, die Entführung Moglis, war ein echtes Spektakel. Ein Gibbon packte Mogli am Arm, unbemerkt von den Zuschauern wurde eine Schlinge über seine Hand geworfen, mit einem Karabiner in Moglis unter dem Wildlederhemdchen verborgenen Sicherheitsgurt eingeklinkt, und er flog nach oben. Leider rutschte bei der Premiere das Hemdchen mit in die Höhe, was bei keiner einzigen Probe passiert war, und entblößte Moglis BH. Da rief von sehr weit hinten ein eindeutig vom Stimmbruch gebeutelter Junge: »Mogli hat Titten!« Nach einem kurzen Moment, in dem dieser dreiste Ausruf alle Geräusche weggesogen zu haben schien, brach infernalisches Gelächter los. Der Gurt hatte sich verwickelt. Mogli musste wieder heruntergelassen werden, der Flugtrick geriet zur Farce. Die Darstellerin klinkte sich aus, bekam einen knallroten Kopf, verschränkte ertappt die Arme vor der Brust, drehte sich mit dem Rücken zum grölenden Zuschauerraum und brach in Tränen aus. Ich glitt vom Felsen, hakte mich bei ihr ein und führte sie von der Bühne. Mit aller Kraft versuchte sie die Tränen zu unterdrücken, ihr Gesicht in meiner Halsbeuge, die Arme hingen schlaff herunter. Sie roch gut. Nach Wildleder und Seife. Der Oberspielleiter kam im schummrigen Halbdämmer der Seitenbühne auf uns zugeschossen. »Was ist los? Was steht ihr hier rum? Raus mit euch.« Er packte uns bei den Oberarmen, zerrte uns zum Auftritt und schubste uns zurück ins Licht. Im Zuschauerraum wurde gepfiffen, und ich hörte Lehrer Ermahnungen über die Reihen rufen. Unter Tränen kämpfte sich die Mogli-Darstellerin zurück in den Text, und es dauerte bis zum nächsten Shir-Khan-Auftritt, bis wieder Ruhe einkehrte. Der Schauspieler, der den Tiger spielte, war großartig. Voller Neid musste ich registrieren, dass er bei den Kindern genau die Autorität genoss, nach der ich mich sehnte. Doch die absonderlichen Musik-Arrangements unterbrachen immer wieder den Spielrhythmus. Es holperte und stockte gewaltig. Nach der Pause war der Zuschauerraum erfüllt vom Geraschel der Schokoriegelpapierchen. Auch das war ein sich wiederholendes Muster aller Kinderstücke, in denen ich mitmachen musste. Obwohl die Stücke nicht allzu lang waren, gab es eine Pause, damit die jeweiligen Inhaber der Bewirtung sich eine goldene Nase verdienen konnten. In Dortmund ging das Gerücht um, dass der Besitzer der Foyergastronomie sich jedes Jahr direkt nach der Weihnachtsmärchensaison ein neues Auto leisten würde. Hinter der Bühne feuerte uns der Oberspielleiter an, ballte theatral die Fäuste, brüllte »GO, GO, GO!« und schickte uns in den zweiten Teil hinaus wie in ein Amphitheater, in dem die Meute lauert. Irgendwie bahnten wir uns den Weg durch den Dschungel, und schlussendlich lieferten Balu und ich Mogli im Menschendorf ab. Es war geschafft. Doch einen schmerzlichen Moment gab es noch zu bestaunen, der die ganze Brutalität des Theaters offenbarte: Nicht der Oberspielleiter verbeugte sich vor den schon durch die Reihen dem Ausgang zustrebenden Kindern, nein, es war der abgesägte Regisseur, der plötzlich mit uns allen in der Applausreihe stand. Er sah aus, als hätte er die letzten vier Wochen weder geduscht noch gegessen, er sah aus, als hätte er seit seinem Rausschmiss durchgesoffen, er sah aus, als hätte er *Apocalypse Now* inszeniert und nicht *Das Dschungelbuch* in Ulm. Mit versteinertem Gesicht würdigte er uns Schauspieler keines Blickes. Als wir uns gegenseitig hinter der Bühne beglückwünschten, war er bereits wieder verschwunden.

Der Intendant gratulierte uns zu unserer grandiosen Leistung, in so kurzer Zeit eine so wunderbare und stimmige Aufführung erschaffen zu haben. An die Premierenfeier erinnere ich mich kaum. Ich war erschöpft, trank viel zu schnell viel zu viel und knutschte irgendwann mit Mogli.

Am Morgen kam es dann zum unvermeidlichen Zwischenfall in meinen Bürogemächern. Obwohl es Samstag war und ich ausschlafen konnte, weckte mich ein markerschütternder Schrei. Vor meiner Bürocouch stand eine Frau im Neonlicht, und noch ehe ich zu mir kam, rannte sie aus dem Zimmerchen und schloss es von außen mit zwei ungestümen Schlüsselumdrehungen ab. Ich rief: »Hallo? Hallo? Entschuldigen Sie bitte. Ich schlafe hier bloß hin und wieder. Ich bin ein

Freund von Maximilian.« Ich lauschte in die fensterlose Stille hinein. Etwas raschelte vor meiner Tür, und es roch ein wenig nach Zigarettenrauch. Es dauerte nicht allzu lange, da rief jemand mit dröhnender Stimme: »Hier spricht die Polizei. Öffnen Sie die Tür und kommen Sie langsam mit erhobenen Händen heraus.« Ich war verkatert, todmüde und konnte kaum glauben, was sich ereignete. Ich rief: »Ich darf hier sein! Ich habe bezahlt! Ich kenne Maximilian.« »Das klären wir alles gleich. Die Tür ist jetzt offen.« Ich stand auf, ich war jung, ich war nackt, und es war Morgen. »Einen Moment, bitte«, rief ich. »Ich brauch noch kurz. Ich bin gleich so weit.« Aber da meldeten sich meine Renitenz und auch der Zorn darüber, seit Wochen wie ein Geist in diesem Loch gelebt zu haben. Ich ging zur Tür, so wie ich war, stieß sie auf und verschränkte die Hände hinter dem Kopf. Eine Polizistin und ein Polizist nahmen mich in Empfang. Es wäre übertrieben zu behaupten, sie hätten ihre Waffen gezogen, aber sie hatten die Hände am Knauf. Zwei Augenpaare sahen an mir herab und wieder hinauf, und sehr gelassen, ja sogar mit einem einseitigen Mundwinkellächeln, sagte die Polizistin: »Junger Mann, ich glaube, es ist für uns alle besser, wenn Sie sich erst mal anziehen.«

Ich musste meine Sachen zusammenpacken und mit auf die Polizeiwache fahren, meine Personalien wurden aufgenommen und mehrmals erfolglos versucht, besagten Maximilian anzurufen. Mein Büroschlüssel wurde konfisziert, und dann wurde meine Mutter angerufen, die bestätigte, dass ich ein lieber Junge war, der zurzeit Baghira am Ulmer Theater spielte. Ich durfte gehen, und tatsächlich hatte ich es schon eilig, da bereits um elf Uhr die zweite Vorstellung beginnen würde. Mein Wohnungsproblem löste sich noch am selben Tag meiner Verhaftung wegen Hausfriedensbruchs auf märchenhafte Weise. Auf einem Spaziergang nach der Vorstellung ging ich gemeinsam mit Mogli an einem Flüsschen entlang, das zu meiner großen Freude die Blau hieß, und erzählte ihr von meinem Rausschmiss. »Du kannst gerne bei mir wohnen, wenn du willst.« »Echt?« »Na klar.« Das habe ich dann gemacht, und es war unendlich viel besser als vereinsamt im Büro, und sogar ein paar Spuren durfte ich in meiner neuen Behausung hinterlassen.

In den folgenden Wochen spielte ich zweimal täglich das *Dschungelbuch*. Insgesamt achtundvierzigmal. Am Vormittag um elf und nachmittags um vier.

Es war mir verboten, mich zwischen den Aufführungen abzuschminken, da es an Maskenbildnern fehlte, und so lag ich im Kostüm, mit angeklebten Ohren, geschwärzten und gegelten Haaren in meiner trostlosen Garderobe herum. Selten wird sich ein edles Raubtier dermaßen gelangweilt haben wie ich in Ulm. Sein Blick ist vom Vorübergehen der Stäbe so müd geworden und so weiter passte prima. Nach den Vorstellungen durften die Kinder uns in den Garderoben besuchen. Sie liebten Balu, brachten ihm Geschenke, Bananen und Ananas. Auch in Moglis Garderobe herrschte reger Andrang, selbst auf Shir Khan wollten die Kinder, allerdings nur vom Gang aus, unbedingt einen Blick werfen. Bei mir blieb es eher still. Einmal besuchte mich ein Junge, um ein Bild von mir zu malen. Er war sieben und hatte den Panther im Kunstunterricht gezogen. Eine Stunde saß ich ihm Modell und wunderte mich, dass er ausschließlich mit grünen Stiften zeichnete und wild schraffierte. Als er mir das Bild hinhielt, sah ich nur Dschungel und keinen Panther weit und breit. »Wo ist denn Baghira? Wo bin ich denn?«, fragte ich. Mit der Spitze seines Stiftes deutete er auf zwei winzige schwarze Augen im Blätterwerk. »Da«, sagte er voller Stolz, »gut versteckt.«

Nach einer der letzten Vorstellungen hatte die Kantine geschlossen, und ich lag apathisch und hungrig auf meiner Pritsche herum. Es klopfte, zu Besuch kam der Tiger. »Hast du auch so irrsinnigen Hunger?« Ich streckte mich im fahlen Garderobenlicht. Vor dem Fenster dämmerte es bereits. »Und wie!« »Na, dann komm.« Ich dachte, er spräche eine Einladung in seine Garderobe aus. Vielleicht hatte er irgendein Tier gejagt, es für ein gemeinsames Festmahl der Großkatzen gerissen. Ich folgte ihm. Doch wir verließen das Theater und spazierten in Kostüm und Maske die Straße entlang. Er brachte mich zu McDonald's. Wir stellten uns an und bestellten. Da saßen wir also, der Dandy des Dschungels und der schreckliche Shir Khan, und aßen Chicken Nuggets und Pommes in Ulm.

Mutter holt unsere Toten aufs Land

Meine Mutter behauptete, unzählige Male mit mir über den Umzug unserer Toten aufs Land gesprochen zu haben. Mich allerdings traf ihre Ankunft völlig unvorbereitet. »Heute Vormittag müssen wir zum Friedhof rübergehen. Da kommen die Grabsteine«, kündigte sie, Heringssalat auf ihrem Schwarzbrot verstreichend, beim Frühstück an. »Welche Grabsteine, Mama?«, fragte ich ahnungslos. »Na die deines Vaters und deines Bruders. Heute kommen sie endlich zu uns aufs Land.« »Würdest du mir bitte erklären, wovon du sprichst?« »Wir haben das doch alles genau besprochen. Mehrmals. Bitte erinnere dich.« Obwohl ich immer bereit war, an meiner Erinnerungsfähigkeit zu zweifeln, war ich in diesem Fall restlos überzeugt, dass sie es war, die sich irrte. Niemals würde ich ein Gespräch über eine so schwerwiegende Veränderung vergessen. Meine Mutter sah meinen fassungslosen Blick und ärgerte sich ganz offensichtlich über mich. »Mama, bitte erkläre mir, was heute passieren wird. Hast du die Gräber in Schleswig aufgelöst? Ich weiß davon nichts!« Es war schon öfter geschehen, dass meine Mutter große Entscheidungen getroffen hatte und später überrascht war, da sich niemand an Absprachen zu erinnern vermochte. Es war nicht zu entschlüsseln, ob es knallhartes Kalkül war, um jeden Widerspruch im Keim zu ersticken, oder doch Vergesslichkeit. Meine Mutter klärte mich auf, und ihr Tonfall ließ mich weiterhin spüren, dass sie es mühsam fand, mit mir erneut darüber reden zu müssen. »Die Grabstelle in Schleswig läuft aus, und wir haben beschlossen, sie aufzulösen und hier auf dem Friedhof eine Grabstelle für uns alle zu kaufen.« »Für uns alle?« »Ja. So, dass wir da irgendwann gemeinsam liegen. Du und dein Bruder. Und ich als Nächstes natürlich. Wir haben eine wunderschöne Grabstelle direkt an der Hecke zum Feld. Man kann vom Grab aus den Giebel unseres Hauses sehen. Ich hab dir doch die Fotos geschickt.« Ich hatte aufgehört zu essen, und mein angebissenes Brot auf dem Teller abgelegt. »Ich weiß davon nichts, Mama. Vielleicht hast du es meinem Bruder erzählt. Aber mir ganz bestimmt nicht.« »Bitte erinnere dich. Alles ist besprochen.« »Und wie wird das gemacht?« »Der sehr nette Mann von der Friedhofsverwaltung hat mir alles ganz genau erklärt. Wir machen das ohne Knochen. Also keine Umbettung, sondern nur das Kreuz und die beiden Grabplatten ziehen um. Und drum herum jede Menge Platz für uns.« »Ohne Knochen? Was soll das bedeuten, Mama?« Es kam mir mehr und mehr befremdlich vor, beim Frühstück über die Gebeine meines Vaters und Bruders zu sprechen. »Es wird niemand exhumiert. Der Friedhofsverwalter hat mir sogar versprochen, dass die alte Grabstelle nicht mehr neu vergeben wird.« »Könnten da denn noch Knochen gefunden werden?« »Eher unwahrscheinlich, aber es kommt natürlich auf den Boden an.« Sie sah mich liebevoll an. »Ach, mein lieber Sohn, jetzt schau doch nicht so entgeistert. Es ist doch alles schon x-mal besprochen. Ich finde es gut, dass wir uns jetzt so entschieden haben.« »Wie lange ist es her, dass Papa gestorben ist?« Wir rechneten und kamen auf exakt dreißig Jahre. Mein Bruder war bereits vor sechsunddreißig Jahren tödlich verunglückt. Meine Mutter aß beherzt ihr Heringssalatbrot, zerteilte es schwungvoll mit Messer und Gabel, aber ich sah in ihren Augen, dass die Robustheit, mit der sie das Gespräch begonnen hatte, zu bröckeln begann. »Heute werden die Grabsteine gesetzt. Um zwölf Uhr sollen wir am Grab sein. Meinen Vater habe ich auch hergeholt. Den ganzen Weg aus Bayern. Fehlen eigentlich nur noch die Großeltern aus München. Dann wären wir wieder komplett. Wunderschön ist das Eisenkreuz meines Vaters geworden. Ich hab das selbst aufgearbeitet und mit Blattgold belegt. Der Mann von der Friedhofsverwaltung hat mir eine Broschüre gegeben.« »Glaubst du nicht, dass das seltsam wird, wenn da nur die Grabsteine stehen und die beiden da gar nicht mehr anwesend sind?« »Ich hoffe, es wird gut werden. Und der Friedhof in Schleswig mit diesen zerfransten Tannen war ja eigentlich grauenhaft.« Ich schwieg und befürchtete, dass das Grab von Vater und Bruder nun eher eine Gedenkstätte sein würde als der Ort, an dem ich während der Beerdigungen und unzählige Male danach um sie geweint hatte. Sie reichte mir ein Heftchen über den Tisch. Ich las mir die Bestimmungen einer Umbettung und erneuten Grablegung durch. Der Tonfall, in dem die Verordnung verfasst war, hatte zig unfreiwillig komische Stellen, bei denen sich offensichtlich jemand darin versucht hatte, bürokratische Regeln pietätvoll klingen zu lassen. Ausführlich wurde der Unterschied zwischen einem Graberwerb und einem Grabkauf erläutert:

> *So ist es nach dem Tod wie im Leben, manche wohnen weiter zur Miete, und andere bewohnen ihr Eigenheim. Natürlich garantieren wir auch unseren verstorbenen »Mietern« eine friedvolle Totenruhe, aber wer der Zukunft gelassen entgegengehen möchte, sollte sich für den Ankauf einer Grabstelle entscheiden.*

Die Verweildauer im Grab wurde stets als *Liegezeit* bezeichnet, was für mich eher nach Strandkorbverleih klang denn nach Totenruhe.

Dann stieß ich auf eine Passage, die mich so sehr beeindruckte, dass ich sie meiner Mutter vorlas. »Hör dir das mal an, Mama:

> *Bei jeder Exhumierung hat ein Amtsarzt anwesend zu sein. Leichenausgrabungen sind ausschließlich in den frühen Morgenstunden durchzuführen. Aufgefundene Leichenreste sind für die Leichenüberführung unverzüglich in Leichenkisten oder einen Sarg zu legen, der sofort zu verschließen ist.*

Ich glaube, du hast vollkommen recht, dass wir sie dort lassen, wo sie jetzt sind. Das ist ja sonst ein irrer Aufwand, und wahrscheinlich ist da eh nur noch Erde.«

Gegen Mittag machten wir uns auf den Weg zum Friedhof. Man braucht nicht viel länger als zehn Minuten. Streckenweise haben sich die den Wiesenweg flankierenden Knicks zu einem grünen Tunnel geschlossen, doch gibt es auch immer wieder freie Sicht über die sanft, ja englisch anmutende Landschaft. Als wir angekommen waren, setzten wir uns auf eine Bank und warteten. Ich hatte mir einen Leichenwagen vorgestellt, aus dem heraus die Marmorplatten von schwarz gewandeten Totengräbern zum Grab getragen werden würden. Doch die beiden lang Verstorbenen kamen in der Schubkarre um die Ecke. Ein Mann schob die übereinandergestapelten Gedenktafeln und das Kreuz samt Schaufel und Zementsack heran. Die nächsten zwei Stunden waren erfüllt von handwerklichem Pragmatismus. Meine Mutter gab Kommandos, wie und wo genau die Platten zu positionieren seien. Immer wieder gingen wir um das Grab herum und diskutierten über Abstände und Winkel. Das Marmorkreuz wurde im bereits gegossenen Fundament verankert. Auf dem

Feld hinter der Friedhofshecke kam rundenweise ein riesiger, motordonnernder Traktor samt Pflug näher und näher. Hunderte Möwen stießen im Sturzflug in die Ackerfurchen hinab. Wir verabschiedeten den Arbeiter, und meine Mutter gab ihm ein immens hohes Trinkgeld. Sie kniete sich hin, fegte mit der Hand Erdkrumen von den Marmorplatten und harkte mit gespreizten Fingern den Boden glatt. Und dann standen wir da: Mutter und Sohn vor dem Grab im ohrenbetäubenden Getöse des Traktors und um uns herum schossen kreischende Möwen durch die Luft. Meine Mutter brüllte: »Das ist ja ein schönes Willkommenskonzert.« Ich nickte und wir beide lachten. Es gefiel uns gut, wie unmöglich es war, in diesem Motoren- und Vogellärm so etwas wie Andacht zu behaupten.

Als ich später am Abend erneut zum Friedhof ging, war es vollkommen still geworden. Ich stieß das eiserne Friedhofstor auf und näherte mich bange dem neuen Vater-und-Bruder-Platz. Würden die beiden in der neuen Grabstätte anwesend sein? Ich setzte mich vor die vertrauten Namenszüge ins Gras und begann, zu meiner eigenen Überraschung, zu weinen. Wie gut, dachte ich, dass ihr jetzt hier seid, an der frischen Luft auf dem Land. Hier werdet ihr viel öfter Besuch bekommen. Die Zeit schwang auf, und ich sah mich, genauso, wie ich jetzt dasaß, um meine Mutter weinen. Und auch, wie meine Kinder dort sitzen und um mich weinen würden. Ich weinte und war glücklich zu weinen, da ich nun wusste, dass meine Trauer den Umzug der beiden Toten unbeschadet überstanden hatte.

Was ihr wollt, will ich noch lange nicht

Ich spielte Bleichenwang in Bielefeld. Er ist vielleicht die lustigste Figur, die Shakespeare je geschrieben hat. Ein völlig weltfremder, aber feingeistiger Dummkopf, ein großer Liebender und Angsthase. Ich hatte für mich als Kostüm einen gestrickten Ganzkörperanzug durchgesetzt und tanzte viel Ballett und krümmte mich vor Liebe und Angst. In dieser Aufführung spielten lauter Kolleginnen und Kollegen mit, die Tiernamen als Nachnamen hatten. Während ich in meiner Garderobe auf meinen Auftritt wartete, kam jedes Mal der Durchruf: Frau Fuchs, Frau Maus, Frau Wolf und Herr Vogel bitte zur Bühne. Es klang eher nach einem Arche-Noah-Projekt als nach *Was ihr wollt*. Ich war ganz lustig, aber es ist auch fast unmöglich, als Bleichenwang zu scheitern. Wenn man genau macht, was Shakespeare geschrieben hat, kann nicht viel schiefgehen. Für die große Szene, in der sich Tobias von Rülps, Bleichenwang und die Zofe Maria an Malvolio, dem puritanischen Haushofmeister und Spaßverderber, rächen, war der Regisseur auf die Idee gekommen, uns in Kürbisse zu stecken. Das Stück heißt im frühneuenglischen Original *Twelfth Night,* und man vermutet, dass es mit einer Art Erntedankfest zu tun hat, einer Nacht, in der alles aus den Fugen gerät. Ich habe diese zwanzig Minuten, in welchen ich im Kürbis steckte, während Malvolio an der Rampe einen Lacher nach dem anderen einkassierte, immer gehasst. Es roch abscheulich in den Pappmaschee-Kürbissen, und die Luft wurde schnell knapp. Schon nach wenigen Vorstellungen hatte der ältere Kollege, der den von Rülps spielte, durchgesetzt, keinen Kürbis mehr tragen zu müssen, und die Zofe Maria, auch Lachmarie genannt, hatte Platzangst bekommen. Die Augen und der Mund ihres Kürbisses mussten derart weit ausgeschnitten werden, dass ihr Gesicht fast vollständig zum Vorschein kam. Wir waren ein absolut mies verstecktes Trio, aber – und das spricht für Shakespeare – die Szene war im Grunde unzerstörbar. Selbst wenn wir uns gar nicht versteckt hätten, hätte es dennoch funktioniert, da Malvolio so in Liebe entbrannt ist, dass er die Welt um sich vergisst.

Der Malvolio-Darsteller war gut, Mitte fünfzig und einer der Stars des Bielefelder Ensembles. Ich war Mitte zwanzig und versuchte, all meine Unsicherheit auf der Bühne durch forcierte Begeisterung zu kompensieren. Hin und wieder gab mir der Malvolio-Spieler Tipps und besuchte mich in meiner Garderobe. Er wusste viel über Shakespeare, und wir freundeten uns ein wenig an. Er lud mich zu sich nach Hause ein, ich freute mich über die Offerte, da ich oft einsam war in Bielefeld, auch wenn mich seine Bitte »Zieh dir doch, wenn du magst, etwas Schönes an, ich mag es gerne festlich!« ein wenig verwunderte. Ich kaufte mir ein kariertes Hemd, war kurz davor, mir auch ein paar neue Schuhe zu leisten, fand es dann aber doch übertrieben, mich für den Besuch komplett neu auszustaffieren. Als ich ein paar Tage später, in einer mir bis dahin unbekannten Gegend von Bielefeld, vor seiner Haustür stand, öffnete mir der Malvolio-Darsteller im Anzug, mit Einstecktuch und über die Türschwelle duftend. Es war eigenartig, aber er sah mir überaus ähnlich. Ein in die Jahre gekommener Doppelgänger. Groß gewachsen, hager, kahlgeschoren, mit markanter Brille – genau wie ich! Auch schlug mir beim

Öffnen der Haustür köstlicher Bratenduft entgegen. Er umarmte mich und führte mich ins Wohnzimmer. Eine absurd große, glänzend schwarze Ledercouchgarnitur stand auf einem schwarzflauschigen Riesenteppich. Die gesamte Einrichtung war dunkel, und an den Wänden hingen vier riesige Schwarz-Weiß-Fotografien von Blüten. Wir tranken einen Whisky, was mir ausgezeichnet gefiel, da es mich an meine Großeltern und meine Mutter erinnerte. Der Kollege saß sehr lässig und tief eingesunken auf seiner schwarzen Couch und ließ die Eiswürfel im Glas kreisen. Sobald sich der Pegel neigte, füllte er mir Whisky nach. Wir redeten über das Theater, und es war amüsant, da er mir viel über andere Schauspieler zu erzählen hatte. Er war seit über zwanzig Jahren am Bielefelder Theater, hängen geblieben, wie er es nannte. Als wir zum Esstisch gingen, spürte ich bereits den Alkohol. Er zog mir den Stuhl zurück und bat mich, Platz zu nehmen. Der Tisch war wunderschön gedeckt, mit Blumen geschmückt, und doch lag über allem eine mich irritierende Biederkeit. Schwarze, eckige Teller, seltsam ambitioniert designte Messer und Gabeln. Es gab eine Suppe, er kostete den Rotwein, servierte die Lammkoteletts. Er nahm sich wenig und häufte mir den Teller voll. Ich aß voller Appetit und trank dazu den schweren Wein. Zerkaute beherzt das Fleisch und nagte geräuschvoll die Reste von den Knochen. Er lachte und sah mir begeistert dabei zu, wie ich sein Mahl verzehrte und mich gegen Nachschlag nicht zur Wehr setzte. Doch in seiner Begeisterung schien er von etwas überschattet zu sein, denn mehrmals wurde er merkwürdig still. Zur Nachspeise gab es eine von ihm gebackene, mit Puderzucker bestäubte Apfeltorte und Vanilleeis. Er sprach darüber, wie er mich auf der Bühne wahrnahm, und dass er den Eindruck habe, dass ich ängstlich sei. Ich versuchte, ihn vom Thema wegzulenken, da es für mich schmerzlich war, dass ich diese Unsicherheit einfach nicht loszuwerden schien. Er sagte zu mir: »Du kannst auf dich vertrauen«, und: »Erst wenn du selbstbewusst bist, kannst du dich ganz deinen Rollen hingeben.« Ich hatte bereits zu viel gegessen, zu viel getrunken, und seine Stimme machte seltsame Schwünge, die mich aus der Kurve trugen. Ich fragte nach dem Weg zur Toilette, schloss mich ein, setzte mich auf die schwarze Klobrille und sah mich um. Schwarzes Mosaik, riesiger Spiegel, schwarzer Klovorleger. Eine schwarze Seife. Ich erfrischte mich mit kaltem Wasser, ließ es mir so lange über die Unterarme rinnen, bis sich mein Schwindel legte. Als ich zurück ins Wohnzimmer kam, lief Musik, eine Sopranistin modulierte gefühlvoll eine Opernarie, während das Orchester auf und nieder wogte. Die Stereoanlage war eindrucksvoll, die Boxen futuristisch und riesig. Der Sound kam aus allen Richtungen, und fast hätte ich mich nach den Geigern umgedreht. Der Kollege hatte sich wieder aufs Sofa gesetzt, die Krawatte abgelegt und den obersten Hemdknopf geöffnet. Auf dem Tisch stand eine andere Flasche Whisky und Schokolade, die er in Stücke gebrochen hatte. Er schlug mit der flachen Hand auf das Ledersofa und sagte: »Dunkle Schokolade und Whisky, das ist mein Untergang. Probiere mal, wie gut das zusammenpasst. Erst die Schokolade.« Er nahm ein Stück vom Teller, und für einen Moment sah es so aus, als wolle er mich damit füttern, es mir in den Mund schieben. Ich nahm das Stück aus seinen Fingern, zerkaute es und trank den sehr rauchigen Whisky hinterher. Er hatte recht, es funktionierte fantastisch zusammen. Wir plauderten über dies und jenes, es war ein zwangloses Gespräch, und ich erinnere mich nicht mehr genau an den Moment, in dem ein Name auftauchte, den er mehrmals wiederholte, ein Männername, Marlon. Er erzählte mir von Reisen mit Marlon, von ihren Sommern auf Korsika und schließlich davon, dass sie über fünfzehn Jahre ein Paar gewesen waren. Ich hörte freudig, satt und angetrunken zu. Er holte ein Fotoalbum und zeigte mir Bilder, setzte sich neben mich. Marlon war jünger gewesen als er, kein schöner Mann, wie ich fand. Ebenfalls hager und mit dunklen Augen. »Da war Marlon schon krank«, sagte er, und ich schämte mich augenblicklich, dass ich sein Aussehen vorschnell bewertet hatte. Und dann erzählte er mir ausführlich, wie qualvoll Marlon gestorben war. Er deutete auf eine Tür in seinem Rücken: »Dort, in diesem Zimmer, hab ich ihn in den Armen gehalten, bis es vorbei war. Zu Hause, das war sein großer Wunsch gewesen. Zu Hause zu sterben. Bei mir.« »Wie lange ist das jetzt her?«, fragte ich vorsichtig. »Drei Jahre. Seitdem habe ich hier keinen Besuch mehr gehabt.« Er hob sein Glas, um mit mir anzustoßen, geradezu feierlich, mir von sehr Nahem direkt in die Augen sehend, verkündete er: »Willkommen zurück unter den Menschen.« Ich war zu diesem Zeitpunkt heftig betrunken, er hingegen schien mir erstaunlich nüchtern und in guter Stimmung zu sein. Er konnte verschiedene Dialekte, und es war amüsant, wie er gemeinsame Bekannte aus dem Theater parodierte. Seine Spezialität aber war Heinz Erhardt, und ich musste immer wieder laut lachen. Bei meiner zweiten Auszeit auf dem Klo beschloss ich, dass es Zeit war, zu gehen. Ich pinkelte, zog die Spülung, und schwarzes Wasser ergoss sich in die Schüssel. Hatte ich bereits Halluzinationen, oder war das ein Klostein für Satanisten? Mir wurde es langsam, aber sicher zu viel in dieser Wohnung. »Ich muss jetzt mal los«, sagte ich entschieden, sobald ich zurück in das Wohnzimmer kam. Ein besorgter Blick huschte über sein Gesicht: »Warte, bitte, warte noch einen Moment. Ich möchte dir etwas zeigen.« Er ging auf die Tür zu, hinter der sein Freund verstorben war, und öffnete sie, ein großes Schlafzimmer, schwarze geschlossene Jalousien, schwarze Satinbettwäsche und mehrere brennende Kerzen aus schwarzem Wachs, die er, während ich auf dem Klo gewesen war, angezündet haben musste. Benommen stand ich im Türrahmen und hörte ihn sprechen. »Schau, auf der Seite des Bettes hängt mein Marlon, und schau, auf der anderen Seite, da hängst du.« Ich begriff nicht gleich, was ich sah. Eines der Fotos von mir kannte ich aus dem Spielzeitheft, wo es aber kleiner war, und dann hingen da noch mehrere vergrößerte Bilder, die mich in verschiedenen Rollen zeigten. Auch, wie ich im hautengen Strickanzug Ballett tanzte. »Oh«, machte ich. »Ja«, flüsterte er zärtlich, »da hängst du.« Mich umgab eine eigenartige Ruhe der Ausweglosigkeit. Wir standen beide da, standen seltsam ratlos herum und sahen auf das Bett. Ich wusste weder, was ich sagen noch denken sollte. Die Kerzen und die Fotos des verstorbenen Freundes, das feierlich illuminierte Zimmer, der Alkohol und die Schwärze der Bettwäsche machten mich beklommen. »Ich gehe jetzt mal.« »Warum denn? Warte.« »Ich möchte jetzt wirklich gehen. Es tut mir leid.« Er drehte mich zu sich und legte mir seine sehr weiche Hand auf die Wange. »Du gefällst mir so gut«, flüsterte er. Ich drehte mein Gesicht aus der Wärme seiner Hand, blickte zu Boden und entschuldigte mich abermals. »Es tut mir leid, wirklich, aber … aber …« Ich stockte. »Sag ruhig.« Ich fuhr mir mit den Handflächen über das Gesicht, versuchte, ein wenig Nüchternheit in meine Gedanken hineinzureiben. Schließlich nuschelte ich: »Ich bin hier, glaube ich, falsch.« Er lächelte, fand mich ganz offensichtlich zauberhaft. Ich weiß wirklich nicht, ob mich bis heute jemals jemand wieder so verliebt angesehen hat. »Kann man denn das so genau wissen?« »Was denn?« Erst jetzt schienen der Rotwein und der Whisky ihre volle Wirkung zu entfalten. Ich konnte mich kaum noch auf den Beinen halten. »Was denn?« »Wo genau man richtig und falsch ist?« »Ich gehe jetzt.« Ich torkelte in den Flur zu meiner Jacke, die immer noch die Collegejacke aus Laramie, Wyoming war, wo ich mit achtzehn ein Auslandsjahr auf einer Highschool verbracht hatte. Er half mir in die Jacke, öffnete die Tür ins Treppenhaus.

»Könntest du mich einmal umarmen zum Abschied?«, bat er mich schüchtern. »Na klar!« Er hielt mich erst leicht, dann fester, und auch ich umarmte ihn. Er begann zu weinen und hielt sich an mir fest, wir waren exakt gleich groß. Ich spürte seine schwere Traurigkeit und meine schwere Trunkenheit, und irgendwie passte das gar nicht und sehr gut zusammen in diesem Augenblick. Ich löste mich aus seiner Umklammerung und tapste die Treppe hinunter, er drückte hinter mir auf den Lichtschalter und sagte: »Danke, dass du da warst.« Ich erinnere mich, dass ich kurz die Hand hob, nach hinten winkte, mich aber nicht mehr umdrehte und schnell wieder nach dem Handlauf griff, um nicht endgültig das Gleichgewicht zu verlieren.

Als wir ein paar Tage später die nächste Vorstellung von *Was ihr wollt* spielten, tat der Schauspielkollege so, als hätte sich dieser Abend zwischen uns nie ereignet. Vielleicht war sein Blick mir gegenüber eine Nuance befangen, aber vielleicht war das auch meine eigene Unsicherheit im Moment unserer Wiederbegegnung. Während der großen Szene, in der Malvolio auf den Brief hereinfällt und seine Liebe zu Olivia erwidert sieht, beobachtete ich ihn aus meinem Kürbiskopf heraus. Er spielte exakt so wie immer, als wären die Sphären der Rolle und er zwei verschiedene, voneinander entkoppelte Welten. Er war ein guter Schauspieler, er wusste, wie man Pausen dehnt und Pointen setzt, aber doch ernüchterte mich seine Darstellung an diesem Abend. Von all seiner Verlorenheit, seinem Schmerz, seiner Begierde, seiner Eloquenz, die ich während seiner Einladung hautnah erlebt hatte, war in der Figur rein gar nichts zu finden. Es blieb unter einer Schicht routiniert abgespulter Posen und Tonfälle verborgen. Was mich maßlos irritierte, war sein Aussehen, welches meinem so ähnlich war. Er sprach ähnlich, bewegte sich ähnlich.

Ich sah ihm zu, und es war wie ein Blick in meine eigene Zukunft: Würde ich in dreißig Jahren auch so an der Rampe stehen und meine Pointen abfeuern, ohne innerlich dabei vorzukommen? Nein, schwor ich mir, niemals! Ich musste einen anderen Weg finden.

Mutter hat eine Idee

Ich war bereits seit über sechs Wochen auf dem Land, und es war bereits Ende September, aber immer noch warm, als mich meine Mutter ungewohnt früh am Morgen weckte. »Komm mal mit raus. Die Sonne geht bald auf.« Ich schlüpfte in die Latzhose, warf das Thermohemd über und lief an ihrer Hand auf die Wiese hinaus. Sie trug ihren lilafarbenen Polyester-Bademantel, dessen Farbintensität mich jedes Mal aufs Neue sprachlos machte. Er sah in seiner zotteligen Flauschigkeit eher aus wie ein Kostüm aus der Sesamstraße. Seine Saugfähigkeit war gleich null. Einmal hatte ihn der Wind vom Steg ins Wasser geweht. Ich hatte ihn herausgefischt und er war vollkommen trocken geblieben. Meine Mutter liebte ihn, und man durfte ihn nur in den höchsten Tönen loben. Wir sahen in den Morgenhimmel. Gigantische Kumuluswolken schoben sich langsam über uns dahin. Ihre Unterseiten glommen tiefrot, als würden ihre Bäuche brennen, während die Wolkenränder in zartestem Rosa leuchteten. Ich lief zurück ins Haus, zog mich an, nahm mein Handy und fotografierte meine Mutter vor dem entflammten Himmel. In ihrem lila Bademantel sah sie aus, als wäre sie direkt aus diesem Himmel herabgeschwebt: eine gelandete Wolke. »Komm, wir fahren schnell zum Meer«, schlug sie vor. »Da muss es jetzt fantastisch sein. Und ab morgen soll es regnen.« So wie wir waren, setzten wir uns ins Auto, und als wir auf die Parkplatzwiese fuhren, stand dort noch ein anderer Wagen, was meiner Mutter nicht sonderlich zu gefallen schien. »Offenbar sind wir nicht die Einzigen, die das Schauspiel nicht verpassen wollen.« Wir liefen zum Strand hinunter. Die Sonne stand bereits über der Horizontlinie, und die Wasseroberfläche schillerte derart, dass es blendete. Ein gleißender Streifen führte wie ein Steg aus Spiegelscherben über die Wasseroberfläche bis zur Sonne. Andächtig sahen wir über das Meer hinaus. Wir wollten ein Stück den Strand entlanggehen, um zu unserer Lieblingsstelle zu gelangen, wo keine Steine störten, wenn man ins Wasser watete, als wir ungefähr hundert Meter vor uns ein Pärchen sahen. Meine Mutter sagte leise: »Hm, was ist denn da los?«, und stapfte weiter. Ich lief direkt hinter meiner Mutter her und sah über ihren Kopf hinweg nun sehr deutlich eine Frau, die auf allen vieren kniete, und hinter ihr einen Mann, der sich hin und her bewegte. »Komm, Mama«, bat ich, »drehen wir um, ich glaub, wir stören. Wir können doch in die andere Richtung gehen.« Doch meine Mutter stapfte unverdrossen weiter. »Wieso denn, das ist doch unsere Stelle. Das gibt's ja nicht.« Ich zupfte sie am lila Bademantel, doch mit ruppiger Entschlossenheit machte sie sich los. Wir kamen näher und hörten nun auch das Stöhnen des Paares, deren Bewegungen auf mich einen arg monotonen Eindruck machten. Ich sah die schaukelnden Brüste der Frau. Die beiden hatten uns immer noch nicht bemerkt und blickten schwer beschäftigt und gebannt über die von der Morgensonne mit Farbreflexionen überzogene Wasserfläche. »Hier ist doch gut, Mama«, flüsterte ich. »Überall Steine!«, antwortete sie überartikuliert und laut. Bis auf wenige Meter waren wir an das vollkommen entkleidete Paar herangekommen. Sie hatten den Rhythmus verschärft, und auch das Stöhnen wurde lauter. Der Abstand zwischen ihnen und dem Meeressaum betrug keine drei Meter, und durch diesen schmalen Korridor marschierte nun meine Mutter hindurch. Im Schlepptau ihren zu Boden blickenden Sohn. Kurz wandte sie den Kopf nach links, grüßte freundlich: »Moin«, und marschierte weiter. Der Mann erschrak so heftig, dass er sich mit voller Wucht vom Po der Frau wegdrückte und rücklings in den Sand stürzte. Die Frau verharrte reglos in ihrer Pose und stellte sich tot. Wenige Meter entfernt warf meine Mutter ihren lilafarbenen Flauschkokon ab und lief nackt ins Meer, wurde eins mit der schillernden Oberfläche und tauchte davon. Ich wagte nicht zurückzusehen, zog meine rote Latzhose und das Thermohemd aus und ging ebenfalls rasch ins Wasser. Erst als ich die zweite Sandbank erreicht hatte, traute ich mich, einen Blick zurück auf den Strand zu werfen. Das Paar hatte sich bereits angezogen und war auf dem Rückweg zur Parkplatzwiese. Es tat mir von Herzen leid, dass meine Mutter wie ein violetter Komet in ihr Liebesspiel gekracht war. Als ich sie nach dem Schwimmen darauf ansprach, geschah etwas Seltsames. Meine Mutter tat so, als wüsste sie nicht, was ich meinte. Sie legte sich in den Sand, wie sie es immer tat, um zu trocknen, während ich mich schon anzog, da ich fröstelte. Ein Stückchen weiter sah ich die Abdrücke des Paares. Die Mulden seiner und ihrer Knie und die Handabdrücke.

Auf der Rückfahrt im Auto machte ich einen zweiten Versuch: »Die haben wir zu Tode erschreckt, Mama.« Abermals reagierte sie nicht und sagte stattdessen: »Du solltest mal versuchen, heute die Regentonne zu reparieren. Ich glaube, der Boden ist jetzt durchgetrocknet.« Ich nickte beiläufig und versuchte zu verstehen, wie meine Mutter ein derart unleugbares Ereignis mit solch federleichter Engstirnigkeit beiseitezuwischen vermochte.

Am Nachmittag widmete ich mich der besagten Regentonne, unserem uralten undichten Whiskyfass. Ich hatte es bereits eine Woche zuvor umgestürzt, ausgespritzt, mit einer Bürste gereinigt, über die Wiese gerollt und kopfüber in den Stall gestellt. Die Bretter des Fassbodens waren porös geworden, und auch wenn ich kein Loch fand, so war es doch wahrscheinlich, dass das Wasser einfach heraussickerte. Ich beschloss, den morschen Holzboden mit einem Lack, den ich im Farbenregal fand, von innen und außen zu streichen. Seit jeher mag ich den Geruch von Verdünnungsmitteln und Benzin, und als ich, tief in den Hohlkörper des Fasses hineingebeugt, die Farbe verpinselte, wurde mir angenehm schummerig. Am nächsten Morgen rollte ich die Regentonne zurück an ihren Platz und befüllte sie mit dem Wasserschlauch. Doch schon nach einer Stunde war sämtlicher Inhalt erneut ausgeronnen und das Fass wieder leer. Ich fuhr in den Baumarkt und kaufte eine Teermasse mit dem Namen: Schwarzer Blocker. Da mich der Ehrgeiz gepackt hatte, das Fass abzudichten, und ich keine weitere Zeit verlieren wollte, föhnte ich den Boden trocken. Die schwarze Masse roch fantastisch nach Straßenbau oder dem Kalfatern von Schiffen. Mit dem Spachtel verteilte ich die Masse auf beiden Seiten des Bodens und achtete akribisch darauf, jede kleinste Ritze damit auszustreichen. Drei Tage rollte ich das Fass morgens aus dem Stall auf die Wiese und brachte es am Abend zurück, um es vor dem Tau zu schützen. Sobald es im Schatten stand, beförderte ich es zurück in die Sonne. Als der Schwarze Blocker durchgetrocknet war, startete ich selbstsicher meinen zweiten Versuch. Ich rief meine Mutter, bat sie, den Schlauch zu halten, und drehte den Hahn auf. Frisch und klar schoss das Wasser ins Fass, und der schwarze Teergrund blitzte silbrig. Meine Mutter gratulierte mir und übergab mir den Schlauch. Kurz bevor die Tonne überlief, begann etwas aus der Tiefe des Wassers an die Oberfläche zu streben. Erst glaubte ich an eine optische Täuschung, eventuell verursacht durch den üppigen Füllstand. Mit einem beträchtlichen Schwappen tauchte eine kreisrunde Platte an der Oberfläche auf. Ich hob sie aus dem Wasser. Es war eine steinharte Teerscheibe, die sich, da ich den Lack nicht entfernt hatte, komplett vom Boden gelöst hatte. Meine Hoffnung war nun, dass wenigstens der Fassboden von der anderen Seite erfolgreich von mir versiegelt worden war. Doch der Wasserspiegel sank bereits wieder. Als das Fass leer war und ich es umdrehte, lag auf dem Matschgrund eine zweite steinharte Platte. Ich beschimpfte die Regentonne und bekam große Lust, ihr mit einem Tritt den Garaus zu machen. Meine Mutter gab ihr Einverständnis, sie zu verfeuern und eine neue anzuschaffen. Bis in meine Träume hinein verfolgten mich meine gescheiterten Versuche, und am Morgen fuhr ich, noch bevor ich mich an den Schreibtisch setzte, abermals in den Baumarkt und schilderte einem Verkäufer mein Problem. Er empfahl mir ein Produkt mit dem verheißungsvollen Namen Ruck-Zuck-Beton. Dieser sei schon nach wenigen Minuten ausgehärtet, wasserfest und frostbeständig. Im Garten mischte ich den Beton an und goss ihn in das Fass. Meine Mutter kam zu mir und lobte mich für meine Unnachgiebigkeit. »Du und dieses Fass, ihr verbringt wirklich viel Zeit miteinander. Ich hoffe, es klappt diesmal.« Während ich den Ruck-Zuck-Beton verteilte und an der Stelle, wo das Fass seit jeher stand, einen Sockel goss, erfreute mich meine Mutter mit einem kleinen Medley aus Fasssprichwörtern. Sie sagte: »Hoffentlich schlägt der Zement dem Fass nicht den Boden aus. Dann hätten wir ein Fass ohne Boden, dabei wünsche ich mir doch so sehr, dass du das Fass zum Überlaufen bringst.« Ich versuchte, es lustig zu finden, war aber bereits zu involviert in meinen sich nun schon seit Tagen hinziehenden Abdichtungsfeldzug. Etwas an diesem immer wieder aufs Neue sinkenden Pegel machte mich wahnsinnig. Zu sehen, wie unabwendbar das Wasser herausrann, kränkte mich und schien mir geradezu ein Sinnbild dafür zu sein, wie ich nichts auf die Reihe bekam. Auch mein Leben versuchte ich ununterbrochen, aber erfolglos abzudichten, zu kitten, zu stabilisieren und mit Sinn zu befüllen.

Abermals befüllte ich die Regentonne. Der Name des Betons hatte nicht zu viel versprochen, die Masse härtete in Sekundenschnelle aus. Es schien zu funktionieren. Meine Mutter und ich stießen auf dem Steg mit Whisky auf die nächsten dreißig Jahre der Regentonne an. In der Nacht weckte mich die Neugierde, und mit Taschenlampe machte ich einen Kontrollgang. Das Fass war leer, wieder leer. Und auch wenn es komisch klingen mag, es sah im Kegel der Taschenlampe sogar so leer aus wie nie zuvor. Ich trat gegen das Fass, stieß es um und rollte es wutentbrannt in die Wiese. Ich rannte in den Stall, holte mir die größte Axt, stellte mich vor das Fass und wuchtete die Klinge am schweren Holzgriff hoch über meinen Kopf. Mit aller Wucht ließ ich sie hinuntersausen, traf aber in der Dunkelheit einen der Eisenreifen, wodurch die Axt zurückgeschleudert wurde, als hätte ich versucht, einen Autoreifen zu spalten. Die Axt flog mir aus den Händen und sirrte an meinem Kopf vorbei. Ich setzte mich in die nasse Wiese, deren Tau augenblicklich meine Unterhose durchnässte. Ich verbarg das Gesicht in den Handflächen, an denen zig verschiedene Spuren von Lack und Teer klebten, und gab entlastende Klagelaute von mir. Die Frösche im Teich quakten, da es bereits hell wurde, aber in meinen Ohren klang es hämisch, wie zigfach getrötete Schadenfreude.

Beim Frühstück machte mir meine Mutter einen Vorschlag:

»Ich hab das Fass im Garten liegen sehen und auch die Axt.

Bitte verzweifle nicht. Ich glaube, ich habe eine Idee, wie wir es dicht bekommen könnten. Und wenn es nicht funktioniert, dann verfeuern wir es. Wärst du bereit für einen allerletzten Versuch?«

Entmutigt sah ich auf mein Brötchen hinunter, das meine Mutter schon früh vom Bäcker geholt hatte. »Weltmeister« hieß die Sorte. Sie trug diesen Namen, seit Deutschland 1990 Fußballweltmeister geworden war. Damals hatte ich ein einziges Mal gesagt, dass mir diese Brötchen schmecken würden, mit der Folge, dass ich nun seit bald fünfunddreißig Jahren ausschließlich Weltmeisterbrötchen mitgebracht bekam, während meine Mutter Croissants aß. All meine Versuche, die längst vergangene Vorliebe zu korrigieren, wurden hartnäckig ignoriert. Selbst wenn ich auf dem Einkaufszettel das Wort Weltmeisterbrötchen durchstrich und Croissant danebenschrieb, hielt meine Mutter dies für einen Irrtum. Einmal Weltmeister, immer Weltmeister! Und so auch an diesem Morgen.

Nach dem Frühstück gingen wir zum Fass, und meine Mutter instruierte mich: »Wir müssen diesen Lack abbekommen. Der verhindert, dass sich etwas mit dem Holz verbinden kann. Hier ist Schleifpapier. Und ich hole etwas. Du wirst staunen.«

In kreisenden Bewegungen schmirgelte ich beidseitig sämtlich Farbreste vom Holz. Meine Mutter kam mit einem prall gefüllten Plastiksack und leerte diesen in die Schubkarre. Es waren Kerzenstummel in allen möglichen Erscheinungsformen. Darunter Hunderte niedergebrannte Grablichter in verschmurgelten roten Plastikbehältern. Geschickt entzündete sie ein Lagerfeuer, über dessen Flammen sie auf einem schwarz verrußten Rost einen großen Topf stellte. Wir setzten uns auf zwei Stühle und begannen, die Wachsreste vom Plastik zu trennen. »Ich weiß auch nicht, warum«, sagte sie, »aber es gibt bestimmte Dinge, die kann ich einfach nicht wegwerfen. Wachs zum Beispiel. Aber auch Marmeladengläser und Eierkartons muss ich aufheben.« Es war eine angenehme Arbeit. Ich sah, wie geschickt meine Mutter mit dem Messer war, wie sie die Stummel trennte und Dochtreste herauslöste. Als ich den Berg der abgebrannten Grablichter sah, konnte ich mich des symbolischen Gehalts der Situation nicht erwehren, und mir wurde klar, wie viele Stunden der Trauer und des Gedenkens in diesen Stummeln steckten. Wobei ja Kerzen eine Art Stellvertreterfunktion übernehmen und in der Konzentration ihrer Flamme ein Gedenken an die Toten brennt, während man selbst schon längst wieder in den Alltag entschwunden ist. Tausende Stunden hatten diese Kerzen für unsere Toten gebrannt, und nun schnitten wir ihre Reste wie Gemüse klein und warfen sie in einen Topf. Das geschmolzene Wachs roch weihnachtlich, da auch einige Bienenwachskerzen mit hineingewandert waren. Hin und wieder rührte meine Mutter mit einem Stock die Wachssuppe um. Ich stellte das Fass auf und reinigte es mit einer Drahtbürste, pustete auch den letzten Rest Staub aus der runden Nut. Meine Mutter hatte sich aus dem Haus zwei Topflappen geholt, doch dann hielt sie plötzlich inne und tauchte ihre Hand zur Gänze in das Wachs hinein. »Mama, was tust du denn?«, rief ich entsetzt und sprang auf sie zu. Doch sie lächelte, hielt mich mit der anderen Hand auf Abstand und zog nun langsam und tropfend ihre Hand aus dem Topf. Das Wachs perlte von ihren Fingerkuppen. Ihre Hand steckte in einem weißgelblichen Handschuh. Sie bewegte die Finger hin und her, pustete sie an und ließ sie erneut in die heiße Masse sinken. »Was machst du denn da bloß? Um Gottes willen, Mama, du verbrennst dir doch die Hand!« Mehrmals wiederholte sie den Vorgang. »Als ich in Italien war«, sagte sie, »war ich mal in einem Dorf, und da gab es den Brauch, an einem bestimmten Tag im Jahr seine Hände oder Füße in Wachs zu tauchen und die Abdrücke um den Altar herum aufzustellen. Das sah wunderschön, aber auch seltsam aus. All diese Wachshände und Wachsfüße.« Sie schnitt mit ihrem Daumennagel an der Innenfläche ein wenig das Wachs ein, zog sich wie eine zweite Haut die Hülle herunter und reichte sie mir herüber. Ich sah in die Wachshand meiner Mutter hinein. Es war ein perfekter Abguss geworden, auf der Innenfläche konnte man jede einzelne ihrer Poren erkennen. »Schön!«, sagte ich und: »Zeig mal deine Hand.« Sie gab sie mir und schien sich tatsächlich nicht im Geringsten verbrannt zu haben. Vorsichtig stellte ich die wächserne Mutterhand auf dem Gartentisch ab. Sie hatte etwas von einer Reliquie, hatte eine sakrale Aura. »Darf ich die haben?« »Na klar, ich schenke sie dir! Und nun los! Jetzt dichten wir das Fass ab.« Sie hob den Topf vom Feuer und goss den Boden des auf dem Kopf stehenden Fasses aus. Ich sah, wie die heiße Flüssigkeit in das Holz eindrang, wie es sich geradezu mit dem Wachs vollsog, das auch die kleinste Ritze füllte. Wir ließen den Boden auskühlen, und ich drehte das Fass um. Und nun wiederholten wir die Prozedur im Fassinneren. »So, lieber Sohn, jetzt lassen wir es über Nacht stehen, und morgen versuchen wir es noch mal. Und wenn es dann das Wasser immer noch nicht halten kann, zerlegen wir es zu Kleinholz. Gut brennen wird es jedenfalls mit all dem Wachs.«

Es war ein geradezu feierlicher Moment, als wir es am nächsten Tag mit sanftem Schlauchdruck füllten. Zentimeter für Zentimeter kroch der Wasserspiegel an der Innenwand des Holzes hinauf. »Sieht gut aus!«, sagte ich, und meine Mutter: »Wir sollten uns nicht zu früh freuen. Mal sehen, wie es den Tag übersteht.« Doch das Fass war und blieb dicht. Jedes Mal, wenn ich bei ihm vorbeikam, erfüllte mich die Sorge, es leer vorzufinden, und erst nach zwei weiteren Wochen hatte ich Vertrauen gefasst. Wir hatten es tatsächlich geschafft.

An diesem Abend war es endlich so weit, und ich las meiner Mutter die Geschichte der Fahrradprüfung vor, die ich ihr schon so lange versprochen hatte.

Die Fahrradprüfung

Zur großen Freude meiner Eltern und zur Überraschung meiner beiden Brüder hatte ich es in das letzte Jahr der Grundschule geschafft. Die Formulierung »Versetzung gefährdet« war für mich schon zur Selbstverständlichkeit geworden. Umso mehr wurde ich gefeiert, wenn es mir doch gelang, mich in die nächste Klassenstufe hochzuwuchten. Das gesamte Schuljahr war ich, gleich einem Seiltänzer, über dem Abgrund balanciert und hatte mit viel Gespür für die an mich gestellten Anforderungen stets nur so viel gelernt, dass ich nicht abstürzte. Es gab allerdings ein Ereignis in der vierten Klasse, auf das ein weiteres Jahr zu warten mich bitter gereut hätte: die Fahrradprüfung. Und damit einhergehend die Verleihung eines Wimpels, auf den ich ungeheuer scharf war, da er bereits an den Rädern meiner beiden Brüder provokant im Wind flatterte. Seit Wochen sehnte ich nun diesen Tag herbei, den Tag, an dem meine Klasse mit dem Training für die Fahrradführerscheinprüfung beginnen würde. Als wir uns auf den Weg zum Übungsgelände machten, mussten wir in Zweierreihen antreten, um von unserem Lehrer verlässlich durchgezählt werden zu können. Dieser Lehrer war eine für mich beunruhigende Person, da seine Laune innerhalb von Sekunden wechseln konnte. Er hieß Tiedemann, war unberechenbar, warf mit Kreide oder seinem Schlüsselbund, stand oft schweigend vor der Klasse, minutenlang, oder machte unlustige Witze. Des Öfteren hatte er sich selbst in die Ecke gestellt und so getan, als würde er bitterlich weinen. Wir hatten erst noch gelacht, doch dann peinlich berührt geschwiegen. Er allerdings harrte weiterhin in der Ecke aus, hörte nicht auf, zu wimmern und mit den Fäusten gegen die Wand zu trommeln. Als er sich umdrehte, grinste er gefährlich, und seine Wangen waren tränenüberströmt.

Wir waren neun oder zehn Jahre alt, schon ziemlich groß, aber auch noch ziemlich klein. Ich erinnere mich, wie ich aus kindlicher Gewohnheit nach der Hand des Jungen neben mir griff, so wie ich es seit dem Kindergarten gelernt hatte. Geradezu bestürzt entzog mir mein Mitschüler die Hand und warf mir einen vernichtenden Blick zu. Aber bei der nächsten Ampel griff ich wieder nach seiner Hand. Es war ein durch viele Ausflüge in Zweierreihe tief in mich hineingeimpfter Impuls. Abermals riss er seine Hand aus meiner und stieß mich gegen die Schulter. Daraufhin vergrub er seine Hände in den Hosentaschen, um sich vor meinen Übergriffen zu schützen. Er ließ mich stehen, und kurz darauf wurde weiter hinten in der Karawane gelacht. Mehrmals hörte ich das Wort Schwuli. Wir wanderten durch die Kleinstadt, auf dem Gehweg durften wir uns, wie es der Lehrer nannte, in offener Formation fortbewegen. Beim Überqueren der Straßen hob Herr Tiedemann zwei Finger und streckte sie in die Luft. Dies war das Signal für die geschlossene Formation, und jeder suchte sich erneut ein Gegenüber. Kurz bevor wir den Übungsplatz erreichten und eine für die Kleinstadt durchaus ansehnliche Kreuzung zu überqueren hatten, nahm ich, in Gedanken und Vorfreude versunken, abermals die Hand des Kindes neben mir. Es war die Hand eines Mädchens. Ich weiß noch, wie sie hieß, Wenke, und sie hatte zwei – ich schwöre bei Gott! – zu groß geratene Goldschneidezähne, die ihr nach einem Rollschuhunfall eingesetzt worden waren. Mir wurde gewahr, dass sie meine Hand presste und ihr Blick auf mir ruhte. Ich sah zu ihr hinüber. Sie grinste breit, und ihre beiden vergoldeten Hasenzähne blitzten auf. Dann wanderten unsere Augen hinab auf die sich haltenden Händchen. Diesmal war ich es, der erschrak und sie mit einem Ruck abzuschütteln versuchte. Doch sie ließ mich nicht los, und als ich, um freizukommen, meinen Arm hin und her schleuderte, wurde der ihre elastisch, und meine Bewegungen flossen in ihren gummiartigen Körper. Es wurde grün, ich riss meine Hand aus ihrer und rannte davon zum Eingangstor. Wir wurden von einem Polizisten in Empfang genommen.

Bis heute verfolgt mich eine geradezu krankhafte Ehrfurcht vor der Polizei. Sobald ich einen Polizeiwagen sehe, mache ich mich innerlich bereit, mich verhaften zu lassen. Ohne Angabe von Gründen wäre ich Tag und Nacht völlig einverstanden damit, abgeführt und eingebuchtet zu werden. Der Polizist war ein norddeutsches Prachtexemplar, kahl geschoren und rotgesichtig. Wind und Alkohol hatten seinem Gesicht jenen typischen Ausdruck verliehen, den man gerne verherrlichend ›wettergegerbt‹ nennt. Sein Name, Volker Henning, war wulstig über der rechten Brusttasche in die Uniform gewebt. Das hatte ich noch nie gesehen, und es gefiel mir sogleich gut, da man so immerhin wusste, von wem man verhaftet oder erschossen werden würde. Derlei Gedankengänge hatten mich schon immer beflügelt, und innerhalb von Sekunden sah ich den auf der Flucht angeschossenen Bankräuber durch die Haustür robben und in den Armen seiner Frau mit letztem Atem flüstern: »Volker Henning war's.« Ich war besorgt über die Pistole in seinem Halfter. »Moin, Kinder. Herzlich willkommen. Heute fangen wir an, für eure Fahrradprüfung zu üben. Liebe Jungen und Mädchen, das wird der erste Führerschein eures Lebens.« Das klang verheißungsvoll, traf aber zumindest nicht auf mich zu, da ich bereits mit acht einen Nähmaschinenführerschein in den Werkstätten der Psychiatrie gemacht hatte, deren Direktor mein Vater war. Wochenlang hatten mich meine Brüder das tapfere Schneiderlein genannt und mir ihre löchrigen Socken und Unterhosen ins Zimmer geworfen. Für mich war es also bereits der zweite Führerschein, und ich war mir sicher, diesen beiden würden noch etliche folgen. Ich stand erst ganz am Anfang eines Lebens, das von Scheinen und Ausweisen, Sondergenehmigungen und Zulassungen herrlich gerahmt werden würde. Bereits mit sieben hatte ich versucht, meine Eltern davon zu überzeugen, mir einen Organspendeausweis zu besorgen. Es war weniger der altruistische Gedanke, durch eines meiner Organe ein anderes Kind zu retten, vielmehr versprach ich mir von der Transplantation meines Herzens oder meiner Nieren nichts weniger als Unsterblichkeit. Meiner Mutter waren die Gespräche über meinen Organspendeausweiswunsch kaum erträglich, und am Mittagstisch hatte sie darum gebeten, das Thema zu wechseln. Meine Brüder waren naturgemäß gnadenlos und fabulierten davon, mir schon zu Lebzeiten in einer Kelleroperation eine Niere zu entnehmen, um sie an einen dahinsiechenden Multimillionär zu verscherbeln. Ihr Angebot, halbe-halbe zu machen, bezeichneten sie als großzügig.

Der Lehrer Tiedemann war in seiner klein gewachsenen Zackigkeit voll der Bewunderung für die lässige Autorität des Polizisten, dem wir trotz seiner leisen Stimme gebannt folgten. Ich kannte das Gelände des Fahrradparcours von Spaziergängen mit meinem Vater. Durch dicht gewachsene Sträucher konnte man im Winter die Straßen und Miniaturampeln erahnen. Doch das meiste war mir verborgen geblieben. Der Polizist schritt voran, und wir drehten zu Fuß eine

Runde über die Anlage, die größer war, als ich es von außen für möglich gehalten hatte. Es gab einen Kreisverkehr, mehrere Zebrastreifen und sogar einen künstlichen Berg. »Könnt ihr alle Fahrrad fahren?« Ein lautes »Jaa« ließ keinen Zweifel an unseren Fähigkeiten. Der Polizist hatte eine Helferin, mir war nicht ganz klar, welche Funktion sie hatte. Sie trug keine Uniform, und doch schien sie gewisse Befugnisse zu haben. Die Dame rauchte, ging hinter uns her als raunendes Schlusslicht, kommentierte und ergänzte die Erläuterungen des Polizisten mit düsteren Prognosen. »Wenn du da falsch absteigst, bist du tot«, oder: »Wenn du da nicht guckst, bist du tot«, oder: »Wenn du da nicht schnell genug bist, war's das für dich.« Für meine Mitschüler schienen ihre Prophezeiungen nicht weiter befremdlich zu sein, aber mir wurde doch mulmig, da auch der Polizist, während er vom Armzeichen und Schulterblick sprach, eine Hand immer wieder zum Knauf seiner Pistole gleiten ließ und diesen beiläufig streichelte wie ein Kopfgeldjäger kurz vor dem Schuss. Die Wahrscheinlichkeit, den Übungsplatz lebend wieder zu verlassen, sank sekündlich. »Wenn dein Fuß vom Pedal rutscht und du hinfällst und ein Lastwagen kommt, bist du tot.« Wer war nur diese Frau? Endlich durften wir unsere Fahrräder holen und aufsteigen. Die Sättel und Lenkerhöhen wurden eingestellt. Der Polizist kam mir ganz nah, und ich roch seine Uniform. Er beugte sich vor, seine Waffe war plötzlich direkt vor meiner Nase. »Ist die geladen?«, fragte ich, und er nickte. »Na klar. Die ist nicht nur geladen, die ist scharf.« Wir wurden aufgefordert aufzusitzen und mit gebührendem Sicherheitsabstand zum Vordermann per Handzeichen auf die Strecke geschickt. In der Miniaturstadt als vollwertiger Verkehrsteilnehmer auf der Straße zu fahren, fühlte sich fantastisch an. Während der ersten Runden drifteten Kinder, weil sie es so gewohnt waren, auf die Bürgersteige ab, und der Tonfall des Polizisten wurde rasch rauer. »Mensch, Junge, da geht's lang.« Herr Tiedemann mischte sich immer wieder ein, lief plötzlich neben einem her und zischelte den Fahreleven Drohungen zu, und auch die Dame geizte nicht mit ihren Einschätzungen unsere Fahrkünste betreffend. Sie überwachte den Kreisverkehr. Hatte sie bis dato noch in ganzen Sätzen gesprochen, reduzierte sie nun aufgrund des regen Verkehrsaufkommens ihre Urteile auf das absolute Minimum. Auf jedes Kind, das falsch abbog oder den Schulterblick vergaß, zeigte sie mit spitzem Finger und rief: »Tot!« Nichts weiter. »Tot!« Kaum einer schaffte es ohne Todesurteil an ihr vorbei. Es war schwerer als gedacht, über die linke Schulter zu gucken, die rechte Hand vom Lenker zu nehmen und abzubiegen. »Kinder! Das kann doch nicht so schwer sein«, dröhnte es aus dem Bollerkopf des Polizisten. Ich kannte es gut, dass plötzlich und unverhofft Worte in mein Leben traten, denen aus dem Nichts immense Bedeutung zuteilwurde. Von allen Seiten hallte es nun: »Schulterblick.« Wobei ich niemanden sah, der wirklich über seine Schulter blickte. Alle Kinder und auch ich zuckten lediglich mit dem Kopf. Mehrere Kinder hatten Probleme, die Hand vor dem Abbiegen vom Lenker zu nehmen. Um das Gleichgewicht nicht zu verlieren, machten sie das Zeichen nicht zur Seite, sondern direkt nach vorne, was eher an einen Hitlergruß erinnerte. Ich kannte das Zeichen, denn mein mittlerer Bruder hatte einmal aus Spaß den Hitlergruß gemacht, was zu einem der wenigen heftigen Ausraster meines Vaters geführt hatte. Das allerdings schien sowohl dem Polizisten als auch Herrn Tiedemann hervorragend zu gefallen, sie lachten, und der eine rief: »Nee, nee, doch nich so, ihr Dösbaddel.« Ich gab mir redlich Mühe und mochte es sehr, vor den roten Ampeln zu halten. Aber ich hatte Probleme beim Anfahren, kannte das Fahrrad nicht und konnte nur losfahren, wenn die Pedale in einer ganz bestimmten Stellung waren.

Ich strampelte den kleinen Hügel hinauf und hielt. Da kamen schon die Nächsten, und ich stieg ab, um Platz zu machen. Herr Tiedemann kam den steilen Berg hochgeschossen. »Du hältst den ganzen Verkehr auf: Das ist hier keine Aussichtsplattform. Weiter.« Ich setzte mich aufs Rad, und ehe ich meine Füße auf den Pedalen hatte, gab er mir einen Stoß und ich sauste hinab, sauste auf den Kreisverkehr zu, sauste mittig hinüber, die Dame schoss mich mit ihrem Zeigefinger ab, schrie: »Tot!«, ich allerdings sauste quicklebendig weiter direkt in eine Einbahnstraße hinein. »Mensch, Junge, bist du irre. Du machst jetzt mal Pause.« Der Polizist winkte mich von der Fahrbahn. Ich setzte mich auf eine Bank, wo auch schon andere Verkehrsrowdys ihrer Rehabilitation harrten. Immer mehr Kinder entdeckten mit Freude ihre Fahrradklingeln und bimmelten sich den Weg frei. Die Ordnung befand sich in akuter Auflösung, hier und da flossen Tränen. Doch bevor unsere Strafzeit abgelaufen war, wurde die erste Trainingseinheit mit der Trillerpfeife vorzeitig beendet. Die Fahrräder kamen zurück in den Unterstand, alle Kinder waren überdreht, und es gab viel Geschrei beim Einparken. In einer scheppernden Kettenreaktion stürzten sämtliche Räder um. Herr Tiedemann verkeilte sich in den Speichen, und seine mit Pomade geglätteten Haare zerzausten sich zum Hahnenkamm. Unter Gejohle kletterte er aus dem Drahteselverhau. Der Polizist blies mit Blähbacken in seine Trillerpfeife, dass er Glupschaugen bekam, und gab Handzeichen. Wir versammelten uns, und er gebot uns mit beschwichtigenden Handbewegungen, zur Ruhe zu kommen. »Also ich hab jetzt niemanden gesehen, der nicht fahren kann. Ihr werdet das alle gut schaffen. Lernt mit euren Eltern oder mit eurem Lehrer die Verkehrsregeln, denn bei der nächsten Stunde stellen wir hier jede Menge Verkehrsschilder auf. Bis nächste Woche, Kinder.« Herr Tiedemann klatschte in die Hände und trieb uns zusammen. Das war eine seiner unliebsamen Marotten, dass er, wenn es schnell gehen sollte, immerzu klatschte. Sobald wir die Anlage verlassen hatten, hob er seine zwei Finger und wartete, bis wir uns formiert hatten, und dann brach es aus ihm heraus, völlig unerwartet schrie er uns zusammen. Was für ein Sauhaufen wir seien, was für eine Schande für unsere Schule und unsere Eltern. Dass er sich für uns schämen würde und uns am liebsten nie wiedersehen würde. Einige meiner Mitschüler fingen an zu weinen, so brachial fegte sein Wutsturm über uns hinweg. Er wurde, so kam es mir vor, vor Zorn immer kleiner und kompakter, bis er uns auf Augenhöhe zusammenstauchen konnte. Er hatte die Hände hinter dem Rücken verschränkt und lief als brüllender General an seiner Kinderkompanie entlang. Er hielt auch vor mir und brüllte mich aus so kurzer Distanz an, dass meine Korkenzieherlocken federten »Und du? Fährst da wie ein Volltrottel über den Kreisverkehr in die Einbahnstraße rein. Wie kann man so bescheuert sein. Du Hornochse!« Und dann kam ein mir unvergesslicher Satz. »Meyerhoff, du bist wie eine Hecke, wenn dich niemand stutzt, wächst du uns noch allen über den Kopf.«

Jede Woche ging es von nun an in den Verkehrspark, denn Tiedemann hatte der Ehrgeiz gepackt, dass keiner seiner Schüler durch die Prüfung fallen solle. Im Sportunterricht übten wir in einem mit Kreide auf den Schulhof gemalten Straßenwirrwarr Vorfahrtsregeln und Überholmanöver. Tiedemann hatte Verkehrsschilder auf Papierbögen gemalt und rannte hin und her und hielt sie in die Höhe. Der Polizist und seine Helferin wurden von Mal zu Mal umgänglicher und geizten nicht mit aufmunternden Worten. Ich war geradezu süchtig nach dem Lob des Polizisten und hatte den Eindruck, er würde mich besonders mögen. Polizistenlob war etwas völlig anderes als Vater- oder Mutterlob, es war Lob von einer höheren Instanz, es war Lob von jemandem, der eine Pistole trug. Einmal wurde ich ausgewählt, um als Meisterschüler einen neuen Parcours zu eröffnen. Ganz allein durfte ich über die Anlage fahren, während die Mitschüler zu Fuß unterwegs waren. Mit meinem guten Ruf als gewissenhafter Linksabbieger konnte kaum jemand mithalten.

Sorge bereitete mir der immerzu beschworene tote Winkel. Wir als schwächste Teilnehmer des Verkehrs müssten uns vor allem in Acht davor nehmen, nicht in den toten Winkel der Autos zu geraten. Da meldete sich auch wieder die Helferin des Polizisten und pflichtete ihm bei. Kaum jemand sei lebend aus dem toten Winkel wieder herausgekommen. Bis zu einem gewissen Grad war die in uns geschürte Angst beim Fahrradfahren hilfreich, da sie die Konzentration förderte. Doch es gab auch den gegenteiligen Effekt, dass Mitschüler völlig ohne Fremdeinwirkung in Panik gerieten. Ich begriff, dass eine gut ausgewogene Mischung von Todesangst und Kompetenz die beste Voraussetzung zum Bestehen der Prüfung sein würde.

Als der große Tag gekommen war, regnete es, und der Prüfungsparcours musste verkürzt werden. Übrig geblieben war eine winzige Rundfahrt, die auf dem Pausenhof begann und ebendort auch wieder endete. Im Fünfminutentakt wurden wir auf die Strecke geschickt. An einem Zebrastreifen stand die Helferin mit Regenschirm und überquerte die Straße, sobald einer von uns auftauchte. Der Polizist hatte sich unfassbar schlecht hinter einem Baum versteckt und machte sich Notizen. Herr Tiedemann schickte uns mit der Stoppuhr in der Hand los. Im Vorfeld hatte ich mir Sorgen gemacht, mit unvorhersehbaren Ereignissen konfrontiert zu werden. Meine Brüder hatten mir Schauermärchen erzählt, was alles passieren könne. Sogar inszenierte Herzattacken von Passanten hätte es schon gegeben. Wer vorbeiradelte, würde wegen unterlassener Hilfeleistung verhaftet werden. Als ich im Nieselregen um die Ecken der wie ausgestorben daliegenden Sträßlein bog, kam ich mir äußerst eigenartig vor. Und nur weil ich wusste, dass sich irgendwo der rotwangige Polizist verborgen hatte, machte ich akkurate Handzeichen und zeigte meinen schönsten Schulterblick. So hatte ich mich bisher nur nach dem Religionsunterricht gefühlt, wenn uns mit der Allgegenwart des lieben Gottes und einem »Er sieht alles!« gedroht wurde. Meine gesamte Klasse bestand die Fahrradprüfung. Den Lehrer Tiedemann hatte ich noch nie so glücklich gesehen. Ich erkannte ihn kaum wieder, da die Freude Unordnung in seine sonst stets ernsten Gesichtszüge brachte. Sein breites Grinsen drückte gegen die Nase, wodurch seine Augen in die Stirn ausweichen mussten. Wir mussten uns in der Turnhalle versammeln und bekamen auf Strümpfen, da wir unsere feuchten Schuhe ausziehen mussten, jeder einen Fahrradführererschein, einen Wimpel und eine Stange mit orangem Sicherheitsfähnchen überreicht.

Ich rannte nach Hause und montierte beides an mein Rad. Der Wimpel gefiel mir sehr und veredelte das ganze Fahrrad. Ich stellte den Sattel ein wenig höher und zog die Lenkstange weiter hinaus. Dann putzte ich die Felgen und Schutzbleche. Es kam mir so vor, als wäre mein Rad erwachsen geworden. Nicht nur ich, auch das Fahrrad durfte nun endlich auf die Straße. Wir beiden hatten, was unsere Partizipation am öffentlichen Leben anbelangte, einen gewaltigen Sprung nach vorne gemacht.

Als die Parallelklasse ihre Prüfung machte, fielen zig Kinder durch, und es gab sogar einen Unfall. Mit unverhohlener Schadenfreude berichtete Tiedemann, wie einige gestrauchelt waren. Ein Junge mit dem mir unvergesslichen Namen Tycho war in eine unmittelbar vor ihm ruckartig geöffnete Autotür hineingefahren und vom Rad auf die ältere Dame hinter dem

Steuer gestürzt. Da hatte er also doch noch zugeschlagen, der tote Winkel, und sich einen Schüler geholt.

Als ich am Morgen nach bestandener Fahrradprüfung erwachte, strampelte ich die Decke weg, zog mich an und verabschiedete mich von meiner Familie. Noch vor dem Frühstück wollte ich eine Runde drehen. Fahrradhelme waren noch nicht erfunden worden, und in unserer Kleinstadt sah man sogar Motorradfahrer ohne Kopfschutz. Da es keinerlei Fahrradwege in der Stadt gab, fuhr ich auf der Straße. Ich drückte meinen Rücken durch, und wenn ich abbog, machte ich das Handzeichen extra steif und deutlich, auch den Schulterblick machte ich gewissenhaft, ohne aber je wirklich zu gucken. Die Autos blinkten, wenn sie mich überholten, was ich als Beweis meiner Präsenz auf der Straße wertete. Nun war ich es, der bei Rot vor der Ampel stand und den Fußgängern und kleinen Kindern beim Passieren zusah. Bei jedem Zebrastreifen hoffte ich auf Überquerungsanwärter, um meine Großzügigkeit beweisen zu können. Mit der Hand ein kleines Zeichen zu geben, dazu ein aufmunterndes Nicken an Mütter mit Kinderwagen oder betagte Herrschaften, ließ mich vor Stolz beim Weiterfahren pfeifen. Ich drehte auch eine große Runde über das Psychiatriegelände und grüßte in alle Richtungen Personal wie Patienten. Ich fuhr in die sogenannte Allee hinein, da es dort erst ein wenig bergauf und dann steil hinunterging. Die Allee in Schleswig war ich oft mit meinem Vater entlangspaziert und auch schon mit Stützrädern hoch- und runtergefahren. Ich erreichte die Kuppe, und dann ließ ich mich rollen. Das Fähnchen an der Stange knatterte im Fahrtwind, und ich wurde schneller, so schnell, dass die Reifen zu zittern begannen und ich den Lenker fester halten musste. Mit hohem Tempo gelangte ich auf die lange Gerade zwischen den Alleebäumen, und das Rad beruhigte sich. Ich hob die Füße von den Pedalen, stellte sie übereinander in das untere Eck des Rahmens und ließ mich ausrollen. Kurz schloss ich sogar die Augen, was ich schon immer gerne auf dem Rad getan habe, da es mich fasziniert, wie sehr sich die gesenkten Lider dagegen wehren, wie sehr man sehen will. Als ich sie wieder aufschlug, sah ich den Polizisten, unseren Polizisten, breitbeinig mitten auf dem Weg stehen. Ich bremste und freute mich, ihm so unverhofft wiederzubegegnen. Wie verwundert war ich, als ich in seinem Gesicht beim Näherkommen keinerlei Wiedersehensfreude, sondern distanzierte Kühle wahrnahm. Ich hielt, stellte den Fuß ab, sagte zaghaft: »Hallo.« »Was denkst du, warum ich dich angehalten habe?« »Keine Ahnung.« »Wo sind wir hier?« »In der Allee.« »Ist das hier eine Straße?« Ich wurde unsicher. »Ich weiß nicht.« »Fahren hier Autos?« »Nein.« Erkannte er mich wirklich nicht, oder durfte er mich nicht erkennen, da er im Dienst war? »Hier ist Fahrradfahren verboten.« »Aber ich bin hier schon ganz oft gefahren.« »Ich sehe, du hast einen Wimpel, das heißt, du hast die Fahrradprüfung gemacht?« »Ja, gestern. Bei Ihnen.« Immer noch hoffte ich darauf, dass er gleich lachen und rufen würde: »He, Joachim, jetzt hast du aber wirklich einen Schreck bekommen, oder? Toll hast du das gemacht, gute Fahrt!« Stattdessen sagte er: »Zeig mal deinen Fahrradführerschein.« Ich hatte ihn in die Gesäßtasche gesteckt und er sah mitgenommen aus. Der Polizist nahm ihn, glättete ihn kopfschüttelnd und ging um mein Fahrrad herum. »Steig mal ab. Mach mal dein Licht an.« Ich drückte den Dynamo hinunter und drehte das Vorderrad. Er nickte. »Na gut. Du bekommst keinen Strafzettel, aber den Wimpel, den nehm ich dir wieder ab.« Diese Androhung traf mich völlig unerwartet und knipste ansatzlos Panik in mir an. »Bitte, bitte nicht.« »Doch, doch, den Wimpel musst du abgeben. Ich hab es ja gesehen, wie du da den Hang hinuntergerast bist. Das war sehr fahrlässig von dir.« Er trat hinter mein Fahrrad. »Bitte nicht der

Wimpel. Ich hab ihn doch erst seit gestern!« »Umso schlimmer.« Und dann riss er mir das Stoffdreieck in den Landesfarben und mit Jahreszahl vom Rad. Es gab ein schlimmes Geräusch, als würde der Wimpelstoff schreien. »Du schiebst bis zur Straße. Verstanden?« Ich nickte, und obwohl ich noch nicht weinte, fing meine Atmung an zu flattern. Ich schob mein Rad und drehte mich nicht mehr nach ihm um. Sobald ich die Straße erreicht hatte, setzte ich mich auf den Sattel und raste los. Der Fahrtwind trieb mir die Tränen in die Augen, die sich mit geweinten Tränen mischten, bis ich kaum noch etwas sehen konnte und immer wieder einhändig fuhr, um mir über das Gesicht zu wischen. Mehrmals wurde ich angehupt, guckte weder nach rechts noch nach links und fuhr vor roten Ampeln auf den Gehweg hinauf. Zu Hause angekommen, warf ich mein Rad noch am Gartentörchen von mir und stürzte ins Haus. Meine Familie saß bereits um den Sonntagsfrühstückstisch und aß Rohrnudeln. Ich rannte zu meiner Mutter und warf mich in ihre Arme. Später berichteten mir meine Brüder, ich sei mehrere Meter, bevor ich bei ihr gewesen sei, abgesprungen und regelrecht durch die Luft gesegelt und dann mit einem Verzweiflungsschrei auf ihrem Schoß gelandet. Ich vergrub mein Gesicht in ihrer Halsbeuge, vergrub es in Mutterweichheit, Muttergeruch, Mutterwärme, schlang Arme und Beine um sie und presste mich an sie, so nah und eng, wie es ging.

Als ich von meinem Manuskript aufblickte, sah ich, dass die Augen meiner Mutter geschlossen waren. Ihr Kopf ruhte an der floral gemusterten Wölbung des Ohrensessels, ihre Arme hingen schlaff herab, und das Whiskyglas stand riskant ausbalanciert auf der Lehne. Sie atmete gleichmäßig, eine tiefe Stille umgab sie. War sie eingeschlafen? Ich fragte mich, wie viel sie von der Fahrradgeschichte mitbekommen hatte.

Nachdem ich sie noch eine Weile betrachtet hatte, sagte ich gewollt laut: »Zu Ende.« Ohne die Augen aufzuschlagen, kam ihre Antwort: »Weiß ich doch.« Derart unvermittelt ihre Stimme zu hören, ließ mich vor Schreck zusammenfahren, und ich rief: »Mein Gott Mama, ich dachte, du schläfst!« »Warum sollte ich schlafen? Ich habe zugehört.« Ich glaubte ihr kein Wort und stellte sie auf die Probe: »Dann sag mir doch mal bitte, wie die Geschichte ausgegangen ist?« Erst jetzt öffnete sie die Augen und griff nach dem Whiskyglas: »Gut.« Ich lachte. »Gut? Was soll das denn heißen, Mama? Ist doch nicht schlimm, wenn du es nicht weißt und eingeschlafen bist.« Sie sah mich ernsthaft an: »Niemals würde ich das tun. So weit kommt es noch.« »Na gut, Mama. Dann sag mir doch den letzten Satz.« Unmut machte sich auf ihrem Gesicht breit, die Falten um ihren Mund zogen sich zusammen, was stets ein Zeichen für Verärgerung war. »Ich finde es etwas seltsam, mein lieber Sohn, dass ich hier wie in der Schule examiniert werde und Nachweise meiner Aufmerksamkeit abliefern soll. Ich habe zu so etwas wenig Lust. Aber ganz wie du willst.« Und dann wiederholte sie den letzten Satz meiner Geschichte: »Ich vergrub mein Gesicht in ihrer Halsbeuge, vergrub es in Mutterweichheit, Muttergeruch, Mutterwärme, schlang Arme und Beine um sie und presste mich an sie, so nah und eng, wie es ging.« Wort für Wort, ohne einen einzigen Fehler.

Bibi und Tina

Meine Film- und Fernsehkarriere ist, gelinde gesagt, bis zum heutigen Tag recht überschaubar geblieben. Die Anzahl der Drehtage, die ich bis dato hatte, kann ich an meinen zehn Fingern abzählen. Es waren in mehr als dreißig Jahren, in denen ich als Schauspieler gearbeitet habe, exakt neun. Neun Drehtage sind eine magere Ausbeute. Hin und wieder keimen Selbstzweifel in mir auf, ob es nicht ein riesiges Versäumnis ist, immer nur Theater gespielt zu haben. Was soll denn das für eine Karriere sein, frage ich mich dann, und träume von internationalen Filmprojekten mit Starbesetzung.

Jahrelang, was leider kein Witz ist, habe ich beim Joggen, um mich von der Anstrengung abzulenken, an meiner Oscar-Dankesrede gefeilt. In dieser Rede plante ich in einer selbstreferenziellen Pirouette genau das zum Thema zu machen. Während ich über Stock und Stein hoppelte, dachte und sprach ich in etwa solches:

»Hier und heute vor Ihnen zu stehen, ist nicht wirklich überraschend für mich, denn ich habe diese Rede schon Hunderte Male gehalten. Wissen Sie, ich jogge viel, obwohl ich es nicht besonders mag, und um mich abzulenken, bastele ich seit Jahren, während meiner Runden, an dieser Oscarrede herum. Ich japse nach Luft und sage: ›Hi Leonardo, hi Meryl, hi Brad‹, und dann bedanke ich mich bei all diesen fantastischen Schauspielern, die nun hier und heute leibhaftig vor mir sitzen. Für mich ist das hier also nichts Neues. Der einzige Unterschied zu all den anderen Reden ist der, dass ich gerade nicht laufe. Und auch morgen werde ich wieder den Oscar in die Höhe stemmen, wenn ich in Berlin im Tiergarten oder im Wiener Prater joggen gehe. Business as usual. Deshalb verzeihen Sie bitte, dass ich nicht weine und nicht fassungslos bin vor Freude. Dafür habe ich das Ding einfach schon zu oft gewonnen. Obwohl, ein bisschen schwerer, als ich dachte, ist die Figur. Danke an die Akademie. See you tomorrow!«

Die Realität allerdings hätte nicht weiter entfernt sein können von dieser Traumtänzerei! Neun Drehtage! Drei Drehtage hatte ich als Schauspielschüler am Bett meiner Großmutter verbracht. Im fertiggestellten Film wurde ich synchronisiert, da meine Stimme als unzumutbar empfunden wurde. Diese Horrorerfahrung hatte mich im Jahr 1991 zerlegt und für eine lange Zeit erschüttert und verunsichert. Erst mehr als fünfundzwanzig Jahre später, im Jahr 2017, wagte ich einen erneuten Versuch. Der wundervolle und in Norddeutschland wahren Ikonenstatus genießende Regisseur Detlev Buck bat mich, beim ultimativ letzten Teil der *Bibi-und-Tina*-Serie mitzumachen. Ich sollte dort einen miesen Immobilienmogul spielen mit dem Namen Dirk Trumpf. Eine Parodie von Donald Trump sollte es sein, mit blonder Tolle und überheblichem Gebaren im geschmacklosen Anzug. Hätte ich damals gewusst, welche fatale Rolle dieser Mann im Zeitgeschehen spielen würde, ich hätte dankend abgelehnt. Der eigentliche Grund, warum ich schlussendlich zusagte, war kein künstlerischer. Meine Tochter war damals zehn Jahre alt und ein glühender *Bibi-und-Tina*-Fan. Alle Filme hatte sie gesehen, und die Lieder hatten mich auf so mancher Autofahrt in den Wahnsinn getrieben. In einem *Bibi-und-Tina*-Film mitzuspielen, war für einen Vater, noch dazu einen Trennungsvater, eine Jahrhundertchance. Und was es endgültig zur Sensation machen würde, war die Zusage, meine Tochter zu den Dreharbeiten mitnehmen zu dürfen. Als ich ihr davon erzählte, musste sie weinen. Ein voller Erfolg also. Zur Vorbereitung sahen wir uns alle drei bereits gedrehten Filme mehrmals an, und ich wurde von ihr detailliert in das *Bibi-und-Tina*-Universum eingeführt. Es waren charmant gemachte Filme mit erfolgsgarantierenden Zutaten wie Pferden, Zauberei und mitreißenden Tanzchoreografien, gedreht in Heileweltfarben, aber mit einem eigenwilligen Humor, der auch mich hin und wieder lachen ließ.

Wir flogen gemeinsam von Wien nach Frankfurt und wurden dort von einem Fahrer abgeholt. Wir saßen auf der Rückbank der Limousine, und es gab gekühlte Getränke und sogar Obst und Schokoriegel. Meine Tochter war beeindruckt und dachte wohl, mein Leben würde immer so aussehen, dabei war es auch für mich ungewohnt und aufregend. Das Hotel war nicht weit entfernt vom Drehort, einer eindrucksvollen Burg, die zeitweise im Besitz der Familie Münchhausen gewesen war. Zu DDR-Zeiten war sie enteignet und zu einer Kinder-und-Jugend-Psychiatrie umfunktioniert worden. Die Burg war in keinem guten Zustand. Während der Drehpausen durch das weitläufige Gemäuer zu streifen, wurde zu meiner liebsten Beschäftigung. Ich erforschte die Großküche und die Zimmer, in denen noch die Gitterbetten standen. Es war eine plastische Wiederauferstehung der Psychiatrie, in der ich aufgewachsen war. Die Drehorte saßen wie liebevoll dekorierte Waben in der sonst schon arg verwahrlosten Anlage. Dort, wo vielleicht der Baron von Münchhausen über die imposante Freitreppe geschritten war und in seinen

Gemächern an seinen Lügengeschichten gefeilt hatte, wurden später Hunderte psychisch erkrankte Kinder und Jugendliche untergebracht und nun ein *Bibi-und-Tina*-Film gedreht. Ich mag solche Orte, an denen Geschichte kollidiert und die Zeiten aufeinanderkrachen.

Meine Tochter und ich stellten eilig unsere Koffer ab und ließen uns von, wie meine Tochter ihn nannte, »unserem Fahrer« zur Burg bringen. Und nun ereignete sich etwas derart Märchenhaftes, dass noch heute, Jahre später, die Augen meiner Tochter zu schimmern beginnen, wenn wir uns an diesen Tag erinnern. Wir fuhren durch das Hoftor auf das Burggelände ein und kamen in einen weitläufigen, von Filmequipment vollgestellten Innenhof.

Wir stiegen aus, hörten laute Musik und gingen um den Cateringwagen herum. Vor dem Baugerüst wurde von zig Tänzerinnen und Tänzern eine Choreografie einstudiert. Unter ihnen waren auch Bibi und Tina und all die anderen Darstellerinnen und Darsteller, die meine Tochter und auch ich nur aus den Filmen kannten. Meine Tochter ist einer der schlagfertigsten Menschen, die ich kenne, aber in diesem Moment blieb sie stumm. Ich sah zu ihr hinunter, ihr Mund stand ganz einfach offen. Ich stieß sie leicht mit dem Ellenbogen an. »Na, alles gut?« Sie war überwältigt von dem, was sie sah. Sie sagte etwas, das ich nicht verstand. Ich beugte mich zu ihr hinunter, sodass ihr Mund direkt vor meinem Ohr war. »Papa, die sind ja alle echt!«, flüsterte sie und tastete nach meiner Hand. Der Regisseur entdeckte uns. »Ja, ist viel los heut. Wir drehen erst später, das ist jetzt nur eine Probe.« Er sah meine Tochter an und fragte: »Willst du mitmachen?« Nach einem Blick zu mir nickte sie ungläubig. »Darf ich das denn?« »Na klar. Komm, ich bring dich hin.« Er rief den Choreografen zu sich, der zu hundert Prozent alle Erwartungen erfüllte, die ich mit diesem Berufsstand verband. Er war energiegeladen, trug ein zerfetztes Unterhemd, war barfuß, hatte weiße Zähne, und seine gute Laune war mindestens so glänzend wie sein schweißnasser Körper. Jeder seiner Muskeln schien zu lächeln und Spaß zu haben. Ich setzte mich in den Schatten und sah meiner Tochter zu, wie sie innerhalb von Minuten die Bewegungsabläufe mitzutanzen vermochte und ihr der Choreograf mehrmals aufmunternd und begeistert zufaustete. Um die dreißig Tänzer und Darsteller wirbelten durch den aufstiebenden Sand. Bibi und Tina hatte ich erst gar nicht erkannt ohne ihre Perücken, ich war erstaunt, dass sie vollkommen erwachsen wirkten. Sie sahen absolut nicht wie Mädchen aus, die ihre Ferien auf dem Pferdehof verbringen wollten. Ich drehte ein Video, das ich mir später noch oft gemeinsam mit meiner Tochter angesehen habe. Sie tanzt fantastisch, und einer der Darsteller, ein unfassbar gut aussehender Junge, den sie in den Filmen anhimmelte, lacht sie an, und dann macht sie eine komplizierte Schrittfolge, und er ruft: »Yeahh«, spielt, dass er vor Staunen aus dem Tritt gerät, fängt sich und tanzt weiter.

In einer Trinkpause standen alle beisammen, und meine Tochter mittendrin im *Bibi-und-Tina*-Ensemble. In der Mittagspause holten wir uns ein deftiges Menü vom Cateringwagen. Es gab Gelächter, als ich, unerfahren wie ich war, mein Portemonnaie zum Bezahlen zückte. Natürlich war hier alles umsonst. Meine Tochter traute sich nicht, an den Tisch zu gehen, an dem Bibi und Tina saßen, tief in ihre Handys versunken. Am Nachmittag wurde dann die große Tanzszene gedreht. Die Darsteller verteilten sich auf dem Baugerüst. Bibi und Tina sahen nun exakt so aus, wie ich sie aus den Filmen kannte: mit Perücken und in knallengen Jeans, im Westernlook mit Stiefeln. Der Regisseur sorgte für eine überaus gelassene Stimmung. Ich behielt es für mich, aber die beiden Hauptdarstellerinnen sahen für mein Empfinden äußerst merkwürdig aus, wie sie auf den Pferden herangeritten kamen, sich hinunterschwangen und zu tanzen begannen. Es waren unzweideutig erwachsene Frauen, die auf Teenager machten. Die aufgemalten Sommersprossen und die blonden Zöpfe irritierten mich. Dass es der letzte Teil der Filmreihe werden sollte, schien mir mehr als zwingend. Nach zwei Stunden und zig verschiedenen Einstellungen war die Szene abgedreht. Von einem riesigen Kran aus wurde die gesamte Burgfassade mit den Tanzenden gefilmt. Alle waren hochmotiviert, die Stimmung geradezu aufgekratzt, und ich fing an, mich ein wenig auf meinen morgigen Drehtag zu freuen. Später beobachteten meine Tochter und ich, wie Bibi und Tina aus dem Hotel kamen. Beide waren schwarz angezogen, sahen eher wie Geschäftsfrauen aus, zogen Rollkoffer hinter sich her und bestiegen schnittige Kleinwagen. »Dürfen die denn schon Auto fahren?«, fragte mich meine Tochter entgeistert. »Na klar, die sind doch erwachsen.« Etwas daran missfiel ihr und entsprach nicht dem Bild, das sie sich von ihren Filmheldinnen gemacht hatte.

Sehr zeitig am nächsten Morgen wurde ich zum Set gefahren, und es wurde ein rundum gelungener Drehtag für mich. Ich sah abenteuerlich aus mit der blonden Perücke und hatte Freude an der Verwandlung. Natürlich war ich kein grandioser Trump-Darsteller, obwohl alle sagten, wie unfassbar ähnlich ich ihm sehen würde. Jeder, der sich so eine Perücke aufsetzt und eine rote Krawatte trägt, sieht aus wie Trump, dachte ich. Mehr und mehr verlor ich meine Kamerascheu und spielte mich frei. Meine Tochter sah mir entweder zu oder lag in meinem Wohnwagen und spielte auf meinem Handy herum. Sie war enttäuscht, dass Bibi und Tina und auch der heiß verehrte Alexander, wie er im Film hieß, freihatten. Aber das Team war ganz zauberhaft, und sie durfte in der Maske beim Perückeneindrehen helfen und den Pferdestall mit den berühmten Filmpferden besuchen. Ich fand es lustig, dass die Pferde im Film andere Namen hatten als in ihrem wirklichen Pferdeleben. Das Pferd Sabrina wurde von Sarouc gespielt, der den Spitznamen Pucki hatte, Amadeus von einem Vierbeiner namens Schnappi. Für die beiden Pferde waren das natürlich gute Rollen! Auch jenseits der Stunden am Set waren wir viel unterwegs. Wir gingen ins Freibad und ließen uns vom Fahrdienst in das Landesmuseum von Halle kutschieren, um die Himmelsscheibe von Nebra zu bestaunen.

Als wir am Abend zurückkehrten, saßen Bibi und Tina auf der Terrasse. Ich grüßte sie freundlich. Ihre Reaktion ließ vermuten, dass sie keine Ahnung hatten, wer wir waren. Auch wenn ich weiter vor meiner Tochter davon schwärmte, wie großartig es doch sei, dass wir auf der gleichen Terrasse wie Bibi und Tina zu Abend aßen, schien es mir, dass den beiden jungen Damen der Erfolg zu Kopf gestiegen war. Die unverbindliche Freundlichkeit wirkte ein wenig herablassend auf mich. Vielleicht waren sie aber auch nur erschöpft von der Hitze.

Am nächsten Tag hatte ich meine große Szene, vor der noch eine einzelne Bibi-Einstellung gedreht werden sollte. Bibi sollte zaubern, und es ging unter anderem um ihr berühmtes »Hex, Hex«. Der ausdauernd gelassene Regisseur versuchte, Schwung in die Szene zu bringen, aber die Darstellerin schien müde, und auch ihr »Hex, Hex« klang etwas lustlos. Der Regisseur tat angetan: »Super, aber bisschen mehr Begeisterung wäre schon schön.« Die Sommersprossen wurden nachgezeichnet, der Zopf zurechtgebogen, und dann beschenkte sie uns – nachdem ein laut gerufenes »Bitte« die Szene zum Drehen freigegeben hatte – mit einem zauberhaften Lächeln. Sie strahlte, rief: »Hex, Hex«, und beim Wegdrehen wippte der Zopf herzallerliebst. Der Regisseur jubelte: »Danke! Supertoll. Mensch! Danke!« Bibi sank ermattet auf ihrem Stuhl zusammen, als hätte sie gerade *La Strada* abgedreht. Ich fand es geradezu erschütternd, wie glaubwürdig sie das Strahlen in ihrem Gesicht an- und auszuknipsen vermochte. Ansatzlos verschwand die Begeisterung aus ihrem Antlitz, als hätte sie einen mimischen Stromausfall erlitten.

Als ich an der Reihe war, ging ich als Donald Trump verkleidet gemeinsam mit dem Hausherrn durch das Schloss, diagnostizierte überall Schwamm und sprach von Ruine und Abriss. Der Hausherr übergab mir für die unumgängliche Renovierung einen Geldkoffer. Ich klappte ihn auf und sog tief den Geruch der Scheine ein. Dann beugte ich mich über den Kofferinhalt und sagte: »Das bekommt die Steuer, und das bekomme ich.« Mit verschwörerisch gelupfter Augenbraue steckte ich mir mehrere Bündel in die Innentasche meines Sakkos. Sobald wir eine Einstellung beendet hatten, kam ein Mann zu mir und nahm mir das Geld ab, welches dann wieder sorgsam in den Koffer einsortiert wurde. Die Sequenz wurde zigmal aus unterschiedlichen Kamerapositionen gedreht, was sich aber in die Länge zog, da der Putz nicht akkurat genug von der Decke in die Szene hineinbröckelte. Im letzten Take wurde in Großaufnahme meine Hand dabei gefilmt, wie sie das Geld streichelte. Dann war es geschafft, und ich durfte zurück in den Wohnwagen. Die blonde Tolle wurde entfernt. Ich war rundum zufrieden mit mir und dachte, ja, vielleicht hatte ich mein Filmtrauma nun tatsächlich besiegt. Ich zog mein Trump-Jackett aus und hängte es an einen Haken. Da sah ich die ausgebeulte Innentasche, nahm die Geldscheine heraus und legte sie auf den Wohnwagentisch. Ich räumte all meine Sachen zusammen, und meine Tochter kam zu mir. Sie hatte keine Lust mehr, Zeit am Set zu verbringen. Aus dem Zauber des Anfangs war zähes Warten geworden. Wir ließen uns ins Hotel fahren, und am nächsten Morgen ging es schon zeitig zurück zum Flughafen. So unfassbar es vor zwei

Tagen noch gewesen war, dass in einer Limousine Schokoriegel lagen, so selbstverständlich fragte meine Tochter nun mit einem Anflug von Dreistigkeit in der Stimme den Fahrer: »Was ist los? Warum sind diesmal keine M&M's dabei?« Als wir in der S-Bahn vom Wiener Flughafen in die Stadt saßen, suchte ich etwas in meinem Rucksack und stieß auf das Geld aus meiner Szene. Es waren mehrere Bündel Hunderter mit Banderole.

»Ich hab was für dich«, sagte ich zu meiner Tochter und überreichte ihr das Geld. »Deine Gage dafür, dass du mich so lieb begleitet hast.« Sie nahm das Geld und blätterte die Scheine mit dem Daumen durch. »Danke, Papa, für die tolle Reise.« Sie sah auf die Bündel hinab. »Und die außerordentlich gute Bezahlung!« Ich liebte es, dass meine Tochter jederzeit bereitwillig in kleine Szenen mit mir einstieg. Ich brachte sie zu ihrer Mutter, wo sie noch in der Haustür zu schwärmen begann, und verabschiedete mich rundherum zufrieden.

Vor Kurzem hatte mir eine Freundin erzählt, ebenfalls getrennt, wie sie mit ihrer vierzehnjährigen Tochter für zwei Wochen nach Island geflogen war, um dieser ihren Kindheitswunsch, Wale und Vulkane zu sehen, zu erfüllen. Zwei Wochen waren sie in einem sauteuren Wohnmobil durch die atemberaubende Landschaft gefahren. Mutter und Tochter zum ersten Mal ohne Vater allein auf Reisen. Sie hatten kleine Polarfüchse durch eine Wiese springen sehen, hatten einen Krater besucht, in dem die Lava kochte, hatten mit Mütze auf dem Kopf in heißen Quellen gelegen und schließlich bei einer Bootsfahrt Schweinswale und sogar Orcas gesehen. Doch die Tochter habe, so erzählte es mir die Mutter, zwei Wochen lang keine Miene verzogen und vom Aufwachen bis zum Einschlafen das stets gleiche angeödete Gesicht gemacht. Am ersten Abend nach ihrer Heimkehr nach Berlin hatte sich die

Mutter weinend in der seit der Trennung noch nicht komplett eingerichteten neuen Wohnung im Badezimmer eingeschlossen. Plötzlich, in einer Schnief-und-Schnauf-Pause, habe sie dann ihre Tochter lachen gehört, was in den gesamten zwei Wochen Urlaub kein einziges Mal vorgekommen sei. Sie sei leise aus dem Badezimmer zur verschlossenen Tür des Zimmers der Tochter geschlichen und hörte diese telefonieren. Daraufhin habe sie sich die Tränen abgewischt und ihr Ohr an die Tür gelegt. Es sei wie ein Wunder gewesen, ihrer Tochter zuzuhören. »Begeistert hat sie von den ›krass süßen‹ Polarfüchsen geschwärmt. Und dann hat sie ihrem Telefongegenüber detailliert vom Vulkan erzählt, und andauernd fielen Adjektive der Superlative wie ›grandios‹, ›unbeschreiblich‹ und ›mega nice‹. Sie sagte: ›Und stell dir vor, ich hab Wale gesehen. Die stinken, wenn sie auftauchen. Echt! Deren Atemluft riecht nach Fisch. Ekelhafte Rülpser. Die Orcas waren das Schönste, was ich je gesehen habe. Es sieht aus, als würden sie unter Wasser fliegen!‹«

An diese Begebenheit dachte ich, als ich die Wohnung der Mutter meiner Kinder verließ und mich auf den Weg nach Hause machte. Und ich war dankbar, dass meine Tochter all ihre Freude noch so offenherzig mit mir teilte.

Zwei Tage später bekam ich einen Anruf, ging aber nicht ran, da ich die Nummer nicht kannte. Jemand sprach mir auf die Mobilbox. Ich ignorierte es. Eine Stunde später wieder ein Anruf unter derselben Nummer. Diesmal meldete ich mich nicht, da ich in der U-Bahn saß. Doch ich hörte mir die aufgesprochene Nachricht an. Eine erregte, um Beherrschung ringende Stimme. »Joachim, bitte, bitte ruf mich zurück. Ich bin's, Selma, die Produktionsleiterin von *Bibi und Tina!* Hier brennt die Hütte.« Mich regte der Anruf in keinster Weise auf. Auch wenn es seltsam abgebrüht klingen mag, aber ich hatte mir im Laufe der Jahre angewöhnt, die Dringlichkeit, mit der in meinem Beruf an mich herangetreten wurde, nicht mehr ganz so ernst zu nehmen. Was sollte schon Schwerwiegendes vorgefallen sein? Filmmaterial verbrannt? Neunzig Prozent aller Notlagen klärten sich, wenn man sie ein wenig ignorierte, von selbst. Einmal hatte ich einen Anruf aus dem Theater erhalten, jemand sprach mit ersterbender Stimme und beichtete, dass meine Perücke von einem Azubi mit dem Brenneisen abgefackelt worden sei. Meine Güte, dann würde ich halt ohne Haare auftreten. Es gab wahrlich Schlimmeres. Ich ging mit meinem Sohn ins Schwimmbad. Als ich das Handy mit brennenden Chloraugen wieder aus dem Kleiderspind holte, leuchteten zig Anrufe auf. Von zig unbekannten Nummern. Ich föhnte meinem Sohn die Haare, spazierte zum Spielplatz, setzte ihn in die Babyschaukel und rief Selma an. »Hallo, ich bin's.« »Joachim, hast du das Geld?« »Welches Geld?« »Das aus dem Koffer? Es fehlen mehrere Bündel!« Ich brauchte einen verwirrten Augenblick lang, um mich zu besinnen. Hatte ich etwas falsch gemacht? Sollte ich prophylaktisch erst einmal lügen? »Das Geld aus der Szene?«, fragte ich unschuldig. »Genau. Man sieht ja in der Aufnahme, wie du es in die Innentasche deines Sakkos steckst. Das haben wir hier alle ganz genau gesehen. Wo, Joachim, wo ist das Geld?« »Das war doch Spielgeld. Das war doch nicht echt«, erwiderte ich, immer noch gelassen, und stieß grinsend mein Kind in der Schaukel an. »Dich scheint das zu amüsieren. Aber ich frage dich jetzt noch mal: Hast du das Geld?« »Ja, hab ich.« »Alle Bündel?« »Ja.« Ich hörte sie durchatmen und rufen: »Er hat das Geld!« Im Hintergrund vernahm ich schwer zu deutende Grunzer oder Juchzer, vielleicht auch Schläge mit der flachen Hand oder Faust auf Tischplatten oder gegen Wände. »Bist du wahnsinnig, dieses Geld mitzunehmen? Die Polizei ist hier.« Ihre Erregung und meine Gelassenheit vertrugen sich nicht besonders. »Da das Geld in eurer Szene in einer Nahaufnahme zu sehen war, brauchten wir A 13, und A 13 hat die höchste Sicherheitsstufe. Wenn wir dieses Geld nicht zurückbekommen, droht uns hier eine Klage wegen Veruntreuung, und nicht nur das, das Geld ist hoch versichert. Und zwar nicht der Koffer, sondern jedes Bündel einzeln. Die oberste Lage war A 13, darunter A 9. A 13 ist auf original Geldpapier gedruckt. Das kannst du zum Beispiel in Fahrkartenautomaten verwenden. Ich hoffe, du verstehst jetzt, was du angerichtet hast.« Der guten alten Formulierung, dass einem das Herz in die Hose rutscht, würde ich von nun an endlich die nötige Wertschätzung entgegenbringen. Erst schlug es noch wild in meiner Brust, doch dann löste sich dieses Pochen und rutschte hinab, während ich Wörter wie Klage und Sicherheitsstufe hörte. Mein Herz sackte ab und sank hinab in den Bauchraum. Da eskalierte es, raste, verlor abermals den Halt und landete schließlich noch eine Etage tiefer: direkt in der Hose. Ich schaukelte mechanisch meinen Sohn, der während des Gesprächs ein paarmal hinausgewollt hatte, was ich ignorierte, und nun schien er gleich schwimmmüde einzuschlafen. Sein kleiner Kopf versuchte, gegen den Schaukelschwung hoch erhoben zu bleiben, kippte aber zunehmend nach vorn und hinten. »Ich hab das Geld meiner Tochter geschenkt.« »Dann gehst du jetzt sofort dahin und holst es.« »Gut. Es tut mir leid. Ich hab das wirklich nicht gewusst. Das hat mir keiner gesagt.« Und dann formulierte sie einen Satz, der mir im Gedächtnis geblieben ist, da er pathetisch, gewichtig, ja dräuend klang. Sie sagte: »Noch ist nicht alles verloren.« Ich rief die Mutter meiner Tochter an und bat sie darum, ihr das Handy weiterzureichen. »Hallo Papa!« »Hallo, mein liebstes Tochterkind. Was machst du gerade?« »Ich esse Speck.« »Sehr gut. Ich muss dir leider sagen, dass ich das *Bibi-und-Tina*-Geld, das ich dir geschenkt habe, wieder zurückgeben muss.« »Warum das denn?« »Ich verstehe es auch nicht wirklich, aber ich hätte das nicht mitnehmen dürfen. Es ist fast wie echtes Geld, auf echtem Geldpapier gedruckt.« Ich hörte ein »Oh«. »Ich komme gleich noch mal vorbei, wenn es euch passt, und hole es, okay?« »Papa?« »Ja?« »... ich hab das Geld nicht mehr. Also nicht mehr alles.« »Wie meinst du das? Wo ist es denn?« »Ich hab es in der Schule verteilt. Alle wollten etwas davon abhaben, als ich erzählt habe, dass es von Bibi und Tina ist. Das war so cool ... Alles in Ordnung, Papa?« »Geht so. Wie viel hast du denn noch?« »Warte, ich guck mal.« Ich hörte, wie sie in ihr Kinderzimmer lief und in ihrer Schultasche wühlte. Zufrieden mit sich verkündete sie: »Fünf Scheine hab ich noch.« »Fünf? Das heißt, den Rest hast du verteilt? Das ist nicht gut. Das ist gar nicht gut. Ich komm mal vorbei.«

Vorsichtig hob ich meinen tief schlafenden Sohn aus der Schaukel und trug ihn in den Kinderwagen hinüber, ohne dass er aufwachte. Während der Fahrt zu meiner Tochter erreichte mich eine Mail der Produktionsfirma, in der verschiedene Formulare angehängt waren. Bestimmte Textpassagen waren mit Textmarker bedrohlich hervorgehoben. Mit achthunderttausend Euro war das Geld im Koffer versichert. Ich hatte etwas unterschrieben, in dem ich versicherte, »Geld darstellende Requisiten unversehrt und vollständig zu retournieren«. Ich war also genauso haftbar wie die Filmfirma. Der Drehort hatte sich in der Nähe von Nebra befunden, und somit war es das Landeskriminalamt Sachsen-Anhalt, das den Geldkoffer zur Verfügung gestellt hatte. Selbst der robust gelassene Regisseur Buck sprach mir norddeutsch aufs Band: »So eine Scheiße hab ich schon lange nich mehr an der Hacke gehabt.« Schon in der Wohnungstür wedelte meine Tochter mit den fünf verbliebenen Blüten. Ich nahm sie und sah sie mir genau an, befühlte sie, roch an ihnen, wendete sie. »Komm, wir setzen uns in dein Zimmer und machen eine Liste mit den Kindern, denen du Geld gegeben hast.« Sie machte ein ernstes Gesicht. »Geschenkt ist geschenkt und wiederholen ist gestohlen, Papa.« »Ich weiß«, sagte ich, »es ist voll und ganz meine Schuld.« Sich an all die Namen zu erinnern, erwies sich als unmöglich, und immer deutlicher trat meine Tochter als großzügige Spenderin zutage, die, von Kindern umringt, in der Pause freimütig Scheine unters Kindervolk gebracht hatte. Ich kam nach einem zwischenzeitlich am Rande der Freundlichkeit geführten Verhör auf elf Namen. Während dieser Zeit hatte ich meinen Sohn im Kinderwagen völlig vergessen. Es war mein klarer Auftrag, das Kind nach dem Schwimmen am Einschlafen zu hindern, da dies seinen gerade erst zur Zufriedenheit aller regulierten Schlafrhythmus zerstören würde. Schlief er am späten Nachmittag ein, wusste man, dass man bis drei Uhr nachts als erschöpfter Zombie Playmobil-Figuren durch das Harry-Potter-Schloss schieben würde.

Ich saß vor meiner zehnjährigen Tochter, die jede Lust, sich genauer zu erinnern, verloren hatte. »Komm, einen Namen noch, einen einzigen Namen noch. Konzentrier dich.« Ich wunderte mich, dass sie von vielen ihrer Mitschüler nur die Vornamen kannte. Bei zwei Kindern schienen mir selbst diese eher Spitznamen zu sein. »Wie heißt denn Wolli wirklich?« »Der heißt Wolli, alle nennen ihn so.« »Weißt du vielleicht seinen Nachnamen?« »Nein – obwohl, warte, Papa, ich glaube, der heißt Watzmann.« »Wolli Watzmann? Kein Kind der Welt heißt Wolli Watzmann. Der Watzmann ist ein Berg.« Auch Schnibbel hieß sicherlich anders. »Ich muss rausbekommen, wie viele Scheine genau vermisst werden. Morgen komme ich mit in die Schule, und dann versuchen wir, die Kinder zu finden.« Sie rieb sich müde die Augen: »Muss das sein? Das ist peinlich, Papa. Ich möchte das nicht machen. Bitte, bitte nicht.« Sie weinte, erst noch zögerlich, dann bitterlich, duckte sich seitlich weg, als ich versuchte, ihren Kopf zu streicheln. »Mir ist das auch unangenehm, aber es geht nicht anders. Es tut mir leid.« Meine Tochter hatte es oft schwer in der Schule, Freundinnen waren ein heikles Thema. Ich begriff sehr wohl, dass es schrecklich sein würde, diesen Moment der Großzügigkeit wieder einzufangen, den Film rückwärts abspielen zu müssen und all die hergeschenkten Blüten zurückzufordern.

Mein Sohn im Kinderwagen hatte sich mit geöffnetem Mund in knochenlosen Tiefschlaf verabschiedet. Auf dem Nachhauseweg las ich verschiedene Mails und Nachrichten und hörte die Mobilbox ab. Allen ging es ausschließlich darum, mir den Ernst der Lage bewusst zu machen. Solange nicht auch der letzte Geldschein wieder in Sachsen-Anhalt eintrudelte, drohe ein Drehstopp mit persönlicher Haftung meinerseits für alle anfallenden Forderungen. Was konnte ich tun? Ich schob den Kinderwagen durch den Wiener Stadtpark, setzte mich auf eine der schönen Bänke, schnorrte mir eine Zigarette und schlenderte auf meinen Lieblingsumwegen nach Hause. Die Nacht wurde dann eigentlich ganz schön. Völlig ausgehungert wachte mein Sohn gegen Mitternacht auf. Sophie sagte im Halbschlaf freundlich, aber bestimmt: »Viel Vergnügen.« Ich machte ihm Pfannkuchen, und dann spielten wir bis morgens um vier, schliefen gemeinsam vor dem Harry-Potter-Schloss ein, die kleinen Figürchen in der Hand.

Am nächsten Morgen war ich schon früh mit meiner Tochter in der Schule, um die Lehrerin abzufangen. Es brauchte einige Zeit, ihr den Sachverhalt plausibel zu machen. »Du weißt doch, dass du kein Geld mit in die Schule nehmen darfst«, ermahnte sie meine Tochter. »Sie dachte ja, es sei Spielgeld. Sie trifft wirklich keine Schuld.« »Aber Sie sagen doch, dass es wie echtes Geld aussieht.« »Ja, das schon, aber es ist Filmgeld.« »Trotzdem. Die Kinder dürfen grundsätzlich nicht solche Summen mit in die Schule nehmen.« Wir diskutierten, während immer mehr Kinder in die Klasse kamen. Ich schien durch meine Drehtage bei *Bibi und Tina* zu einem Heilsbringer aufgestiegen zu sein. Es wurde geflüstert und mit dem Finger auf mich gezeigt. Jedes zweite Kind zupfte an mir und fragte: »Stimmt es, dass du Bibi und Tina kennst?« »Kennst du auch Alexander?« Überall gerötete Wangen. »Könntest du mir auch ein Autogramm besorgen?« Ich wurde dazu aufgefordert, per Handyfilm zu beweisen, dass meine Tochter wirklich mitgetanzt hatte. Als ich schließlich vor der Klasse mein Anliegen vorbringen durfte, bekam ich Applaus. Meine Tochter saß ganz still da, hatte ihre langen Haare wie eine Sicherheitsgardine vor dem Gesicht zugezogen. »Dass ich hier bin, hat leider einen blöden Grund. Ich habe eine Bitte an …« Ein Mädchen rief dazwischen: »Hast du Amadeus und Sabrina gestreichelt?« »Oh ja! Die sind beide lieb. Hört mal, das Geld, das gestern auf dem Schulhof verteilt wurde, brauche ich unbedingt zurück. Ich hätte das nicht mitnehmen dürfen.« Und ohne groß zu überlegen, aus einer völlig ungesicherten Eingebung heraus, versprach ich: »Wer mir seinen Geldschein zurückgibt, dem werde ich ein Autogramm besorgen.« Lärm brach los, es wurde sich hin und her geworfen. »Ja, ich besorge euch Autogramme!«, rief ich. »Und ich lade euch alle, die gesamte Klasse, zu einer Sondervorstellung vom neuen Film ein. Vielleicht kommen Bibi und Tina da auch. Und jetzt her mit den Geldscheinen!« Die Lehrerin beschrieb mit ihrer Hand ein paar Kreise in der Luft, um mir zu signalisieren, dass meine Rückholaktion nun schon genug Unterrichtszeit in Anspruch genommen hatte. Manche Kinder wühlten in ihren Schulranzen, andere meldeten sich stürmisch, um mir mitzuteilen, dass sie das Geld zu Hause hätten. Fünf Hunderter sammelte meine Tochter ein. Ich notierte die Namen. Mein Kind flüsterte mir zum Abschied ins Ohr: »Wenn du das, was du da eben versprochen hast, nicht hältst, rede ich nie wieder ein Wort mit dir.« Ich sah in ihre wunderschönen Augen und glaubte ihr. Es war nicht einfach dahingesagt, es würde wirklich so kommen, da war ich mir sicher. Wegen *Bibi und Tina* würde sie nie wieder mit mir sprechen. Die Lehrerin hatte genug von mir und öffnete die Klassenzimmertür. »Sie kommen morgen nicht wieder während des Unterrichts her. Ich werde die Scheine einsammeln, und Sie holen sie nach Schulschluss.« Sie drängte mich hinaus, aber ich stemmte mich gegen die Tür. »Eine letzte Frage noch. Wer ist Wolli Watzmann?« »Schluss jetzt! Gehen Sie!« »Ich muss Schnibbel finden.«

In der Nähe der Schule war ein Copyshop. Ich entwarf am Handy ein Plakat, kopierte es zwanzigmal in DIN-A3-Größe, kaufte eine Rolle Klebeband und eilte zurück zur Schule. Drei Plakate hatte ich bereits geklebt, als mich jemand an der Schulter packte und unsanft herumriss. »Was machen Sie da?« »Das ist mit der Schule abgesprochen«, log ich, »ein Notfall. Ein Spendenaufruf.« Der Mann, der unzweifelhaft der Hausmeister war, schob mich beiseite und las das Plakat, halb murmelnd, vor:

Liebe »Bibi und Tina«-Fans!
Gestern wurde auf dem Pausenhof Spielgeld verteilt.
Leider stammen diese Geldscheine aus dem »Bibi und Tina«-Film. Bibi und Tina brauchen ganz dringend das Geld zurück. Bitte liefert es im Lehrerzimmer ab. Bei Frau Holz.
Es gibt eine tolle Belohnung. Ein Autogramm von Bibi oder Tina oder Alexander und eine Freikarte, wenn der Film in die Kinos kommt.
Bitte macht mit.
Es ist superdringend! – Euer Dirk Trumpf

Das Gehirn des Hausmeisters arbeitete auf Hochtouren, das konnte ich selbst an seinem Hinterkopf sehen, der sich unter der Anspannung zu verformen schien. »Was haben Sie denn mit *Bibi und Tina* zu tun?« »Ich spiele da mit.« »Meine Töchter lieben *Bibi und Tina*.« »Oh, meine auch.« »Könnten Sie mir auch ein Autogramm besorgen?« »Na klar, kein Problem.« Ich durfte weiterziehen und meine Hilferufe plakatieren. Ich lief durch die Gänge, Treppen hinauf und hinunter und war erstaunt, wie sehr alle Schulen einander glichen. Durch die verschlossenen Türen hindurch spürte ich die eingepferchten und gebändigten Kinderkörper, die sich ins Freie sehnten.

Ich schrieb dem Regisseur eine Nachricht, dass sich alles zum Guten wenden würde. Ich bräuchte allerdings dringend jede Menge Bibi-und-Tina-Autogramme, um die Geldscheine einzutauschen. Dreißig Einhundert-Euro-Scheine hatte ich mitgehen lassen. Innerhalb der nächsten zwei Tage wurden zwölf weitere Scheine in der Schule abgegeben. Immer wieder zählte ich das Geld durch. Auch wurde Wolli Watzmann enttarnt. Der neunjährige Junge hieß Wido Schatzmann und hatte seinen Geldschein bunt angemalt. Schnibbel blieb verschollen. Per Kurier erreichten mich dreißig Autogramme von Bibi, Tina und Alexander. Das – so würde man wohl sagen – war ein Game Changer. Jeden Tag ging ich in die Schule und hoffte auf weitere Blüten.

Die Kinder hopsten an mir hoch, forderten auch noch im Nachhinein für ihren Schein ein Autogramm. Es wurden Suchtrupps organisiert, und ein Mädchen wedelte mit ihrem Schein vor meiner Nase herum und forderte dreist vier Autogramme. Ich hatte die Adressen von drei Kindern, die leugneten, Geld bekommen zu haben, aber dank verschiedener Zeugenaussagen klar als Empfänger überführt worden waren. Am Wochenende machte ich mich auf den Weg zu ihnen. Mir blieben noch zwei Tage bis Montag, der endgültigen Deadline der Wiederbeschaffung. Sosehr ich meine Tochter auch angefleht hatte, mich zu begleiten, sie wollte nicht, und selbst die Aussicht, gemeinsam mit der Vespa zu fahren, konnte sie nicht umstimmen. Stand der Ermittlungen war folgender: Sieben Scheine fehlten. Ich ignorierte die Hinweise, dass nur die komplette Anzahl der Blüten eine Schadensersatzklage seitens der sachsen-anhaltischen Landespolizei gegen mich verhindern würde. Bei zwei Familien hatte ich Glück. Die Eltern waren überaus freundlich und suchten gemeinsam mit mir in den Kinderzimmern. Ein Junge allerdings wollte vom Autogramm nichts wissen und weigerte sich, seine als Buch getarnte Spardose zu öffnen. Es kam zum Streit, und unter Tränen rückte er den Schlüssel raus. Als der Vater den metallenen Buchdeckel aufklappte, lagen drei Scheine darin. Es war wie ein Wunder, und ich umarmte den Mann vor Dankbarkeit stürmisch. Der Ehrgeiz, der mich gepackt hatte, das Geld einzutreiben, missfiel mir. Ich war regelrecht besessen und witterte überall Lügen und Intrigen. Diese Paranoia führte bei der dritten Familie, die ich besuchte, zum Eklat. Mehrere Kinder hatten geschworen, gesehen zu haben, wie meine Tochter dem Kind der Familie, einem zehnjährigen Musterschüler, einen Schein gegeben hatte. Sein arrogantes Benehmen reizte mich. Auch seine Eltern hatten den gleichen schmalen und blutleeren Mund wie er. »Wenn mein Sohn sagt, dass er den Schein nicht genommen hat, dann hat er ihn nicht genommen.« »Aber er wurde von mehreren Schülern dabei gesehen!«, warf ich ein. Die Mutter strich ihm über das glatte Haar: »Hast du einen Schein genommen?« »Nein.« Seine Stimme klang sicher und glaubwürdig. »Ich interessiere mich nicht für solche Filme.« Doch ich glaubte ihm kein Wort und hätte ihm von Herzen gern eine Kopfnuss verpasst. Ich sagte Sätze wie: »Ich möchte kurz mit Ihrem Sohn allein sprechen«, oder auch: »Wo bitte ist sein Zimmer? Es wird nicht lange dauern«, deren Übergriffigkeit mir erst im Nachhinein klar wurde. Unverrichteter Dinge zog ich von dannen. Eine heiße Spur führte in die Steiermark, eine weitere sogar nach Budapest. Es war, als wäre eine Böe in einen Haufen Federn gefahren und hätte diese in alle Himmelsrichtungen auf und davon geweht. Ich begriff, dass es an der Zeit war, der Filmfirma und auch dem Landeskriminalamt mitzuteilen, dass ich es nicht schaffen würde, alle dreißig Geldnoten zu finden. Ich war auf die Androhung weiterer schwerwiegender Konsequenzen gefasst, aber seltsamerweise schienen sich alle, im Gegensatz zu mir, während des Wochenendes entspannt zu haben. Ich bat um die Adresse, an welche ich das Geld schicken könne, bot sogar an, mich ins Flugzeug zu setzen, um es höchstpersönlich zu übergeben. Doch dies sei aus verschiedensten Gründen völlig unmöglich. Mir wurde mitgeteilt, dass ich mich zwecks Geldübergabe zwischen 13:30 und 14:00 Uhr des folgenden Tages auf dem Bahnsteig der Station Wien Rennweg aufzuhalten hätte, das Geld in eine neutrale Papiertüte eingeschlagen. Ich würde dort angesprochen werden. Ich muss sagen, dass diese halbe Stunde zu den seltsamsten meines Lebens gehört. Von Minute zu Minute wurde es mir mulmiger zumute. Was war das für ein Deal? Die Paranoia schlängelte sich mir um die Knöchel, wand sich die Beine hinauf, fand meinen Hals und würgte mich. Ich drückte mich mit dem Rücken an die Wand der Station, da ich plötzlich sicher war, man würde sich meiner durch einen Schubser auf die Gleise entledigen. Ich hatte nächtelang kaum geschlafen, hatte nur Kaffee getrunken und Haribo gegessen. Meine Hand umkrallte die Geldtüte, und je unauffälliger ich zu agieren versuchte, desto beobachteter kam ich mir vor. Würde ich während der Übergabe verhaftet werden? Plötzlich war mir, als würden alle meine Verfehlungen, alle jemals begangenen Missetaten auf mir lasten. Jeder würde erkennen, dass dieser nervöse, nicht mehr junge Mann, der sich hektisch umschauend auf dem Bahngleis herumdrückte, ein Judas war, ein Verräter mit einem Säckchen voller Falschgeld. Ich musterte die Fahrgäste, die ein- und ausstiegen. Auf einem Blatt hatte ich meine misslungene Suche nach den letzten unauffindbaren Blüten dokumentiert. Dieses Dokument gedachte ich ebenfalls dem Kurier zu überreichen. Schon von Weitem sah ich den Mann nach mir Ausschau halten. Ich hob die Hand, und er kam auf mich zu. »Herr Meyerhoff?« »Ja, das bin ich.« »Haben Sie das Geld?« »Ja, hier in dem Tütchen.« Mit einem großen Schritt kam er auf mich zu, drückte sich an mich und wischte vorbei, wobei er mir die Tüte aus der Hand zog. Und weg war er. Die Übergabe hatte keine fünf Sekunden gedauert. Das Gesicht des Mannes löschte sich im selben Moment, da er mein Blickfeld verlassen hatte, aus meiner Erinnerung. Er war die Unscheinbarkeit in Person, und ich hatte keinen Zweifel daran, dass ihn genau diese Eigenschaft für solcherlei Einsätze qualifizierte. Ich setzte mich auf eine Bank, atmete ein und aus und registrierte, wie sich die Anspannung in mir löste.

Als ich mehrere Wochen später den Film in einer Preview sah, wunderte ich mich über eine Szene, die nicht im Drehbuch gestanden hatte. Ein Bauarbeiter-Trupp war eingefügt worden, der mit Schubkarren Sand herumfuhr. Die Szene machte kaum Sinn. Wer waren diese Statisten? Ein Verdacht stieg in mir auf. Waren das eventuell Mitarbeiter des Landeskriminalamts Sachsen-Anhalt? Waren das Männer, die Kinder hatten? Kinder, die *Bibi und Tina* liebten? War es zu einem Deal gekommen? Ich kam nicht dahinter. Doch es war mir egal, ich war heilfroh, denn alle Ermittlungen waren endgültig eingestellt worden.

Gewitterkälbchen

Eines Nachmittags, nachdem ich stundenlang gesessen und geschrieben hatte, war es so weit. Obwohl es nach Regen aussah, zog ich mich um, da ich einen lange in mir verstummten Bewegungsdrang spürte, dem ich zügig nachzugeben gedachte, bevor er wieder verstummen würde. Es war ungewöhnlich schwül, und die grauen Wolken ballten sich bedrohlich zusammen. Jahrelang war ich viel gejoggt und hatte an verschiedenen Marathons teilgenommen. Ich lief los und war überrascht, wie fügsam mein Körper sich in Bewegung versetzen ließ. In der Stadt laufen zu gehen, war mir schon länger keine Freude mehr. Im Pulk Parkanlagen zu umrunden, kaum Luft zu bekommen und zwischen hupenden Autos über Straßen zu huschen, konnte mich kaum noch locken. Zudem schreckte mich ab, dass man in Berlin ununterbrochen von topfitten Greisinnen und Greisen überholt wurde, die mager und geschmeidig wie junge Gazellen an einem vorbeisprinteten. Doch auf dem Land, beim ersten Lauf seit Langem, erging es mir um einiges besser. Die Weite zog den Blick in die Ferne, und die Beine rannten bereitwillig mit. Zu joggen, um sich fit zu halten, ödete mich an, zu laufen jedoch, um sich in der Natur zu bewegen, bereitete mir Freude. Eigentlich hatte ich für den Anfang vorgehabt, in bedächtigem Tempo bis zum Ende des Sackgassensträßleins und wieder zurück zu laufen. Das sind 1500 Meter, hatte ich gedacht und befunden, dass das nach wochenlanger Lethargie kein schlechter Wiedereinstieg sei. Ich lief los und fühlte mich herrlich. Mein Körper erinnerte sich sogleich an glorreiche Fitnesszeiten, in denen er viele Kilo leichter und Jahre jünger gewesen war. Einmal war ich nach 42 Kilometern direkt nach dem Überqueren der Ziellinie einfach weitergelaufen, bis nach Hause, da ich keine Lust hatte, die U-Bahn zu nehmen. Zwischen lauter mehr oder weniger Kollabierten, die den Straßenrand säumten, lief ich im Zickzack aus der Masse heraus. Meinen schönsten Marathon lief ich bei Schnee ganz und gar alleine im Wiener Prater und auf der Donauinsel. Die Flocken rieselten, und es war, als würde mir das Weiß unter den Laufschuhen bei jedem Schritt einen lautlosen Schwung mitgeben. Ich war wie berauscht von meiner Federleichtigkeit in der Schneestille. Ich wurde damals einfach nicht müde. Jetzt allerdings spürte ich meine Knochen, doch meine Kondition war besser als gedacht. Ich bog in eine von mir stets geliebte Acht-Kilometer-Runde über Stock und Stein ein. Die Luft stand warm und still in der Landschaft, und schon bald begann ich zu schwitzen. Ich war euphorisch darüber, überhaupt unterwegs zu sein, und schmiedete bereits Pläne, wie ich mich ein letztes Mal zum Wunderläufer mausern könnte. Nach circa zwanzig Minuten meldete sich meine Achillessehne, und nach fünfundzwanzig Minuten fegten wie aus dem Nichts Windwellen in die Knicks hinein. Als ich die Hälfte der Strecke erreicht hatte, bekam ich Seitenstechen, und die Wolken hatten absonderliche Farben und Formen angenommen. Der schwarzlila dräuende Himmel, spannungsgeladen und bereit zu platzen, wölbte sich wie ein entzündeter Bauch der Erde entgegen. Sollte ich versuchen, möglichst schnell nach Hause zu sprinten, oder nach Schutz suchen? Ich setzte zum Spurt an, doch nach ein paar Hundert Metern wurden meine Oberschenkelmuskeln heiß, und die Achillessehne ließ mich humpeln. Die Tropfen wurden bereits größer, und die Spannung in der Luft wuchs und wuchs. Mir war, als könne ich die Elektrizität geradezu schmecken. Ich suchte mir einen Baum und fand eine dicht belaubte Eiche. Lehnte mich an den Stamm und versuchte mir den Blitzschutzspruch zu vergegenwärtigen. Wie ging der noch? »Buchen sollst du suchen, unter Eichen liegen Leichen.« In Stoßwellen fegten Böen über die Wiesen. Gleich der erste Blitz war nicht weit weg und der Donner gewaltig. Mir war völlig klar, dass es keine gute Idee war, unter dem höchsten Baum weit und breit Schutz gesucht zu haben, und ich achtete darauf, mit dem Rücken nicht das Holz zu berühren. Nun prasselte der Regen los, wurde in schwarzen Vorhängen über die Landschaft getrieben. Es blitzte nur vereinzelt, der Regen war sintflutartig. Mir direkt gegenüber, keine zehn Meter entfernt, standen mehrere Kühe, die stoisch weiter vor sich hin grasten. Eine jedoch stellte ihren Schweif aufrecht in das Gewitter und begann, durchdringend zu muhen. Ich hatte es noch einigermaßen trocken unter dem Blätterdach und rief laut zu ihr hinüber: »Schwanz runter! Bist du wahnsinnig?« Das hatte mir gerade noch gefehlt, dass ich Zeuge würde, wie der Blitz in eine unvernünftige Kuh einschlug. Von diesem Anblick würde ich mich nie wieder erholen, war ich mir sicher. Die Kuh streckte ihre absurd lange Zunge in den Regen und brüllte. Ihre Augen traten aus dem Kuhschädel hervor und blickten verdreht in verschiedenen Richtungen. Sie muhte, machte einen Buckel, ihr Schwanz stand wie eine Standarte aufrecht und zeigte gen Gewitterhimmel. Sie ging ein paar Schritte, blieb stehen, und der nächste Kuhkrampf ließ sie erneut aufmuhen. Ihr Euter war riesig, Sturzbäche von Wasser liefen von den einzelnen Zitzen. Das Gewitter zog quälend langsam vorbei, immer wieder blitzte es so nah, dass meine

Pupillen zusammenzuckten, und ich meinte, die Druckwelle des Donners im Magen zu spüren. Ästchen wurden vom Wind aus der Baumkrone gerissen und rieselten um mich herum. Sollte ich mich möglichst flach in eine Bodenfurche pressen, oder war alles halb so dramatisch? Die Kuh drehte sich um die eigene Achse, muhte und streckte den Kopf vor. Vielleicht, dachte ich, stirbt sie vor Angst. Ihre Artgenossen sahen kauend auf, wandten sich ab und schienen es zu genießen, vom Regen gekühlt und fliegenfrei gespült zu werden. Die Tropfen prasselten auf den gekrümmten Rücken der Kuh, und es sah aus, als würden die wie irre aufgerissenen Augen jeden Moment aus dem Kopf platzen, so sehr drückte sie an ihrem Schmerz herum. Ich rief: »Alles gut? Bitte stirb nicht.« Unter dem Schweif bildete sich eine Blase, die rosig und prall gefüllt hervortrat. Es sah so aus, als würde die Kuh mitten im schlimmsten Unwetter mit ihrem Hintern einen Ballon aufblasen. Schlagartig verstand ich, was sich ereignete. Die Hülle platzte, und eine Fontäne von Flüssigkeit schoss unter ihrem Schweif hervor, ergoss sich blutig über ihren mit Kot verklebten Kuhhintern. Der Wind ließ so abrupt nach, wie er gekommen war, doch der Regen rauschte weiter tropisch herab. Mein Blätterdach bot kaum noch Schutz, und ich spürte, wie mir das Wasser durch die Kleidung und die Schuhe drang. Die Laute, die sich der Kuhkehle entrangen, hatten mit dem, was ich unter Muhen verstand, wenig gemein. Ihre lang gezogenen Schreie gingen mir durch und durch. Die Zunge der gebärenden Kuh war dunkelrot und schleckte und schlappte in den Regen hinaus. Etwas stumpf Verklebtes wurde in der Öffnung sichtbar. Die Kuh stellte Vorder- und Hinterbeine weiter auseinander und presste. Ihr gekrümmter Rücken machte mir Sorgen. Machte sie das richtig? Wenn ich nicht gewusst hätte, dass es ein Kälbchenkopf sein musste, der sich aus der Kuh stülpte, hätte ich es für das Haupt eines glitschigen, blutigen Monstrums gehalten. Kurzzeitig entspannte sich der Kuhbuckel, und sie wandte den Kopf nach hinten. Vielleicht um nachzusehen, wie weit sie schon gekommen war. Der Regen prasselte auf das Köpfchen, spülte das Blut ab, und mehr und mehr konnte ich so etwas wie Ohren und eine Schnauze erkennen. Die nächste Kontraktion ließ mich unter meinem Baum die Hände in die Höhe werfen. Aus der Kuh glitt mit einem einzigen Schwall das Kälbchen heraus. Ein blutiges Geschoss flutschte hinaus ins Gewitter und landete mit einem Klatscher in der nassen Wiese. »Geschafft!«, rief ich. »Bravo! Gut gemacht! Geschafft!« Doch die Kuh verharrte in ihrer Buckelhaltung, und Unmengen von Sabber tropften aus ihrem Maul. Ein weiterer blutiger Schwall ergoss sich aus ihr und mit ihm eine von Haut und Blut durchtränkte Masse. Das Kälbchen im Gras bewegte sich, ein einzelnes, viel zu dünnes Beinchen stakste in den wolkenschweren Himmel. Wieder rief ich: »Geschafft! Herzlichen Glückwunsch!« Ich war längst aufgesprungen, war völlig durchnässt und ergriffen. Ich ging zum Zaun hinüber. Von dort konnte ich das frisch geborene Kälbchen besser sehen. Es hatte das Köpfchen gehoben, der Regen prasselte auf es herab, und in seinen aufgerissenen Kuhaugen meinte ich, unendliches Staunen zu erkennen. »Herzlich willkommen«, rief ich über den Zaun hinüber, »willkommen. Keine Sorge, das Wetter ist nicht immer so!« Die frischgebackene Kuhmutter drehte sich auf steifen Beinen zu ihrem Kind, leckte es ab und stupste es an. Die raue Zunge und der Regen säuberten das Kälbchen. Es war hauptsächlich schwarz, hatte aber mehrere weiße Flecken, von denen einer sein linkes Ohr umschloss. Oh, dachte ich, dich wird man immer gut erkennen. Ein weißes und ein schwarzes Ohr. Das ist schon mal was. Die übrigen Kühe hatten die Regengeburt beiläufig unter dem Aspekt der Ruhestörung verfolgt und zügig abgehakt. Das Neugeborene wurde im stetig niederrauschenden Regen ausdauernd mit Maulstupsern zum Aufstehen ermuntert. Es war bewegend, die zerbrechliche Hilflosigkeit zu beobachten und wie schnell erste Anzeichen von Koordination den Kälbchenkörper vorantrieben. Das Kuhkind kam auf die zittrigen Beine, die ihm selbst noch ein Rätsel waren, knickte ein, kippte unbeholfen zurück und versuchte es wieder und wieder. Da war ein Wille in ihm, sich hinzustellen, um den ich es beneidete. Schließlich stand es und war klatschnass und bezaubernd. Seine Augen sahen zu mir herüber, sahen mich direkt an und schienen voller Erwartung zu sein, fast so, als müsse ich etwas tun, und ich rief zu ihm hinüber: »Ich gehöre nicht dazu!« Innerhalb von Minuten wurde es sicherer und seine Gelenke stabiler. Die Mutterkuh schnüffelte auf dem Boden herum und begann damit, die Plazenta zu fressen. In langen Fetzen zog sie die blutigen Fäden vom Mutterkuchen und verschlang sie. Der Klumpen sah aus wie ein schwarzes Stück Fleisch und wurde von ihr mit Heißhunger verspeist. Das Blut rann ihr über das gesamte Gesicht, da sie immer wieder, um Stücke abzureißen, den Kopf nach oben warf. Raubtiere im Blutrausch kannte ich durchaus aus Tierfilmen. Blutige Hyänenköpfe, die zur Gänze in Büffelbäuchen verschwinden, hatte ich gesehen. Aber eine Kuh als Fleischfresser, gierig und blutverschmiert, war mir neu. Sie gab erst Ruhe, als sie das gesamte Organ ratzeputz verspeist hatte. Nach dem nahrhaften Festmahl drehte sie sich seitlich und präsentierte dem Kälbchen den geschwollenen Euter. Es brauchte ein Weilchen, bis das pralle Paradies die entsprechenden Instinkte weckte, die Schlüsselreizglocke schrillte und das Kälbchen zu saugen begann. Vom Regen frisch geduscht, stand die Mutter da, schon ganz stoische Ernährerin geworden, und mit tiefen Zügen trank das Kälbchen, so genussvoll, dass ihm zwischen den Schlucken schaumig gesaugte Milch aus den Schnauzenwinkeln rann. Was für ein Spektakel, dachte ich, Milch, Blut, Regen, Donner, Plazenta und Blitze, Mutterglück, neues Leben und ein nasser Mann Mitte fünfzig. »Ich muss jetzt mal weiter. Aber morgen komme ich euch besuchen. Versprochen.«

Der Regen hatte fast aufgehört, ich lief los, hüpfte über Sturzbäche und umrundete Pfützen. Es war immer noch warm und die Luft so frisch und duftend, als hätte man die gesamte Welt einmal unter die Dusche gestellt und ihr mit Wiesenkräutershampoo die staubige Haut eingeseift. Es war weiter nach Hause als gedacht, und als ich endlich ankam, wartete bereits meine Mutter auf mich. »Wo kommst du denn her? Hab mir schon Sorgen gemacht! Das war ja ein tolles Gewitter.« Endlich war es so weit, und ich konnte ihr erzählen, was ich erlebt hatte. Die Worte hatte ich mir schon während des Laufes zurechtgelegt. Aber erst im Aussprechen, im Ausformulieren würde das Erlebte in die Wirklichkeit eintreten. Schon mein ganzes Leben habe ich nach Menschen gesucht, in deren Gegenwart sich mein Sprechen zur Wirklichkeit formt. Ich war nie gut darin, für mich allein zu denken und zu dichten und dann fertige Geschichten als Kunstwerke in die Welt zu entlassen. Meine Geschichten entstanden in den Echoräumen meiner Gegenüber, und meine Mutter war seit jeher die mir vertrauteste Zuhörerin. »Mama, ich habe gerade eine Kuhgeburt gesehen. Ein Gewitterkälbchen hat das Licht der Welt erblickt. Es war fantastisch. Wie ein archaisches Ritual, ein Fruchtbarkeitsfest unter freiem Himmel. Blut und Blitze. Ich bin völlig geschafft.« »Glückwunsch. *Gewitterkälbchen* gefällt mir. Sind alle wohlauf?« »Oh ja! Der Vater allerdings ist der Geburt ferngeblieben.« »Ich fahre jetzt schwimmen. Da ist jetzt kein Mensch, und das Wasser ist sicherlich herrlich nach dem Guss. Kommst du mit?« Ich spürte ein Nein auf meiner Zunge, aber ich schob es beiseite und rief: »Ja, na klar, auf geht's!«

Mutter wandert

Ein Spaziergang rund um die Birk hoch im Norden, schon nahe der dänischen Grenze, ist nicht nur aufgrund der ostseetypischen Küstenlandschaft wunderschön, sondern auch, weil es, wenn man Glück hat, mehrere Attraktionen gibt auf diesem Weg. Mit hoher Wahrscheinlichkeit sieht man die Koniksherde, eine schmutzig-gestauchte Wildpferderasse aus Polen. Die Hengste sind ungepflegte Machos, die mit ihren gelben Hauern die ausgebüxten Stuten und Fohlen brutal zurück in die Gruppe beißen. Auch noch recht wahrscheinlich ist es, den zwei Meter großen, über achtzigjährigen Maler Klaus Fußmann in seinem Garten zu sehen, wie er sich mühsam zu einer Blume hinunterbeugt. Eine wirkliche Besonderheit ist es, durch eines der vom NABU aufgestellten Ferngläser einen Seeadler zu entdecken. Absolut selten hingegen, und ich selbst habe es noch nie erleben dürfen, ist es, bei Windstille in der Bucht Schweinswale mit ihren Rücken die spiegelglatte Wasserflache durchbrechen zu sehen. So ist die Wanderung stets erfüllt von Erwartungen, die das Gehen kurzweilig machen. Es gibt allerdings noch eine weitere Attraktion, die ich ebenfalls schon seit meiner Kindheit kenne: Ein Küstenabschnitt ist mit Hunderten in Form und Größe variierenden, wie hingewürfelten Steinen befestigt. Schwere Granitblöcke, fast schon Findlinge, liegen dort zwischen

Brocken in allen Farben, bis hin zu kleineren scharfkantigen Flintsteinen. Bei Wellengang werden sie teilweise überspült und sind dann mit glitschigen Algen überzogen. Zwischen den Steinen habe ich als Kind Krabben gesucht oder deren Panzer und Scheren, abgerissene Anglerbleie oder auch kleine lila Seesterne gefunden, die ich unbedingt zu Hause auf der Fensterbank trocknen wollte. Erstaunlich hatte ich es damals gefunden – und wahrscheinlich nicht nur ich –, wie viel Gestank in so einem winzigen Stern steckte. Aber ich hatte etwas, das in Zusammenhang mit dieser Befestigungsanlage stand, vergessen, und erst bei einer Wanderung mit meiner Mutter wurde ich wieder daran erinnert. Es war für mich als Kind ein rauschhaftes Erlebnis gewesen, in hohem Tempo von Stein zu Stein zu springen. Wobei es zwei grundlegend verschiedene Techniken gab. Entweder ich sprang immer erst dann ab, wenn ich den Stein für die nächste Landung schon anvisiert und seine Oberfläche als tauglich befunden hatte. Oder aber ich sprang ab, ohne zu wissen, wo ich landen würde. Die zweite Variante war natürlich wesentlich schneller, und jeder Sprung belohnte mich damals mit einer winzigen Dosis hybriden Glücks, denn es bedurfte hoher Geschicklichkeit und Geistesgegenwart, dem Fuß während der Flugphase einen sicheren Landeplatz zu wählen. Die zuerst erwähnte Sprungtechnik ist natürlich die sicherere. Stehen, planen, springen, landen. Aber eben auch ein wenig langweilig. Die zweite Technik hat da etwas essenziell anderes zu bieten: springen, fliegen, frei sein und sich den Bruchteil einer Sekunde nicht darum scheren, wie es weitergehen wird. Ich wanderte mit meiner Mutter oberhalb der Steine am Meer entlang und erinnerte mich immer genauer, wie gut ich einst darin gewesen war, in halsbrecherischem Tempo über die Steine zu sausen, gesegnet mit schnellen Füßen und einer ganz und gar im kindlichen Körper verankerten Gewissheit, die richtigen

Entscheidungen zu treffen. Ab einer bestimmten Geschwindigkeit war es egal gewesen, ob die Steine kippelten, da ich sie zu kurz berührte, um aus dem Gleichgewicht zu geraten. Ich fand dann in eine mir tiefe Wonne bereitende Koordinationseuphorie, in der ich regelrecht abhob. Wie über ein Gebirge flog ich dahin und setzte die Fußspitzen auf die Berggipfel.

Während wir gingen und wenig redeten, da der heftige Wind einem die Worte aus dem Mund wehte, sobald man zu sprechen versuchte, dachte ich über die metaphorische Bedeutung dieser zwei so verschiedenen Möglichkeiten der Fortbewegung für mein Schreiben nach. Wollte ich Situationen bannen oder Situationen kreieren? Wollte ich etwas planen und dann diesen Plan mit Worten füllen, oder sollte ich nicht viel eher versuchen, in ein assoziatives Schreiben zu finden, und Sätze beginnen, ohne bereits zu wissen, wo sie enden würden? Der Gedanke gefiel mir. Alle meine Erlebnisse und Geschichten liegen vor mir in Form Hunderter Felsen, Brocken und Steine, all das zu Erzählende und Unerlöste als Landschaft unter meinen tippenden Fingern, und ich springe und schreibe darüber hinweg und vertraue darauf, nicht zu stürzen.

Wir wanderten vom Meer weg in einen Wald hinein. Links und rechts vom schmalen Weg erstreckte sich ein seit Jahren vollkommen sich selbst überlassenes Gehölz. Umgestürzte Bäume lagen kreuz und quer, und aus morschen und bemoosten Strünken sprossen frische Triebe. Es gab dunkle Teiche, die modrig rochen, und Unmengen von Totholz. Meine Mutter sah stur vor sich hin auf den Weg und beschleunigte ihren Schritt. »Warum rennst du denn so, Mama?« »Ich halte das hier nicht aus«, sagte sie entrüstet, »hoffentlich sind wir bald wieder in der freien Landschaft.« »Was ist denn so schlimm hier?«, fragte ich, obwohl ich natürlich ahnte, was sie aufbrachte. »Hast du dich hier mal umgesehen? Ein

Wahnsinn, wie das hier aussieht.« »Das ist ein Bruchwald, Mama. Das ist ökologisch enorm wichtig. So sieht ein Wald nun mal aus, wenn man keine Forstwirtschaft betreibt. Das ist hier fantastisch für Insekten und Amphibien.« »Trotzdem würde ich hier gerne mal aufräumen. Ich halte das schwer aus. Ich kann da gar nicht hingucken. So eine Unordnung macht mich ratlos.«

Mutter liest mich

Je ferner Anfragen für Lesungen oder andere Veranstaltungen in der Zukunft lagen, desto verführter war ich, zuzusagen. Die Termine würden mir als Bojen im Zeitfluss dienen, dachte ich, irgendwann am Horizont auftauchen, behutsam näher kommen und meinem Dasein Struktur verleihen. Doch dann waren die Termine plötzlich da, türmten sich aus spiegelglatter See wie eine Tsunamiwelle auf und krachten über mir zusammen. Auch hatte ich eine für mich schwer zu analysierende Tendenz, mich besonders spontan auf abstruse Anfragen einzulassen, wenn es noch Jahre bis zu ihrer Verwirklichung dauern würde. Dies hat zu zahlreichen zeitaufwendigen Ausflügen geführt, die stets mit Kopfschütteln über die eigene Unbelehrbarkeit im Hotelzimmer endeten.

Ich habe eine Orgel im Weser Emsland eingeweiht, wo ich zwei Stunden lang die *Duineser Elegien* von Rilke in den Orgellärm brüllen musste, da sich der junge Organist vom neuen Instrument zu tosenden Klangwolken hinreißen ließ.

In Sankt Moritz war ich zum abschließenden Festakt des Weltkongresses der Ophthalmologen geladen. Während des Banketts saß ich in einer Ecke des Prunksaals, und Hunderte Menschen verzehrten lautstark ein Mehrgangmenü, während ich unverstärkt aus einem meiner Bücher las. Direkt neben meinem Leseplatz war der Zugang zu den Toiletten, und nach und nach bildete sich dort, insbesondere vor der Damentoilette, eine lange Schlange. Diese vom Harndrang gepeinigte Laufkundschaft zog an meinem Pult vorbei und schenkte mir immerhin so lange Gehör, bis sie in der Klotür verschwand. Erleichtert interessierte sich niemand für mich.

Als Letztes soll hier noch eine Reise erwähnt werden, die eigentlich eine eigene Geschichte verdient hätte. Ein Mann hatte mich seiner Frau zum Geburtstag geschenkt und mich durch einen herzzerreißenden Brief und eine absurd hohe Gage geködert. Seine Frau sei schwer krank, und er wolle ihr eine Freude zum fünfzigsten Geburtstag machen. Die Anfrage endete mit dem Satz: »Nun ist es ja noch über ein Jahr hin bis zu ihrem runden Geburtstag, und ich hoffe so sehr, dass sie dann noch unter uns weilt.« Ich hatte mit einer Lesung vor wenigen Zuhörern gerechnet, aber nicht damit, dass nur das Ehepaar anwesend sein würde. Alles an diesem Auftritt war gespenstisch. Der Frau schien es viel besser zu gehen als dem Mann, der mich miesepetrig durch die riesige Düsseldorfer Villa führte. Ich aß mit den beiden und las dann eine Stunde im Kaminzimmer, in dem ein gigantisches Feuer brannte. Ich schwitzte, tropfte das Buch voll und zog mir den Pullover aus. Die beiden saßen innerlich erfroren da und verzogen keine Miene. Nachdem ich die Lesung beendet hatte, sagte die Frau »Danke«, und der Mann sagte gar nichts. Ich verabschiedete mich zeitig ins eiskalte Gästezimmer. In der Nacht wachte ich mehrmals auf, hörte Weinen und einen lautstarken Streit. Am Morgen klopfte ein Herr an meine Tür, dessen bleiche Gesichtsfarbe mich irritierte. Er tat ungeheuer distinguiert und brachte mich, ohne dass sich das Paar von mir verabschiedet hätte, in einem Bentley zum Bahnhof.

Ich war für den Tag mit der Gartenarbeit fertig und wollte mir ein Glas des herrlich kalten Wassers aus unserem Brunnen pumpen, als mir meine Mutter mein Handy brachte und sagte, es hätte schon mehrmals geklingelt. Im ersten Moment dachte ich, es sei mein kleiner Sohn, dem die Zeit ohne seinen Vater in Berlin allmählich unerträglich lang wurde. Da ich die Nummer nicht kannte, öffnete ich meine Mails, um nachzusehen, ob sich dort etwas finden würde. Dort las ich Folgendes:

> Sehr geehrter Herr Meyerhoff,
> leider konnte ich Sie telefonisch nicht erreichen. Endlich ist es so weit, und wir freuen uns hier schon alle sehr auf Sie. Ich hoffe, Sie sind gesund und munter und werden, wie versprochen, aus noch unveröffentlichten Texten lesen. Ich und meine Frau haben auch schon fleißig geübt. Bitte sagen Sie uns doch noch, was Sie brauchen. Wasser prickelnd oder still? Nach der Lesung haben wir einen Tisch im *Kartoffelkeller* reserviert. Das ist gleich um die Ecke.
> Herzliche Grüße
> Inga und Hans

Ich las mir die Mail ein zweites Mal durch und hatte keinen blassen Schimmer, worum es ging. Ich rief, wie ich es immer in solchen Fällen tat, im Verlag an und erfuhr, dass ich in drei Tagen eine Lesung in einem Lübecker Buch-und-Wein-Kontor haben würde. Ich sah mir den Mailverlauf mit den Veranstaltern an und erinnerte mich. Vor mehr als zwei Jahren hatte ich zugesagt. Damals hatte ich gedacht, dass ich gemeinsam mit Sophie und unserem Sohn Lübeck besuchen könnte, um dann weiter in den Norden zu meiner Mutter zu fahren. Aus den Mails ging hervor, dass das Buchhändlerehepaar auch Wein verkaufte und zwischen den von mir gelesenen Kapiteln zu musizieren gedachte. Drei oder vier Lieder aus der *Winterreise*. Ich beschloss abzusagen, da ich nicht riskieren wollte, meinen gerade eben erst gefundenen Landrhythmus zu gefährden. Ich begann, eine Absage zu formulieren, doch mit jedem Wort spürte ich, wie unmöglich und auch unfair es war, mich so feige aus der Verabredung zu stehlen. Ohne jegliche innere Überzeugung schrieb ich euphorisch zurück, log, dass ich es kaum erwarten könne, gespannt sei auf die musikalischen Darbietungen und mich über einen Liter eiskaltes prickelndes Wasser auf dem Lesetisch freuen würde. Ich fragte meine Mutter, ob sie Lust hätte, mich am Samstag nach Lübeck zu begleiten. »Natürlich. Ich fahre dich hin.« Das mochte ich sehr an meiner Mutter, dass sie Entscheidungen so ansatzlos und ohne Grübelintermezzo zu fällen vermochte.

Während der nächsten beiden Tage sortierte und überarbeitete ich das Geschriebene und bereitete die Lesung vor. Ich wurde immer wieder von Zweifeln überwältigt, doch nun gab es kein Zurück mehr. Vielleicht, so munterte ich mich auf, würde mir eine Lesung einen weiteren Schreibschub verschaffen und mich dazu motivieren, noch beherzter in die Tasten zu hauen.

Am Samstag fuhren wir zeitig los, da wir noch einen Stadtbummel machen wollten und ich die nicht sehr originelle Idee hatte, für meine Berliner Familie Marzipan zu kaufen. Je näher wir Lübeck kamen, desto mulmiger wurde mir. Die Unlust, mich zu zeigen, die Unsicherheit, das frisch Entstandene zu lesen, löste Stress aus. Stress, der sich als Kribbeln im linken Arm ausbreitete und mir bestens bekannt war. Ich atmete neben meiner Mutter ein und aus, doch ihr wilder Fahrstil, das ruckartig hektische Abbremsen und Beschleunigen ließen meine Nervosität wachsen. Ich fühlte eine Stressschweiß-Attacke auf dem Rücken und, dadurch verursacht, eine großflächig piksende allergische Hautreaktion. Meine Zehen fingen an zu jucken. »Bitte, Mama, fahr langsamer … mir geht's nicht so gut.« »Ich fahre doch schon langsamer.« Ich zog mir Schuhe und Socken aus und hielt abwechselnd meine nackten Füße aus dem Fenster in den Fahrtwind, um sie zu kühlen. »Du bist ja ein richtiger Sonderling geworden«, befand meine Mutter und überholte, ohne zu blinken, zwei Autos. Der Abstand zwischen den beiden Wagen war so groß, dass sie unbedingt zwischen ihnen wieder auf die rechte Spur hätte wechseln müssen. Aber meine Mutter blieb links, beschleunigte und rief freudig: »Wie in England!«, worauf ich entgegnete: »Du bist hier der Sonderling. Aber fahr, wie du willst. Vielleicht hab ich ja Glück, und diese Lesung erübrigt sich von selbst.«

Wir erreichten die Lübecker Innenstadt, parkten in der Nähe der Buchhandlung und wanderten durch die rote Backsteinstadt. Ich versuchte, meine innere Unruhe durch das bewusste Wahrnehmen äußerer Eindrücke abzutöten, versuchte mich von mir selbst abzulenken und die Panik nicht weiter zu füttern. Doch meine Füße juckten stärker, schwollen an, und meine Kopfhaut brannte, als hätte ich eine Brennnesselmütze auf. Ich konnte nicht anders, als ununterbrochen in mich hineinzuhorchen und die Symptome zu deuten. Stress und Panik, dachte ich, sind wirklich ein hochprofessionelles Duo. Stress spürt einen auf, egal, wie gut man sich tarnt, hetzt einen so lange, bis man nicht mehr kann, und dann kommt die Panik und streckt einen nieder.

Vor einem Podest waren circa sechzig Stühle aufgebaut. Ich setzte mich auf die Bühne und breitete mein Manuskript aus. Ich versuchte mich mit den in der Therapie einstudierten Atem- und Gedankentricks vom aufsteigenden Kribbeln in meiner linken Seite nicht beeindrucken zu lassen. Ich wusste ja, dass mein Gehirn, ebenso wie ich, ein Schauspieler ist. Ich bat um etwas mehr Licht von oben, wie ich immer um etwas mehr Licht von oben bitte, um den Schatten, den das Mikrofon auf das Manuskript wirft, zu überstrahlen. Ich sagte, dass ich eigentlich kein Mikrofon bräuchte, da ich sah, dass der Raum klein und die Anlage nicht besonders gut war. Links und rechts vom Podest standen auf zwei Stativen Lautsprecher. Doch der Buchhändler bestand auf der Verstärkung, da viele der Zuhörer bereits älter seien. »Jetzt, wo Sie hier sind, wollen wir auch jedes Wort verstehen.« Ich las ein paar Zeilen, und der Ton wurde hoch- und runtergeregelt. Es klang, als würde ich Durchsagen im Freibad machen. Aber es war mir egal, da ich mit dem Niederkämpfen meiner Panik beschäftigt war. Ohne zu realisieren, dass ich immer noch verstärkt wurde, bewegte ich die Lippen und flüsterte mein mir vom Fotomodel beigebrachtes Mantra: »Ich bin nicht in Not. Ich kontrolliere die Angst. Ich habe keinen Schlaganfall.« Der Buchhändler zeigte mir seinen hochgereckten Daumen und rief vom Mischpult zu mir herüber: »Starker Anfang. Der Anfang ist immer das Wichtigste!« Als die Taubheit meinen Mund erreichte, verlangte ich nach einem Glas Wasser. Meine Mutter saß vor mir in der ersten Reihe auf ihrem mit einem Zettel reservierten Platz. »Du bist blass. Leg dich mal hin.«

Direkt hinter der Bühne ging es zwei Stufen hinauf durch eine Tür in einen Raum, in dem Hunderte Bücher lagerten. Ein Labyrinth aus vollgestopften Regalen und zu hohen Türmen gestapelten Büchersäulen. In einer Nische stand eine Liege. Daneben ein Waschbecken. Um Ruhe bemüht, trank ich mit tiefen Schlucken aus dem Hahn, erfrischte mir das Gesicht, legte mich nasswangig auf die Liege und schloss die Augen. Meine Mutter setzte sich zu mir. »Geht gleich wieder, Mama. Ich hab das hin und wieder. Jetzt schon länger nicht. Es ist einfach die Angst, dass es wieder passiert.« »Zieh mal deine Schuhe aus.« Ich streifte meine Turnschuhe ab, und meine Mutter zog mir die Socken aus, setzte sich an das Fußende der Liege und begann, meine Füße zu massieren, bestimmte Punkte mit der ungeheuren Kraft ihrer Daumen zu pressen. Ich atmete tiefer und versuchte allein durch die Kraft meiner Gedanken das einseitige Taubheitsgefühl zu verteilen und loszuwerden. Als ich den Kopf zur Seite wandte und blinzelte, entdeckte ich das Buchhändlerehepaar im Türrahmen. Sie sahen besorgt, aber auch ganz offensichtlich verstimmt auf mich nieder. Dass ich es mir in ihrem Lagerraum gemütlich gemacht hatte, erweckte ihren Unmut. Immer wieder flüsterte die Frau ihrem Mann etwas ins Ohr, woraufhin er mit schmaler werdenden Lippen zurückmurmelte und mit den Schultern zuckte. Er war eindeutig derjenige von den beiden, der sich viel mit Wein beschäftigte. Seine großporig gerötete Nase hing ihm im Gesicht wie ein Orden, verliehen für gründlichen Alkoholgenuss.

Meine Mutter hatte ihre Augen geschlossen und behandelte meine Füße, und seltsamerweise kam es mir so vor, als würden sich all die in mir zirkulierenden Angstpartikel ausrichten und hin zu den Mutterhänden strömen. Die Taubheit im Gesicht ließ nach, und die Panik floss durch die Fußsohlen ab in ihre pressenden Daumen. »Danke, Mama. Ich glaube, es wird besser.« Sie fuhr mir mit ihren Fingern in die Hosenbeine hinein und wischte mir mehrmals mit fegenden Handbewegungen über die Schienbeine. »So, jetzt lassen wir dich mal ruhen.« Alle drei verließen den Raum und schlossen die Tür hinter sich. Ich lag bewegungslos in der Büchergruft und entspannte mich, genoss es geradezu, dass die Furcht aus den Muskeln entwichen war und die Gewissheit, einen erneuten Schlaganfall zu erleiden, von mir abließ. Es roch in dem Raum intensiv nach in die Jahre gekommenen Geschichten auf welk gewordenen Buchseiten. Wahrscheinlich, dachte ich, betrieb das Buchhändlerehepaar auch noch ein Antiquariat. Eine Art Altenheim für Bücher, die im Tagesgeschäft nicht mehr mithalten konnten und hier ihren Lebensabend genießen durften. Ich döste, wurde müde, sterbensmüde, und schlief ein. Das Nächste, was ich hörte, war Stimmengewirr. Meine Mutter kam behutsam durch die Tür herein. »Es ist jetzt zehn vor acht. Glaubst du, du kannst lesen?« »Na klar kann ich lesen, Mama.« Die Buchhändlerin rief: »Oh wie gut, Sie sitzen schon. Es geht gleich los. Es ist voll. Wir mussten noch Stühle dazustellen. Hat Ihnen das Schläfchen gutgetan?« Ich nickte. Meine Mutter blickte mir ins Gesicht und schüttelte den Kopf. »Du bist kreidebleich, und deine Augen gefallen mir ganz und gar nicht. Willst du wirklich lesen?« Wieder nickte ich, stand auf und ließ mir abermals kaltes Wasser über die Handgelenke laufen. »Na klar.« Ich öffnete ein winziges Fenster und steckte meinen Kopf in die frische Luft. Unter mir auf der Straße gingen zwei Frauen entlang, sahen mich und legten ihre Köpfe in den Nacken. »Oh, da is er! Hallo. Hallo. Wir freuen uns so! Sind extra aus Kiel gekommen.« »Wie schön. Viel Vergnügen.« Ich kann das gut, hervorragend geradezu, meinen Zustand verschleiern und freundlich sein, obwohl ich flüchten möchte. Der Buchhändler rief in den Lagerraum: »Es geht jetzt los. Mein Gott, so voll war es noch nie. Sogar der Bruder des Bürgermeisters ist da.« Ich nahm Kurs auf den Ausgang, um vor die Zuschauer zu treten. Ich öffnete die Tür und stellte mich so, dass ich nicht gesehen werden konnte. In der ersten Reihe saß meine Mutter. Der Buchladen war rappelvoll und stickig. Selbst auf einer Fensterbank hockten zusammengedrängt mehrere Damen wie ergraute Hühner auf einer Stange. Der Buchhändler hielt eine Ansprache, die sich gespickt vom Lachen über seine eigenen Bonmots im Nichts verlor, und kündigte mich mit ausladenden Gesten an wie einen Schlagerstar. »Lange Rede, kurzer

Sinn: Da is er!« Ich trat hinaus auf das Podest und setzte mich. Der Applaus verläpperte, und erwartungsvolle Stille kehrte ein. Ich senkte den Blick auf mein Manuskript und sah die Überschrift: **Mutter ist weg.** Was anfänglich noch wie eine Kunstpause wirkte, expandierte sekündlich, wurde größer und größer und blähte sich auf zu einer pathetischen Peinlichkeit. Ich verpasste den Moment zu beginnen, mich die Skischanze hinabzustürzen und zu springen. Die noch nie zuvor gelesene Geschichte vor mir auf dem Tisch wollte nichts von mir wissen, abweisend, ja feindselig wendeten sich die Worte ab. Es war mir unmöglich zu sprechen. Ich kam nicht heraus aus meinem Körper, der durch die letzten Wochen in der Abgeschiedenheit des Landlebens ein anderer geworden war, ich kam und wollte nicht heraus aus der Introvertiertheit. Ich wollte kein Gesicht aufsetzen, keine Stimme in den Raum versenden und schon gar nicht unterhaltsam sein. Ich wollte zurück in den Garten, unter die Bäume und ans Meer. Ich sah auf, und meine Mutter blickte mich fragend an. Weder panisch noch fordernd, einfach nur fragend. So wenig hatte ich noch nie auf eine Bühne gewollt. Ich erhob mich langsam, kam mir schemenhaft und durchsichtig vor. Inexistent. Ich schwebte vom Podest, stieg die zwei Stufen hinauf und verschwand im Kämmerlein. Schnurstracks steuerte ich die Liege an und legte mich nieder, mit dem Kopf zur Wand, und zog mir die muffige Wolldecke über den Kopf. Die Buchhändlerin und ihr Mann kamen hereingepoltert. »Alles gut? Was ist denn nur?« »Mein Gott, was haben Sie denn?« Meine Mutter drängte sich zwischen dem Paar hindurch, machte gelassen einen Vorschlag: »Meinem Sohn geht es nicht gut. Ich lese für ihn.« Aus dem Geräuschpegel der wartenden Zuhörerschaft wurden erste Unmutsäußerungen vernehmlich. Auf den Gesichtern des Buchhändlerehepaars mischte sich Entsetzen mit Ratlosigkeit und gebar ein Nicken der Zustimmung. Ich lag unter der Decke mit geöffneten Augen und lauschte atemlos wie als Kind meinen *???*-Kassetten. »Kennen Sie denn den Text, Frau Meyerhoff?« »Nein, das nicht. Aber mir ist die Schreibweise meines Sohnes vertraut. Das wird schon gehen. – Eines noch: Ich hätte lieber ein Glas Rotwein beim Lesen und kein Wasser, bitte.«

Es gab Applaus, als das Getränk gewechselt wurde. Ich hörte Schritte, und diesmal ergriff die Buchhändlerin das Wort. »Liebe Gäste. Leider muss ich Ihnen mitteilen, dass der Autor sich nicht imstande fühlt, heute Abend für uns zu lesen. Wir wissen nicht genau, warum, aber die Mutter des Autors hat sich bereit erklärt, die Lesung zu retten, und vielleicht erholt er sich auch, und wir bekommen ihn später erneut zu Gesicht.« Ich lag zusammengekugelt im abgedunkelten Bücherlager und hörte, wie meine Mutter mit verhaltenem Applaus begrüßt wurde. »Guten Abend. Ich bin die Mutter. Soweit ich weiß, schwankt mein Sohn noch beim Titel für das neue Buch. Es geht um das Theater und ja wohl auch um mich. Er hat mir schon einige Geschichten daraus vorgelesen, aber diese hier noch nicht.« Sie las die Überschrift: »Mutter ist weg«, und begann. Natürlich hatte sie mir als Kind vorgelesen, aber nun klang ihre Stimme fremd. Jahrzehntelang hatte ich sie nicht lesen gehört:

Mutter ist weg

Als Kind hatte ich verschiedene Traumziele, die ich immer wieder bereisen wollte. Legoland, den Tierpark Hagenbeck in Hamburg, und Rømø, eine Insel im dänischen Wattenmeer. Wobei klar war, dass mein Vater nirgends dabei sein würde, da er Familienausflüge genauso wenig ertrug wie Familienessen oder Familienfeiern. Mein Vater liebte es, mit mir oder einem meiner Brüder etwas zu unternehmen, aber stets nur mit einem von uns. Familienausflug hieß demnach: meine Mutter mit ihren drei Söhnen und dem Hund. Wenn uns mein Vater auf dem Parkplatz verabschiedete, konnte er die Freude darüber, die nächsten Stunden ohne uns zu sein, kaum verbergen. So träge er uns zum vollgepackten Wagen brachte, oft noch im Morgenmantel, da wir stets früh aufbrachen, so behände und aufgemuntert schritt er ins Haus zurück. Ich hatte dies schon zigmal beobachtet, da ich mich immer auf dem Rücksitz verschraubt hatte, um durch die Heckscheibe noch einen Blick auf meinen Vater zu erhaschen. Selbst seine hell- und dunkelblau gestreifte Frotteerückseite machte einen erlösten Eindruck auf mich, und meistens fingerte er sich, noch bevor er die Haustür erreichte, eine Zigarette aus der Roth-Händle-Packung in seiner Bademanteltasche. Natürlich hätte ich mir gewünscht, dass er uns begleitete. Aber da ich es nicht anders kannte, lag es außerhalb meiner Vorstellungskraft. »Was macht denn Papa den ganzen Tag alleine zu Hause?«, fragte ich, und die Reaktionen meiner Geschwister und meiner Mutter waren schwer zusammenzufügen. Meine Mutter machte nur ein Geräusch und blies Luft durch die Lippen, »Pfffff«, was nichts anderes bedeuten konnte als »Mir egal, frag mich nicht«. Mein mittlerer Bruder zog mehrmals anzüglich die Augenbrauen hoch, während mein ältester Bruder kühl »lesen« sagte. Mir war es zu diesem Zeitpunkt vollkommen schleierhaft, wie man freiwillig einen solch fantastischen Ausflug sausen lassen konnte. Der obligatorische Abschiedssatz meines Vaters an mich war ein während der Umarmung geflüstertes »Und erzähle mir dann alles ganz genau«. Ich habe diesen Satz damals keinesfalls als Floskel verstanden, sondern als Auftrag, mit dem ausschließlich ich betraut wurde. Ich war der Auserwählte, den dieser korpulente Mann im Bademantel, den immer eine Aura der Unnahbarkeit und des Geheimnisvollen umwehte, in ein Abenteuer entsandte. Warum er uns nicht begleiten konnte, blieb rätselhaft, aber es mussten tiefere Gründe sein, die meine kindliche Weltsicht überstiegen. Hätte ich damals gewusst, dass er einfach nur faulenzte oder einer seiner zahlreichen Affären nachging, hätte ich mich sicherlich nicht ganz so erwählt gefühlt, zum Reiseberichterstatter auserkoren worden zu sein.

Ein Ausflug nach Rømø ist mir unvergesslich, bei dem alles schiefging und der damit endete, dass unsere Mutter meine Brüder und mich aus dem Auto warf und davonbrauste. Während der Autofahrt wurden von mir und meinen Brüdern knallharte Verhandlungen mit meiner Mutter geführt, wie viele Pölser wir zu konsumieren gedachten. Pölser heißt die dänische Variante eines Hotdogs, die mit einem knallroten Würstchen zubereitet wird, dessen Farbstoff in Deutschland verboten ist, was mir stets als ein gravierender Nachteil, in diesem Land geboren worden zu sein, erschienen war. Auch hatten die Dänen Löcher in ihren Geldmünzen. Ein rotes Würstchen mit einem Geldstück zu bezahlen, durch das man hindurchgucken konnte, verhieß ein völlig anderes Leben. Meine Brüder und ich übertrumpften uns mit Bestellwünschen. Drei Pölser direkt hinter der Grenze waren die Minimal-Forderung, doch wurden Altersunterschiede und Gewichtsklassen diskutiert. Mein ältester Bruder wollte mindestens vier Pölser, mein mittlerer war zufrieden mit drei, plädierte aber dafür, dass ich nur zwei bekommen sollte, um der Hierarchie Rechnung zu tragen. Davon wollte ich nichts wissen. Ich bestand auf ebenfalls drei. Meine Mutter starrte auf die schnurgerade Straße nach Dänemark, die auch Panzerstraße genannt wurde und aus Platten zusammengesetzt worden war. Alle paar Meter holperte das Auto über die Panzerplattenkante. Ein weiteres Argument verkomplizierte die Rechnung. Wir alle wollten nach dem Reiten am Strand und dem langen Tag am Meer unseren von der Meeresluft sicherlich angefachten Hunger auf der Rückfahrt mit weiteren Pölsern stillen. Wieder und wieder wurden Verzehrzahlen zu meiner stoisch lenkenden Mutter hinübergerufen. Sie sagte nichts und rauchte eine Zigarette. Meine Brüder und ich konnten unfassbar laut werden. Durch jahrelanges Übertrumpfungstraining hatten wir völlig andere Lungenvolumen als kurzatmige Einzelkinder, denen ihre Wünsche von den Lippen abgelesen wurden. Hin und wieder prophezeite uns unsere Mutter, dass uns schlecht werden würde von derart vielen Würstchen.

Ich mochte die Grenze, mochte es, Deutschland zu verlassen, und das Vorzeigen der Pässe war aufregend. Mein mittlerer Bruder legte mir kurz vor der Kontrolle die Hand auf die Schulter: »Hoffe, sie lassen dich einreisen. Legastheniker werden in Dänemark nicht gerne gesehen.« Zum Fächer gebreitet reichte meine Mutter die Ausweispapiere durch das heruntergekurbelte Fenster. Das Foto in meinem Pass war mir peinlich und hatte kaum noch etwas mit mir zu tun. Doch ich durfte umstandslos passieren, und schon kurze Zeit später bog meine Mutter ab und hielt vor dem Pölserimbiss. Das Rot der Würstchen erstaunte mich jedes Mal aufs Neue, und auch die Fettigkeit der Röstzwiebeln war mit der faden Knusprigkeit ihrer deutschen Verwandten nicht zu vergleichen. Wir bestellten und aßen im Freien, da die Soßen unweigerlich beim Abbeißen herausquetschten und hinuntertropften. Auch meine Mutter bestellte sich einen Pölser. Das war ein schöner Familienmoment, unvergesslich und ganz nach meinem Geschmack. Zu viert standen wir voreinander, der Motor lief, es roch nach Abgasen und Würstchenwasser, wir lachten, schmatzten und versuchten, unsere Schlaghosen und Pullunder nicht vollzukleckern. Schon beim zweiten Pölser aßen wir langsamer, und mit jedem Bissen zerfiel unser Würstchengrößenwahn zu Völle und Zufriedenheit. Wir renkten unsere Kiefer wieder ein und krabbelten zurück in den Kombi, auf dessen Rückfläche der Hund die Scheiben diesig gehechelt hatte. Trotz Vorsicht hatte ich drei Ketchup-, zwei Remouladen- und einen Senf-Fleck auf der Hose. Ich kletterte nach hinten zum Hund, ließ mir die Hose von ihm sauber schlecken, und meine Brüder schüttelten sich freudig vor Ekel. Mein großer Bruder beugte sich zu mir und flüsterte so, dass es meine Mutter hinter dem Lenkrad nicht hören konnte: »Jetzt musst du ihn aber auch ein bisschen lecken. Ihr liebt das doch, ihr zwei!«

Der Strand in Rømø war riesig, und obwohl wir das Meer schon sahen, dauerte es noch ewig, bis wir es erreichten. Wir alle riefen: »Jetzt geht's los! Jetzt geht's los!«, und dann fuhr meine Mutter scharfe Kurven und zog sogar die Handbremse an, um den Wagen um die eigene Achse zu schleudern. Der Hund wimmerte und konnte sich kaum noch auf den Beinen halten. Ich liebte es, wie auf dem Jahrmarkt hin und her geworfen zu werden, durch die Fliehkräfte an meinen mittleren Bruder, der neben mir saß, gepresst zu werden. »Fahr hundert! Los, Mama, fahr hundert!« Wir drehten die Fenster herunter, hielten unsere Köpfe in den salzigen Fahrtwind. Der Sand war mit Muscheln bedeckt, die unter den Reifen splitterten und weit zu den Seiten wegspritzten. Im Gegensatz zur Ostsee gab es in Rømø richtige Wellen. Wellen, vor denen wir alle Respekt hatten, da sie einen beuteln und unter die Wasseroberfläche drücken konnten. Mein ältester Bruder mochte es nicht, sich vor uns auszuziehen, und wanderte am Strand entlang, um Sepiaschulpe für unseren Wellensittich zu suchen. Mein mittlerer Bruder war so spindeldürr, dass er schon nach zehn Minuten klapperte und wie vom lieben Gott höchstpersönlich in eine endlose Weite aus Wind und Kälte ausgesetzt unter dem riesigen Himmel dastand. Aber ich war ein Wassernarr, ein Wellenwahnsinniger, ein Schaumkronenküsser und Tauchirrer. Selbst als alle anderen sich schon hinter dem Windschutz zusammenduckten, hüpfte ich unermüdlich in der Brandung herum. Meine Mutter schwamm durch die Dünung bis ins Offene und war lange nicht mehr zu sehen. Aber das kannten wir schon. Ich stellte mir die krachenden Wogen als übermächtige Gegner vor, eine heranrollende Streitmacht, und ich der einzig verbliebene Held. Ich erledigte sie mit Kung-Fu-Tritten und Karateschlägen oder tauchte in die Köpfe der Monsterwellen hinein und schrie unter Wasser in die Strömung. Ich ignorierte alle Aufforderungen herauszukommen, und erst als mich meine Mutter am Fuß packte und an Land zog, gab ich auf.

Meine Mutter hatte uns einen Reitausflug gebucht, und wir mussten uns bereits beeilen, um den Pferdestall am Strand noch rechtzeitig zu erreichen. Sie war eine ausgezeichnete Reiterin und hatte zig Reitkurse gemacht. Meine Brüder und ich hatten zwar auch schon auf Pferden gesessen, waren aber weit davon entfernt, uns erfahrene Reiter nennen zu dürfen. Es war eine Gruppe von zehn Pferden mit einer dänischen Reitlehrerin, die ein amüsantes Deutsch mit vielen Os und Ös sprach, als hätte sie eine heiße Kartoffel im Mund. »Willkommen zu unserem Reitausflug. Ich freue mich, mit euch zu reiten. Die Pferde sind schon sehr lange wach und waren auf einer langen Tour. Deshalb sind sie müde und haben keine Lust. Ihr bekommt jeder eine Gerte. Lasst euch nichts gefallen. Wir reiten neunzig Minuten. Der Wind ist stark. Auf dem Rückweg müsst ihr euch gut festhalten, weil die Pferde nach Hause wollen. Sie dann zu halten, wird schwierig. Sie brauchen ihren Feierabend. Auf geht's.« Unsere Steigbügel wurden eingestellt, Helme angepasst, und dann sollte es losgehen. Meine Brüder gaben sich Zeichen, sahen zu mir herüber und lachten. Ich ahnte, dass es mit meinen Locken zu tun haben musste, die unter dem Helm wie ein Haarkranz hervorkringelten und mir als blonde Bordüre vor den Augen hingen. Da ich viel zu lange im Wasser geblieben war und nun der Wind pfiff, wurde mir kalt, und ich bereute es, darauf bestanden zu haben, meine Jacke im Auto zu lassen. Die gesamte Kompanie weigerte sich aufzubrechen, legte die Ohren an und stand still. Die Reitlehrerin stieg wieder ab und drosch den störrischen Gäulen ihre Gerte auf die Hintern. Einzig meiner Mutter war es gelungen, ihr Pferd in Bewegung zu setzen. Elegant trabte sie um die Gruppe herum. Alle bekamen das Zeichen, wieder abzusteigen, und nun mussten wir die Tiere an den Zügeln weg von ihrem Stall zerren. Mühsam ging es voran, und ich sank tief in den Sand ein beim Versuch, das Pferd zu bewegen. Jedes seiner Schritte war ein Vorwurf, zwischen den Zähnen arbeitete die Zunge gegen das Metall der Trense. Das Pferd hieß Holly, und die wulstigen Lippen sabberten Unmengen von schaumigem Speichel hervor, der mich ekelte. Ich zog einfach am Zügel und vermied es, das Pferd anzusehen, da seine riesigen Augen mich beunruhigten. Nach etwa hundert Metern gaben die Pferde eins nach dem anderen auf und ergaben sich in ihr Schicksal. Wir stiegen auf und wurden erneut dazu aufgefordert, die Tiere zu schlagen, um ihnen keinen Zweifel daran zu lassen, wer das Sagen hatte. Ich sah, wie mein mittlerer Bruder haderte, die Gerte zu schwingen, und ein verzweifeltes Gesicht machte. Meine Mutter ritt zu ihm heran und zog das Pferd an der Trense weiter. Der Wind blies so kräftig, dass sich Muschelstückchen vom Boden lösten und als spitze Partikel in mein Gesicht wehten. Ich fror und zitterte im Wind. Wenn ich, ohne den Kopf im Sturm zu heben, nach links und rechts blickte, sah ich lauter gekrümmte Gestalten, die sich auf missmutigen Pferden vorwärtsquälten. Nur meine Mutter war scheinbar in einer völlig anderen Welt zu Hause. Sie galoppierte vor und zurück, kümmerte sich um uns und half auch anderen, ihre Pferde zu kontrollieren. Sie saß, wie ich fand, viel besser im Sattel als die Dänin, und ihr Pferd schien alles mit größter Freude zu machen, was sie von ihm verlangte. In irrem Tempo jagte sie plötzlich mit ihm zurück, da jemand sein Halstuch vermisste. Ich drehte mich nach ihr um und traute meinen Augen nicht: Ohne abzusteigen, tief seitlich am Sattel hängend, pflückte meine Mutter das wehende Tuch vom Sand. Schritt für Schritt ging es auf dem unendlichen Strand ins Nirgendwo. Es gab kein Ziel, nur Sand und in weiter Ferne das Meer. Ich hätte gerne ein wenig getrabt, doch die Pferde hoben und senkten die Hufe derart bleiern, dass an geschwindere Gangarten nicht zu denken war. Mein ältester Bruder saß gelassen da und schlug, wie es mir vorkam, mit einer gewissen Selbstverständlichkeit zu. Mein mittlerer Bruder war schon immer der Empfindsamste von uns Dreien gewesen und wohl auch der Schlauste. Die hier geforderte Robustheit und Gnadenlosigkeit waren seine Sache nicht. Er weinte, und ich sah seine Lippen immer wieder das Wort »Scheiße« formen. Wann würden wir endlich umdrehen, fragte ich mich, da es mir so vorkam, als würden wir schon viel zu lange weg vom Stall reiten. Als meine Mutter bei mir war und mir ihre Jacke gab, da ich schon blaue Lippen hatte, rief ich durch den Wind: »Wie lange noch, Mama?« Sie ritt zur Dänin an die Spitze der Gruppe, die sich mehr und mehr auseinanderzog, redete mit ihr und trabte zurück zu mir. Die nun präsentierte Rechnung hätte mir eine Warnung sein sollen. »Noch zwanzig Minuten geht es weiter, dann drehen wir um!«, rief meine Mutter. »Wie lange geht es denn noch insgesamt?«, brüllte ich. »Noch eine halbe Stunde.« Unter den zehn Reitausflüglern war ein Mädchen, das noch jünger war als ich und das von seiner Mutter vom Pferd gehoben worden war und nun vor ihr auf dem Sattel saß. Mich erinnerte das nun reiterlose Tier, das am langen Zügel trottete, an so manchen Western, den ich gesehen hatte. Meistens waren es Pferde, deren Reiter erschossen oder erhängt worden waren. In Wind und Muschelsturm gehüllt sah ich es genau vor mir, wie die Dänin mit zehn reiterlosen Pferden zum Stall zurückkehren würde. Etwas weiter vorne schrie plötzlich ein Mann sein Pferd an und rammte ihm seine Hacken in die Flanken, hieb mit der Gerte beidseitig aufs riesige Gesäß. Doch auch dieser Gewaltausbruch änderte nichts an der Unerschütterlichkeit des Tieres. Links und rechts sah ich Reiter, die sich mit der Gerte verausgabten oder durch Nach-vorne-Rucken des Oberkörpers versuchten voranzukommen. Doch nichts half. Die Pferde waren durch Hunderte Touristen abgestumpft, waren zu halsstarrigen Sklaven geworden, deren einzige Möglichkeit des Widerstandes es war, Schmerzen komplett zu ignorieren. Da riss die Dänin den Arm hoch und rief: »Alle zu mir, alle zu mir.« Es dauerte weitere Minuten, bis die Zurückgebliebenen aufschlossen. »Wir drehen jetzt um. Haltet euch gut fest. Die Pferde wollen schnell nach Hause. Wenn ihr fallt, kommt nicht unter die Hufe. Stoßt euch ab. Der Sand ist weich.« Sobald das erste Pferd ein wenig herumgezogen wurde, stellte es die Ohren auf und begann zu wiehern. Das war verwunderlich, denn bis dahin hatten die Pferde keinen Mucks von sich gegeben, nur geschmatzt, hin und wieder gepupst und gesabbert. Alle Tiere wieherten, und auch meines warf den Kopf zurück und gab einen fanfarenartigen, lang gestreckten röhrenden Brüller von sich und preschte los. Neben mir fiel eine Frau fast vom Pferd, weil es beim Wendemanöver mehrmals ausschlug und sich aufbäumte. Mein mittlerer Bruder hatte die Zügel verloren und klammerte sich um den Hals. Die gesamte Kompanie galoppierte los. Wie hilflose Marionetten hüpften wir in den Sätteln auf und ab, und die Hufe stampften mit solcher Gewalt in den Boden, dass sie Sand aufwarfen. Wir wurden immer schneller, als würden sich die Pferde gegenseitig befeuern. Die Dänin unternahm noch einen zaghaften Versuch, die Pferde zu verlangsamen, aber es gab kein Halten mehr. Aus den störrischen Arbeitsverweigererern waren rassige Rennpferde geworden, die im gestreckten Galopp dahinflogen. Meine Mutter hatte sich in die Steigbügel gestellt, und obwohl das Tier unter ihr in vollstem Lauf dahinjagte, stand sie still in der Luft. Das Pferd des Mädchens, das bei seiner Mutter mitritt, riss sich los und raste davon. Kurz darauf erreichten wir den Stall, und wieder wurde wie verrückt gewiehert. Auch alle anderen im Stall verbliebenen Pferde wieherten zur Begrüßung. Ein weiteres Pferd war ohne Reiter ins Ziel gekommen. Doch die Dänin schien nun auch nicht mehr zu können. Sie stieg einfach ab und setzte sich in den Sand. Meine Mutter ritt zurück in die Weite hinaus, um den Vermissten zu suchen. Mein mittlerer Bruder weinte noch immer und verbarg sein Gesicht in den Händen. Alle, die abstiegen, konnten kaum laufen, streckten sich oder legten sich ebenfalls in den Sand. Die verschwitzten Pferde beruhigten sich und standen wild atmend da. Und dann entdeckte ich in weiter Ferne meine Mutter. Als ich Jahre später *Lawrence von Arabien* sah, sprang mich diese Erinnerung wieder an, als Peter O'Toole, dem Tode entronnen, aus der Wüste auftauchte – von der Hitze zerflimmert, in einem Kokon aus feinstem Sand, mit strahlend blauen Augen. Meine Mutter kam mit einem Mann hinter sich im Sattel und seinem Pferd am Zügel aus einer gelben Wolke von Muschelstaub. Meine Brüder und ich standen da, staunten, und bis heute weiß ich nicht, ob ich mir den brüchigen Sound der Mundharmonika nur dazufantasiert habe oder ob in diesem Augenblick tatsächlich jemand im Pferdestall zu spielen begann. Meine Mutter kam näher und nahm den Helm ab, ihre schwarzen Haare wehten ihr ins Gesicht, sie glitt vom Sattel und half dem Mann herunter, der humpelte und sich den Kiefer hielt. Die Dänin war verschwunden, und ein Däne führte uns in den Stall, wo wir unsere verschwitzten Pferde absatteln und mit Stroh abreiben mussten. Es ekelte mich und meine Brüder, die vom Speichelschaum stinkenden Trensen zu reinigen. Mein Pferd hatte mühelos in einen dritten Aggregatzustand gewechselt. Vom störrischen Gaul übers dahinpreschende Wildpferd hatte es sich in einen wohlig die Lippen flatternden Freund verwandelt, der mich mit seinem weichen Maul stupste. Auf dem Weg zum Auto konnten wir alle drei kaum laufen, und meine Mutter lachte uns aus, da wir o-beinig wie eine Truppe Rodeoreiter über den Strand wanderten. »Was macht ihr denn für Gesichter? Das war doch herrlich.« »Ja, für dich vielleicht«, fuhr mein mittlerer Bruder sie an. »Ich hasse Pferde. Das waren die schlimmsten neunzig Minuten meines Lebens.« »Ach jetzt kommt schon. Das war doch ein Abenteuer.« »Ich glaube, mein Arsch blutet!« »Ach was!« Mein mittlerer Bruder blieb stehen, knöpfte seine Hose auf und zog sie sich über den Po. Er hatte mehrere blaue Flecken, und ich sehe ihn noch so genau vor mir, wie er auf dem unendlich weiten Strand seinen weißen Hintern, der viel kleiner war als meiner, obwohl ich jünger war, vorwurfsvoll in Richtung meiner Mutter drehte. An einem Wirbel über dem Steißbein hatte er eine winzige Wunde, von der etwas Blut hinabrann. Er versuchte sich selbst auf den Rücken zu sehen, doch meine Mutter zwinkerte mir und meinem ältesten Bruder zu und rief: »Da ist nichts zu sehen. Bisschen rot vielleicht.« Sie zog ihm die Hose hoch und ging vor, Richtung Auto. Als wir den Wagen geparkt hatten, war er weit und breit der einzige gewesen. Jetzt war das Auto umgeben von zig anderen. Ein Traktor stand unweit der in Reih und Glied abgestellten Fahrzeuge. Der Sand war völlig zerwühlt. Wir erreichten das Auto, und ein Mann kam zu uns. Ich mochte es, wenn Dänen deutsch sprachen, es klang immer so, als hätten sie meiner Muttersprache alle Spitzen und Zacken abgeschlagen. So als hätten sie die deutschen Wörter in ihren Gaumen wie Bachkiesel rund geschliffen. »Die Flut ist gekommen. Wir haben Sie weggeschleppt. Bitte hundertachtzig Mark.« Nur weil ich meine Mutter so gut kannte, sah ich den Sekundenzorn durch ihren Körper schießen. Doch sie strahlte und rief: »Oh, tausend Dank. Mein Gott, wie schrecklich. So schnell kommt die Flut.« Auch andere Urlauber kamen, und der Mann lief herum und sammelte Geld ein. Meine Mutter tat so, als würde sie in ihrem Portemonnaie suchen, in den Taschen und Autofächern. »Steigt schon mal ein, vielleicht muss es gleich schnell gehen«, raunte sie uns zu. Wir konnten uns kaum setzen, so sehr schmerzten unsere zwölf Buchstaben. Ich flüsterte zu meinem mittleren Bruder hinüber: »Was hat sie vor? Wir müssen bezahlen.« Sie sprach mit dem Mann, tat so, als wäre sie verzweifelt. »Ich bin Ihnen so dankbar, aber ich habe kein Geld dabei. Doch nicht solch eine Summe.« »Wie viel haben Sie denn?« »Ach, ich weiß nicht. Fünfzig Mark vielleicht, aber wir wollten doch noch essen gehen. Die Kinder sind völlig ausgehungert.« »Sie müssen zahlen. Es gibt in der Nähe einen Geldautomaten. Da können Sie Geld holen.« »Das ist eine hervorragende Idee, aber ich hab ja gar keine Karte dabei. Es tut mir so leid.« Da mischte sich ein Mann ein. Sie sprachen leise, ich erkannte ihn und sah, wie er dem Dänen das Geld in die Hand zählte. Kurz darauf sprang meine Mutter ins Auto und startete den Motor. »Das war knapp. Der Herr, der vom Pferd gefallen ist, um den ich mich gekümmert habe, hat uns gerettet.« Wir sausten über den Strand und meine Mutter hatte Spaß daran, immer wieder auf das Meer zuzufahren. Mein ältester Bruder und ich schrien vor Glück, nur mein mittlerer Bruder blieb stumm und sah grimmig auf den Hinterkopf der Fahrerin. Mein ältester Bruder durfte immer vorne sitzen und genoss es, ließ keine Möglichkeit aus, diese Vormachtstellung auszukosten. »Herrliche Sicht hier vorne!«, rief er, oder: »Wie geht's, wie steht's in der zweiten Klasse auf den billigen Sitzen?« Mir war es egal da ich für den vorderen Platz eh nicht infrage kam. Aber meinen mittleren Bruder wurmte es, mich als ewigen Rückbankkumpanen neben sich zu haben. Plötzlich bremste meine Mutter und forderte meinen ältesten Bruder auf, sich hinter das Steuer zu setzen. »Los, jetzt fährst du mal. Du kannst ruhig schon mal ein bisschen üben.« Sie riss die Tür auf und rannte um den Wagen herum, mein Bruder kletterte auf den Fahrersitz hinüber und schoss uns hinten Sitzende mit einem Killergrinsen ab. »So, tritt die Kupplung, starte den Motor und gib ein bisschen Gas.« Der Motor jaulte auf, meine Mutter lachte und rief: »Weniger, weniger, ganz sanft. Gut so. Gas weg, Kupplung treten und in den ersten Gang schalten.« Das Auto machte einen Satz nach vorne, und mein mittlerer Bruder schlug leicht mit dem Kopf gegen die Kopfstütze vor ihm. Doch er blieb stumm. Nach mehreren Versuchen gelang es meinem Bruder, anzufahren und dann auch in den zweiten und dritten Gang zu schalten.« »Fahr mal Kurven, das macht Spaß!« Er fuhr eine schöne gleichmäßige Acht, schaltete in den vierten Gang und wurde übermütig. Er blinkte nach rechts und links und hupte lang und anhaltend, als hätten wir ein Brautpaar geladen. Niemand von uns sah den Polizeiwagen kommen. Plötzlich war das Autoinnere erfüllt von blauem Blinklicht, und eine Sirene heulte auf. Mein Bruder geriet in Panik, drückte voll aufs Gas, und meine Mutter brüllte: »Anderes Pedal.« Das Auto wurde immer schneller. Meine Mutter riss die Handbremse nach oben, und wir schlingerten und drehten uns. Mein mittlerer Bruder knallte mit dem Kopf gegen die Seitenscheibe. Kaum stand der Wagen, wurde auch schon die Fahrertür aufgerissen. Die

Polizisten trugen keine Uniformen, und ihr Wagen war auch kein Polizeiwagen, hatte aber, wie ich es nur aus der Serie *Die Straßen von San Francisco* kannte, eine magnetische Sirene auf dem Autodach. Wir mussten alle aussteigen, und unsere Ausweise wurden eingesammelt. Mein ältester Bruder schien mir kurz davor, in Tränen auszubrechen. Er hatte beide Hände an den Kopf gelegt und sah schamerfüllt zu Boden. Der Tonfall der Polizisten war harsch und frei von jeglicher Freundlichkeit. Sie schrieben sich das Kennzeichen auf und beorderten meine Mutter mit einem Fingerzeig zu sich in den Wagen, wo sie eine Ewigkeit mit ihr sprachen und immer wieder Dinge notierten. Ich fragte meinen mittleren Bruder, ob sie unsere Mutter mitnehmen und einsperren würden. »Das wäre für alle das Beste!«, war seine wenig beruhigende Antwort. Sie kam zurück, zündete sich eine Zigarette an und blies den Rauch in ihr Spiegelbild im Rückspiegel. »Wir müssen noch mit auf die Wache.« Im Schneckentempo fuhren wir vom Strand und dann ewig hinter dem Wagen her. Mehrmals rief meine Mutter »Fahrt doch, meine Güte! Fahrt!« oder »Ich überhole die jetzt!«.

Meine Mutter wurde in ein Büro geführt und meine Brüder und ich auf drei Hocker davor gesetzt. Durch die Glastür hindurch konnte ich sie sehen. Sie saß an einem mit Aktenstapeln überhäuften Schreibtisch einem Mann gegenüber, der ein Blatt Papier in eine Schreibmaschine spannte. Die Hocker waren hart und unsere Hintern vom Reiten wund, sodass wir alle drei ständig von einer Pobacke auf die andere wechseln mussten. Durch die Scheibe hindurch wurde ich Zeuge, wie meine Mutter innerhalb von Minuten aus einer tristen, ja angespannten Verhörsituation eine ausgelassene, heitere Plauderei machte. Ich beobachtete sie, kein Laut drang zu uns nach draußen, und erlebte, wie sie ihr Gegenüber verwandelte. Aus einer grau bebrillten Maus, die beflissen und knöchern die

Tasten der Schreibmaschine bearbeitete, wurde durch meine Mutter ein farbenprächtiger Pfau, der den Hals reckte und sein Federrad spreizte. Oh, wie gut sie das macht, dachte ich beeindruckt, wie genau sie zu wissen scheint, was er braucht, ohne dabei zu sehr aufzutrumpfen. Sie nickte viel und legte den Kopf schief, holte eine Creme aus ihrer Tasche und betupfte sich damit die vom Salzwasser rauen Lippen. Die Pantomime endete damit, dass der Mann sie anstarrte und dann nach dem Papier griff, es aus der Maschine zog, vor ihren Augen zerknüllte und den Ball über seine Schulter warf. Meine Mutter kam durch die Glastür, zwinkerte uns zu und sagte mit sanfter Stimme: »Kommt, wir können gehen!«

Wir alle starben vor Hunger, unsere Mägen knurrten vor Sehnsucht nach einem weiteren Halt am Pölserstand. Doch als wir kurz vor der Grenze von der Straße abfuhren, sahen wir Rauch und beim Näherkommen keinen Imbisswagen mehr, sondern einen niedergebrannten, schwelenden Haufen. Wir sprangen aus dem Wagen und rannten zur Imbissruine. Sie war eher geschmolzen als abgebrannt, ein bizarres Gebilde, das qualmte und ekelhaft stank. Es roch nach verkohlten Kabeln, Gummi und Fleisch, mit einer zarten Note von Röstzwiebeln. Selten hatte ich etwas so grundsätzlich seine Form ändern sehen. Schon immer hatte ich eine leicht pyromanische Ader gehabt, die auszuleben mir nie wirklich gelungen war. Auch mein ältester Bruder mochte es, Dinge abzufackeln. Er sammelte winzige Spielzeugsoldaten und formierte diese auf einer als Kriegsschauplatz dekorierten Sperrholzplatte, um Schlachten nachzustellen. Es gab eine Schale, die als See diente, in der er die miniaturgetreuen Kriegsschiffe schwimmen ließ. Dieses Gewässer befüllte er eines Tages mit Spiritus und vernichtete die Armeen in einem unsere Wohnung vollqualmenden Inferno. Die verbrannten Körper der Soldaten, die nicht größer als Streichhölzer waren, hatten mich damals schockiert, da hier und da noch ein gestreckter Arm oder ein halbes Gesicht aus dem schwarz verkrusteten Plastikklumpen geragt hatte. Mein mittlerer Bruder warf einen vorwurfsvollen Blick auf meine Mutter, stellte sich vor das Absperrband der geschmolzenen Imbissbude und rief: »Drei Pölser bitte, mit schön viel Röstzwiebeln und ohne Senf.«

An der Grenze mussten wir endlos warten, da Hunderte Deutsche nach ihrem sonntäglichen Dänemarkausflug zurück in ihre Heimat wollten. Wenn der Hunger meines mittleren Bruders einen bestimmten Punkt erreichte, verwandelte er sich schlagartig in ein bösartiges Ungeheuer. Auch ich litt unter Hunger, auch mein ältester Bruder war nicht gern hungrig, aber meinen spirreligen mittleren Bruder stürzte Nahrungsmangel in Verzweiflung. Er krümmte sich neben mir auf der Rückbank, stöhnte und hielt sich den Bauch. Meine Mutter kannte diese Hungerattacken von ihm und redete sanft auf ihn ein, was ihn nur noch mehr aufstachelte. Mein ältester Bruder und ich sahen aus dem Fenster, denn wir wussten beide, dass diese Auseinandersetzungen das Potenzial für Explosionen in sich bargen. Selbst der Hund winselte und leckte uns von der Ladefläche in den Nacken. »Es ist nicht mehr lange, Martin. Bald sind wir zu Hause, und dann bekommst du ein Festmahl. Zwei Stunden maximal.« Das konnte meine Mutter gut! Trostvolle Sätze sprechen, in denen sich ein Pulverfass unter lauter liebenden Worten versteckt hielt. Die Information, dass es noch zwei Stunden dauern würde bis zum rettenden Mahl, konnte ihre Wirkung nicht verfehlen, und das wusste sie genau. Mein mittlerer Bruder, dessen Eloquenz durch den Hunger geschärft wurde, schrie von der Rückbank: »Was bitte? Zwei Stunden! In zwei Stunden bin ich tot. Exitus. Dieser ganze Ausflug ist eine solche Scheißkatastrophe, und das ist ganz allein deine Schuld,

Mama! Das Meer ist so arschkalt, dass da nur Irre drin baden können.« Damit waren fraglos meine Mutter und ich gemeint. »Dieser Ausritt war das Schlimmste, was ich je erlebt habe. Ich kann nicht reiten! Kapierst du das nicht? Ich hasse reiten. Ich hab dir gesagt, dass ich nicht reiten will. Aber dir ist immer alles scheißegal, was man sagt. Du denkst immer nur, wird schon, geht schon, alles wird gut. Wird es aber nicht. Und dann säuft auch noch unser Auto fast ab, weil du so bescheuert bist, nicht vorher zu gucken, wann die Flut kommt. Ewig sitzen wir auf dieser Wache rum. Mir tut mein Arsch weh, und ich hab Hunger. Immer geht alles schief, wenn du dabei bist. Warum brennt ausgerechnet heute der Pölserwagen ab? He? Warum sitzen wir zwei Stunden vor der Grenze rum? Warum hast du nichts zu trinken für uns? Wir sind deine Kinder! Du bist verantwortlich für uns! Aber du rettest lieber irgendwelche Idioten, die vom Pferd fallen, oder schleimst dich bei ekelhaften Beamten ein. Der hat dir die Hand auf die Schulter gelegt, der hat dich voll begrapscht. Immer denkst du, du kommst mit allem durch. Es kotzt mich so an, dass du nur an dich denkst! Ich habe Hunger!!« So ausdauernd und unerbittlich hatte ich ihn noch nie reden hören. Meine Mutter fuhr auf den Seitenstreifen der Panzerstraße. Stieg aus, kam zur Tür meines Bruders, öffnete sie und sagte: »Los, raus. Steig sofort aus.« Ihre Worte klangen unumstößlich, kalt und endgültig. Mein Bruder verstummte augenblicklich und sah mich perplex an. »Los, raus mit dir!« Er stieg aus, und ich wusste nicht, was nun passieren würde. Würde sie ihn etwa schlagen? Noch nie war einer von uns geschlagen worden. Ein einziges Mal hatte mir meine Mutter einen Hieb an den Hals verpasst, weil ich brüllend hinter einem Schrank hervorgesprungen war, um sie zu erschrecken. Aber jetzt schien sie vollkommen kontrolliert. Sie ging um das Auto herum und öffnete auch meine Tür. »Raus.« Nie hatte ich die Stimme meiner Mutter so frei von freundlichen Schwingungen gehört. Ich stieg aus. Auch die Tür meines ältesten Bruders wurde von ihr geöffnet und er aus dem Wagen komplementiert. Eine Tür nach der anderen warf sie mit Schwung zu, nicht wild, aber doch mit einer unterdrückten Heftigkeit, die ihre Wut verriet. Der Hund jaulte und presste seine Schnauze durch den Fensterspalt. Mein ältester Bruder machte mehrmals: »Hä?« »Hä?« »Warum denn ich?« »Hä?« Sie stieg ein, fuhr an, gab Gas und glitt davon. Meine Brüder und ich standen an der Panzerstraße, und um uns herum die norddeutsche Weite. Flache Wiesen unter Endloshimmel mit Wolkenriesen. Eine Weile waren wir still, ein kühler, unsteter Wind zupfte mir an den Locken. Schafe grasten auf der anderen Straßenseite, hatten kurz aufgesehen und dann wieder die Köpfe gesenkt. »Was war das denn, bitte schön?« Mein mittlerer Bruder schien völlig unbeeindruckt. Er sah auf seine Armbanduhr. »Los, wir wetten, wie lange es dauert, bis sie wiederkommt. Ich sage, zehn Minuten.« »Ich fünfzehn«, sagte mein ältester Bruder. »Und du, Kürbis, was sagst du?« Ich war durcheinander, sah immer noch die schnurgerade Straße dem Mutterauto hinterher, das ich aber schon längst aus den Augen verloren hatte. Immer kleiner war es geworden und hatte sich in der Weite verloren. »Gleich«, flüsterte ich. Meine Brüder lachten. »Gleich? Was soll denn das heißen?« »Na gleich«, beharrte ich, da mir alles andere unvorstellbar erschien. »Mannomann! Sag, wie viele Minuten. Sonst kannst du nicht mitwetten.« Ich schüttelte den Kopf, und so, wie sich das Auto samt Mutter entfernt hatte, so kam etwas auf mich zu, erst noch winzig klein, dann aber rasch größer werdend. Etwas raste auf mich zu, und ich versuchte, den Mund aufzumachen, aber es ging nicht. Ein Gedanke, so beunruhigend wie kein Gedanke zuvor. Nie hatte ich es für möglich gehalten, meine Mutter nicht mehr wiederzusehen. Immerzu war das die absolute Gewissheit in meinem Leben gewesen. Mein Vater verschwand und ließ sich für jedes Auftauchen feiern, aber die Gegenwart, ja Allgegenwart meiner Mutter war völlig unantastbar gewesen bis zu diesem Augenblick. Jeder Mensch hat eine Haustür für die Angst, und bei jedem Menschen ist dieser Eingang woanders. Manche haben ein Türchen in der Brust, das aufspringt, um sie einzulassen, andere im Bauch, wo die Angst in ihr Zuhause rauscht. Bei manchen schlüpft die Angst durch eine Tür im Rücken, und bei anderen liegt der Eingang auf der Stirn. Schon als Kind und auch noch heute kommt sie zu mir durch kleine viereckige Türen in meinem Kiefer. Ich beiße die Zähne zusammen, so sehr, dass sich die Kiefermuskeln zu Steinkugeln verhärten, und dann springen links und rechts zwei Türen auf, und die Angst schießt mir als heißer Strahl in den Kauapparat, staut sich da, und dann öffne ich den Mund, und die Angst pulst mir in den ganzen Körper. Ich brach in Tränen aus, sackte zusammen und kippte auf den Rücken. Der Kummer riss an mir, ließ meine Glieder zucken, als würde ein Rudel Wölfe an mir zerren. Ich sah in den Himmel, die Wolkenriesen verschwammen zu von Tränenwasser schlierig geweinten Gebilden. Durch den Kummervorhang sah ich über mich gebeugt die Köpfe meiner Brüder, ihre Gesichter zerflossen zu kubistischen Fratzen. Ich war stumm, weinte und weinte. Ungeheure Mengen salzigen Wassers quollen aus zwei nie zuvor angezapften Quellen hervor, strömten mir in die Augen und über die Wangen. Alle Farben um mich herum sammelten sich in den Feuchtigkeitsfilmen über meinen Pupillen, bildeten mit Pixeln gefüllte Tropfen und flossen als Tränen auf und davon, um im Boden zu versickern. Meine Mutter war weg. Mein Anblick muss besorgniserregend gewesen sein, denn meine Brüder setzten sich zu mir und legten mir die Hände auf Brust und Arme. Ich hörte das Mähen der

Schafe und vorbeifahrende Autos. »Du hast völlig recht«, versuchte mich mein älterer Bruder zu beruhigen, »sie wird gleich wieder da sein. Ganz sicher.« Doch auch nachdem ich mich wieder gefasst hatte und der Tränenfluss durch festes Drücken der Tränendrüsen mit den Zeigefingerkuppen von mir gestoppt werden konnte, blieb meine Mutter verschwunden. Wir saßen am Straßenrand und starrten die Panzerstraße hinunter. An uns vorbei fuhr ein Auto nach dem anderen, uns entgegen kam kaum eines. Über mich war nach dem Versiegen der Tränen eine seltsame Ruhe gekommen. Ich war erschöpft, aber auch erleichtert. Erleichtert von etwas, das ich nicht recht verstand. Alle Wettzeiten waren längst überschritten, und hin und wieder murmelte mein mittlerer Bruder Verwünschungen in Richtung des Horizonts. Nach einer Stunde sitzen und warten fing auch er an, zu weinen und sich an den Unterarmen zu kratzen. Er fluchte, heulte und kratzte gleichzeitig. Mein ältester Bruder stand auf. »Kommt, wir gehen jetzt mal los. Vielleicht hat sie irgendein Problem mit dem Auto.« Es entspann sich ein Disput zwischen meinen Brüdern, ob es sinnvoller wäre, weiter zu warten oder aufzubrechen. »Wir müssen unbedingt hierbleiben und warten. Mein Gott, das weiß man doch von jeder Expedition. Diejenigen, die warten, überleben, diejenigen, die aufbrechen, sterben.« Ein Auto hielt, und ein Mann kurbelte das Fenster herunter. »Alles in Ordnung, Jungs?« »Alles bestens!«, antwortete mein ältester Bruder »Wir warten hier auf unsere Mutter.« »Mitten in der Pampa?« »Wir haben was in Dänemark vergessen. Sie ist noch mal schnell zurück.« »Warum hat sie euch denn nicht mitgenommen?« Mein mittlerer Bruder und ich waren gleichermaßen gespannt auf die Antwort. Mein ältester Bruder überlegte und sagte geheimnisvoll: »Sie holt etwas, das sehr groß ist!« Man sah auf dem Gesicht des Autofahrers, das sich ein Knoten in seinem Hirn zuzog, der nicht so bald zu lösen wäre. »Wirklich alles paletti, Jungs?« Wir nickten, und er fuhr davon. »Der hätte uns doch gut mitnehmen können!«, rief ich. »Der hatte ein Schleswiger Kennzeichen!« »Nein, wir warten! Wir steigen sicherlich nicht zu irgendeinem Typen ins Auto.«

Sommertage im Norden sind lang, und doch veränderte sich das Licht um uns herum. Wenn die Sonne zwischen den graubauchigen Kumuluswolken hervorbrach, warfen wir lange Schatten, in deren Kopfsilhouetten bereits die Schafe auf der gegenüberliegenden Koppel grasten. »Wir stimmen ab. Wer ist für losgehen? Was soll denn schiefgehen? Die Straße ist doch schnurgerade, und ich kenne den Weg.« »Wie lange ist sie denn jetzt schon weg?« »Fast neunzig Minuten. Kommt, wir gehen. Wer ist dafür?« Ich hob die Hand. Wir standen auf und liefen los. Eine Straße, drei Brüder und drei Schatten. Wir rückten näher zusammen, sodass wir in einen Gleichschritt gerieten, und hatten Freude daran, als Dreimannkompanie im Einklang zu marschieren. Unsere Schatten waren zu einem einzigen verschmolzen, und ich beobachtete dieses uns treu begleitende Fabelwesen. Es hatte drei Köpfe und sechs Beine, war kompakt und stark. »Was soll das eigentlich sein, was Mama aus Dänemark holt? Groß?« Wir lachten, und ich sah, wie sich das Schattenwesen krümmte. »Wie der geguckt hat.« Wenn wir in der Ferne ein Auto sahen, das die gleiche Farbe hatte wie unseres, stieg kurzzeitig die Spannung. Doch unsere Mutter blieb verschwunden. Mir kam es so vor, als würden wir kaum vorankommen, und ich fragte: »Wie weit ist es denn bis Schleswig?« Mein Bruder rechnete. »Ich würde sagen, sechzig Kilometer. Wir gehen fünf Kilometer in der Stunde. Also brauchen wir zwölf Stunden. Gleich ist es sieben. Kommen wir pünktlich zum Frühstück.« Wir gerieten in einen sprunghaften Zustand zwischen Abenteuerlust und Panik. Wir erreichten das Ende der langen

Geraden, und die Straße schlängelte sich in ein Waldstück hinein. Bis jetzt hatten wir es vermieden, darüber zu sprechen, was geschehen war. Doch mit der im Wald aufs Gemüt drückenden Schummerigkeit schossen die Fragen in uns auf. Was genau hatte meine Mutter dazu veranlasst, uns aus dem Auto zu werfen? War es die Tirade meines mittleren Bruders oder etwas Grundsätzlicheres gewesen? Waren wir überhaupt schuld? Und warum kam sie nicht zurück? Was waren plausible Szenarien für ihr Fernbleiben? Wir sprachen darüber und fanden keine Lösung. Wir versuchten, heiter zu bleiben, aber die Gewissheit, dass etwas Schreckliches passiert sein musste, ließ sich nicht länger verdrängen. Meine Mutter war keine Verrückte, keine unzurechnungsfähige Rabenmutter, die ihre Kinder wie in einem bösen Märchen in der Wildnis aussetzte.

Wir wanderten aus dem Wäldchen hinaus ins Freie, und wie eine nicht enden wollende Landebahn führte die Straße in die Ferne. In den nächsten Minuten schwand mit jedem Schritt etwas von unserem Mut. Mein Schnürband war aufgegangen, ich kniete mich nieder und rief: »Wartet.« Meine Brüder drehten sich zu mir und warteten, während ich mich mit den Bändern abmühte, da ich einfach nicht begriff, wie man eine feste Schleife band. Mit einer Teilnahmslosigkeit, die mir im Nachhinein stets rätselhaft geblieben ist, sagte mein mittlerer Bruder: »Da kommt sie.« Wie konnte es nur sein, dass die Sensation unserer Rettung mit derart laschem Tonfall herausgenuschelt wurde. Hatte Robinson Crusoe vielleicht gar keinen Veitstanz am Strand aufgeführt, geschrien und gefuchtelt? Vielleicht hatte er einfach nur zu Freitag gesagt: »Guck mal, ein Schiff. Gerettet.« Ich hob den Blick von meinem Schuh und sah unser Auto näher kommen. Meine Mutter blieb stehen. Die letzten Sonnenstrahlen brachen sich in der Windschutzscheibe, deswegen konnte ich sie nicht erkennen. Wir überquerten die Straße, öffneten die Autotüren und setzten uns in den völlig verrauchten Wagen. Mein ältester Bruder quetschte sich zu uns auf die Rückbank. Die Ladefläche war leer, der Hund nicht da. Meine Mutter fuhr los, wir alle schwiegen. Sie reichte uns eine Tüte mit Käse- und Wurstbroten nach hinten, die wir gierig und stumm verschlangen. Mit jedem Meter, den wir zurücklegten, wurde es unmöglicher, etwas zu sagen. Das hatte ich noch nie erlebt, dass ein Schweigen derart monumental die Münder verschloss. Ich spürte uns alle denken, rasend denken, aber nichts konnte heraus. In diesem Auto zu sprechen, wäre, wie unter Wasser Luft zu holen, tödlich. Meine Mutter umschloss eine undurchdringliche Traurigkeit, die aber nicht nach Mitleid verlangte, sondern sie völlig isoliert vor sich hin rauchen ließ. Einzig der sehr feste Griff um das Lenkrad verriet etwas von ihrer Anspannung. Ich saß eingequetscht zwischen meinen Brüdern, oberschenkelflankiert, und versuchte zu begreifen, was vor sich ging. Warum konnte ich nicht mehr sprechen? Ach, hätte ich doch nur, dachte ich, gleich nachdem ich zu ihr ins Auto gestiegen war, losgeredet, sie umarmt und etwas gesagt. Ich öffnete von den anderen unbemerkt die Lippen und stieß mit der Zungenspitze gegen die Mauer aus Schweigen. Dieses Auto, die Luft in ihm, war zum wortfeindlichsten Ort des Universums geworden. Wir kamen zu Hause an, der Hund freute sich, uns zu sehen, aber seine Schwanzwedelbewegung war seltsam halbherzig – den ganzen Schwanzwedelradius, den er sonst für Freudenbekundungen in Anspruch nahm, schöpfte er bei Weitem nicht aus. Mein Vater saß in seinem Ohrensessel, nickte uns zu und hob die Zeitung wieder vor sein Gesicht. Wir verschwanden in unsere Kinderzimmer, und auf dem Bett liegend war ich mir sicher, dass wir als Familie in ein neues Zeitalter eingetreten waren. Nach der Familienblütezeit des Wortes waren wir mit dem heutigen Tag in das Endzeitalter des Schweigens eingetreten. Schon lag meine Zunge, mager geworden, apathisch im Mundraum herum, und selbst das heimliche Flüstern kam mir als Verletzung der neuen Gesetzmäßigkeiten vor.

Später am Abend aßen wir schweigsam und erschöpft, jeder mit seinem Essen beschäftigt, legten die Messer vorsichtiger als sonst neben die Teller, und alle drei Kinder räumten ohne Aufforderung den Tisch ab, so andächtig, als wäre es eine Totenfeier. Ich war damals sieben, und schon längst hätte ich allein im Bett lesen sollen. Aber es fiel mir schwer, mich von den Ritualen des Vorlesens, des Beieinanderliegens und Singens zu verabschieden. Und ein wenig glaube ich, dass es auch meiner Mutter schwerfiel, da ich ihr letztes Kind war, zu dem sie sich noch dazulegen konnte. Wir hatten es oft sehr lustig beim Zubettbringen. Sie suchte, so nannte sie das, Gold unter meiner Bettdecke, und ihre nach Schätzen suchenden Finger kitzelten mich. Am empfindlichsten war ich unter den Achseln. »Wo ist nur das Gold? Wo hast du das Gold versteckt? Ah, hier muss es doch irgendwo sein.« Ich wand mich, presste die Arme eng an meinen Körper, um den Eingang zu den beiden Achselhöhlen zu verbarrikadieren, und gleichzeitig genoss ich es und ließ auch immer wieder ein wenig locker, damit die Finger meiner Mutter weiter vordringen konnten. Am ersten Abend des Schweigezeitalters erschien sie nicht und auch nicht mehr an den folgenden Abenden. Erst sehr viel später legte sie sich wieder zu mir, aber da waren die Rituale schon längst zu Verweisen auf etwas Vergangenes geworden. Wir spielten dann, dass es so war wie früher. Aber dieses Früher gab es nicht mehr, Früher war endgültig vorbei.

Stille. Die Geschichte war zu Ende. Ich lag im Buchladenkabuff und wartete auf eine Reaktion des Publikums. Aber ich hörte nichts. Vorsichtig erhob ich mich von meinem Lager und schlich an den Türspalt heran. Meine Mutter saß bewegungslos da, atmete gleichmäßig, den Blick auf die letzte Manuskriptseite geheftet. Sie nahm die Lesebrille ab, den Kopf immer noch gesenkt. Die Zuschauergesichter waren voller Erwartung auf sie gerichtet. Ergriffen und zugetan. Sie hatte das geschafft, worum ich bei jeder Theateraufführung, jeder Lesung ringe: das unerbittliche Verrinnen der Zeit zu besiegen, einen Raum mit eigenen Gesetzmäßigkeiten zu erschaffen. Bedächtig hob sie den Kopf, nickte ein klein wenig, und der Applaus brandete auf.

Meine Mutter ist ein durch und durch künstlerischer Mensch, begriff ich, doch war ihr der Weg in die Kunst durch ihre eigene Mutter abgeschnitten worden, da sie unter keinen Umständen werden wollte wie diese. Um sich einen Platz im Leben jenseits der divenhaften Mutter zu erobern, hatte meine Mutter die von ihrer Mutter besetzte Sphäre der Kunst verlassen und einen maximal kunstfernen Beruf ergreifen müssen. Es war großartig, wie gelassen und plastisch sie meinen Text gelesen hatte, und das, obwohl sie ihn nicht kannte. Ihre Stimme war überaus angenehm, weich, aber nicht verschwommen. Und bereits nach einer Seite hatte sie die Zuhörer für sich eingenommen. Mir kam es so vor, als würde sich ein Kreis schließen. Ich hatte entgegen meiner Natur nach dem Unfalltod meines Bruders einen künstlerischen Beruf ergriffen, der mir eigentlich wesensfremd war, und war Schauspieler geworden. Dann war ich vor der Schauspielerei in die Schriftstellerei geflohen und hatte das für einen Legastheniker eigentlich Unmögliche versucht: Bücher zu schreiben. Nun las meine Mutter meinen Text und trat mit weit über achtzig zum ersten Mal vor Publikum auf und klang so, als hätte sie ihr Leben lang nichts anderes gemacht, während ich im Bücherlager zum glücklichen Zuhörer geworden war.

Die Besucher klatschten ausdauernd. Meine Mutter verbeugte sich. Mit entspannter Selbstverständlichkeit ging sie einen Schritt vor und senkte das Kinn. Ihre Verbeugung war perfekt. Distanziert, aber nicht arrogant, elegant, aber nicht geziert. Sie hob die Hand, und die Menge verstummte. »Mein Sohn liest ja gerne sehr lang. Ein wenig zu lang, finde ich immer. Daher mache ich es kürzer. Ich würde, wenn es tatsächlich gewünscht sein sollte, nach der musikalischen Darbietung unserer Gastgeber noch eine weitere kurze Geschichte lesen, und dann langt es auch.« Der begeisterte Applaus war eine eindeutige Einwilligung in dieses Angebot. Das Buchhändlerehepaar trat auf das Podest, und während die Buchhändlerin *Die Krähe* von Schubert aus der *Winterreise* anstimmte, wog sich der Buchhändler leicht in den Hüften und sang dazu. Er hatte eine kraftvolle Stimme und artikulierte überdeutlich. Immer wieder sang er das Wort »Krähe«, ging ein wenig in die Knie, rollte dabei das R und überdehnte das Ä mit hervorgewölbter Zunge. Meine Mutter liebte die *Winterreise,* und ohne jede Hemmung trällerte sie seitlich von ihrem Leseplatz in den Liedvortrag hinein. Der Buchhändler drehte sich singend zu ihr, rollte zur Warnung mit den Augen in ihre Richtung, aber meine Mutter bereitete bereits den nächsten Lesetext vor und war in Gedanken versunken. Wäre es bei der *Krähe* geblieben, hätte ich es durchaus als Überraschung verbucht, was sich in der Lübecker Buchhandlung ereignete. Doch mit der zweiten Darbietung überhob sich das Buchhändlerehepaar, und der Sänger geriet mit jedem gesungenen Wort weiter vom melodischen Kurs ab. Anstatt leiser zu werden, versuchte er, seine Verirrung durch Lauterwerden zu kompensieren. Er sang *Die Post,* ebenfalls von Schubert, und schmetterte sich dröhnend über die Ziellinie, während die Buchhändlergattin wacker dagegenhielt und die Begleitung in die Tasten hämmerte. Doch alle waren begeistert und applaudierten dankbar. Meine Mutter las eine weitere Geschichte mit dem Titel *Baghira in Ulm,* und dann gab es wieder eine musikalische Einlage, und es war geschafft. Sie kam zu mir ins Kabuff. »Das war fantastisch, Mama!«, rief ich ihr entgegen. Sie sah anders aus, und im ersten Augenblick wusste ich nicht genau, was sie derart verändert hatte, aber dann begriff ich, dass es Stolz war, der sie erfüllte. Sie sah mich ernst an. »Soll ich noch mal rausgehen?« »Na klar, Mama. Das ist dein Applaus. Du hast großartig gelesen.« Als sie die Bühne betrat, wurde rhythmisch geklatscht und sogar getrampelt, was meiner Mutter sehr zu gefallen schien. Es dauerte weitere vier Auf- und Abgänge, bis die Begeisterung abflaute und Stühle zum Aufstehen zurückgeschoben wurden. Vor dem Tisch mit den Büchern bildete sich eine Schlange, und meine Mutter setzte sich zu mir auf die Liege.

Das Buchhändlerehepaar kam hereingestürmt, der Mann stellte sich vor meine Mutter und breitete die Arme aus: »Was für ein Abend! Das gab es hier noch nie. Solch eine Begeisterung.« Er trat auf meine Mutter zu, verkündete feierlich: »So, das mach ich jetzt einfach!«, und umschlang, ja verschlang sie mit den Armen. Ich wollte intervenieren, dem korpulenten Buchhändler Einhalt gebieten, ihn unmissverständlich dazu auffordern, die zarte Mutter nicht zu zerquetschen. Aber es war zu spät, da sie schon zur Gänze in der Umklammerung gefangen war. Die Buchhändlerin befreite meine Mutter und riss ihren begeisterungsenthemmten Gatten zurück. »Hans, es langt. Frau Meyerhoff, vor dem Tisch ist eine lange Schlange. Bitte setzen Sie sich da noch einen Augenblick hin. Ginge das?« Meine Mutter sah mich fragend an. »Willst du signieren?« »Nein, sicher nicht. Ich kann mich doch nicht erst hier verstecken und dann meine Bücher signieren. Das musst du machen.« »Was soll ich denn da schreiben?« »Na, deinen Namen.« »So weit kommt es noch.« Sie überlegte. »Ich schreibe: Mutter des Autors. Ist das okay?« »Absolut!«

Es dauerte eine weitere Stunde, bis sie alle Bedürfnisse befriedigt hatte. Geduldig antwortete sie auf alle Fragen und ließ sich gerne in Gespräche verwickeln. »Wie fühlt man sich denn so als Romanfigur?« »Mal so, mal so. Aber ich habe mich schon daran gewöhnt.« »Stimmt denn das alles, was Ihr Sohn über Sie schreibt? Einiges klingt nicht wirklich glaubwürdig.« »Da müssen Sie meinen Sohn schon selbst fragen.« »Sind Sie wirklich eine gute Reiterin?« »Oh ja, ich war eine fantastische Reiterin.« »Hallo Susanne, ich bin extra aus Rendsburg gekommen. Mensch, das hast du super gemacht.« »Oh, hallo Irene. Danke. Ja, das war jetzt eine tolle Sache. Wie geht's dir denn? Lebt dein Mann noch?« »Leider nein, der ist schon acht Jahre tot.«

Erst als auch der letzte Gast die Buchhandlung verlassen hatte, traute ich mich hinaus. »Sooo!« Meine Mutter atmete geräuschvoll aus. »Und jetzt brauche ich einen Whisky.«

Zu viert schlenderten wir zum »Kartoffelkeller« hinüber. Meine Mutter hakte sich bei mir ein, sah mich von schräg unten an und fragte: »Hab ich gut gemacht, oder?« »Gut, Mama? Du warst nicht gut, du warst sensationell. Es klang, als würdest du die Geschichten in- und auswendig kennen. Warst du sehr aufgeregt?« »Kein bisschen.« Vor uns ging das Buchhändlerehepaar. Meine Mutter flüsterte. »Aber wie er die Schubert-Lieder massakriert hat, das hab ich nur schwer ertragen.«

Beim Betreten des Restaurants wurde meine Mutter sofort von Besuchern der Lesung mit angedeuteten Klatschern willkommen geheißen, während ich kaum eines Blickes gewürdigt wurde. Meine Mutter trank in kurzer Folge mehrere Gläser Whisky, und das Buchhändlerehepaar konnte nicht genug davon bekommen, den Abend Revue passieren zu lassen und meine Mutter auf Lorbeeren zu betten. Für jeden gab es eine bombastisch große Ofenkartoffel mit Schmand und Krabben. Ich genoss es, vollkommen unsichtbar geworden zu sein und dem Gespräch zu lauschen. Der Buchhändler nahm mehrmals die Hände meiner Mutter und bedachte sie mit der für ihn unzweifelhaft höchsten Auszeichnung: »Wir haben hier schon viele Gäste gehabt. Grass ist hergekommen und Walser. Wir machen das seit bald vierzig Jahren. Aber heute Abend, Frau Meyerhoff, das war was Besonderes. Sie sind ein richtiger Mensch.« Er drückte die Mutterhände und wiederholte: »So ein richtiger Mensch sind Sie.« Meine Mutter war geduldig und bedankte sich artig für die Adelung. Er konnte den Blick nicht von ihr lassen, nickte vor sich hin, und da kamen ihm die Tränen: »Ein Mensch sind Sie! Ein echter Mensch, danke.« »Mensch, Hans«, riss ihn seine Frau aus der Überwältigung, »jetzt lass Frau Meyerhoff doch mal essen! Ihre Kartoffel wird ja kalt.« Natürlich wäre auch ich gerne ein Mensch gewesen an diesem Abend, aber diesen Thron hatte die Mutter erklommen, und das vollkommen zu Recht.

Als wir den »Kartoffelkeller« verließen, war es bereits kurz nach Mitternacht. Das Ehepaar ließ meine Mutter erst gehen, als sie hoch und heilig versprochen hatte, im nächsten Jahr wiederzukommen.

Wir gingen zum Auto, und erst nach einer kurzen Auseinandersetzung gab meine Mutter nach und überreichte mir den Autoschlüssel. »Aber bitte fahr zügig, ich will da jetzt nicht ewig durch die Nacht trödeln.« Ich schob den Sitz zurück und stellte Rück- und Seitenspiegel ein. Sowohl der Sitz als auch die Spiegel knarzten unwillig, schienen sich gegen die Veränderung zu sträuben. Ich war lange nicht mehr Auto gefahren. Die Straßen Lübecks waren menschenleer, und es dauerte nicht lange, bis wir die Stadt verlassen hatten. »So, Mama, und nun verrat mir bitte, wie du das gemacht hast.«

»Was meinst du?« »Du hast etwas dazuerfunden.« »Oje, hast du es etwa bemerkt?« »Natürlich hab ich es bemerkt, Mama. Es ist ja meine Geschichte.« »Ich fand es etwas zu bedrückend gegen Ende, und da ist mir das mit dem Gold eingefallen.« »Du hast so getan, als würdest du es vorlesen?« »Ja, absolut.« »Du hast auf die Seite runtergesehen und es erfunden?« »Ja, hab ich.« »›Wir hatten es oft sehr lustig beim Zubettbringen. Ihre nach Schätzen suchenden Finger kitzelten mich. Am empfindlichsten war ich unter den Achseln. Wo ist nur das Gold? Wo hast du das Gold versteckt? Ah, hier muss es doch irgendwo sein‹, das ist dir einfach so in dem Moment am Tisch vor den Leuten eingefallen?« »War doch schön!« »Wunderschön, Mama. Danke. Daran habe ich eine Ewigkeit nicht mehr gedacht. Darf ich das in den Text übernehmen?« »Aber sehr gerne. Ich schenke dir die Passage. Und jetzt möchte ich ein wenig die Augen zumachen. Und wie schon gesagt: Gib bitte ordentlich Gas, ich möchte endlich in mein Bett.« Meine Mutter kurbelte die Sitzlehne weit zurück, gähnte, und keine drei Minuten später war sie eingeschlafen.

Mutter erntet

So wie es ein traditionelles Sommerfest gab, so gab es auch alljährlich ein Apfelfest. Herbst für Herbst war es eine Mammutaufgabe für meine Mutter, zentnerweise Äpfel zu verwerten. »Wie gut, dass du dieses Jahr da bist«, sagte sie zu mir. »Da siehst du mal, was du mir mit den zig von dir gepflanzten Apfelbäumen aufgebürdet hast. Wohin mit diesen Mengen von Äpfeln? Und dieses Jahr ist auch noch ein ausgesprochen gutes Apfeljahr.«

Die Lageräpfel wurden sorgsam auf Stellagen verteilt, körbeweise wurden die Früchte zum Entsafter gefahren und kistenweise Apfelsaft im Stall gestapelt. Und dann kamen wieder die singenden Damen der Domkantorei, um für den Eigenbedarf zu pflücken. Sie kletterten auf Leitern in die Bäume hinauf, sangen und ernteten. Ich durfte sogar ausnahmsweise den Rasentraktor fahren und mit dem Anhänger die Äpfel zu den Autos transportieren. Zwanzig alte Frauen mit ergrauten Kurzhaarfrisuren, die geschickt und freudig in meinen Apfelbäumen herumkletterten, Choräle sangen und sich nach den Früchten streckten, waren ein erbaulicher Anblick. Und meine Mutter war die beste Kletterin von allen. Da, wo die anderen aufgaben, vernünftig agierten und sich durch körperliche Einschränkungen zum Absteigen genötigt sahen, war meine Mutter zur Stelle. Sie kletterte und balancierte über die Sprossen und schwang sich zu meinem Entsetzen sogar an einem Ast zu einem höher gelegenen, mit Äpfeln schwer behangenen Zweig hinauf. Unter dem Baum wurde »Susanne, sei bloß vorsichtig!« gerufen. Aber das kümmerte meine Mutter nicht. Rotwangige Früchte nicht zu ernten, kam für sie einem Frevel gleich. Auch ich rief in die Baumkrone hinauf: »Mama, das ist zu hoch! Du kommst jetzt sofort da runter! Keine Diskussion.«

Eigentlich soll ein Apfelbaum so licht geschnitten sein, dass man eine Mütze durch seine Krone werfen kann. Aber einige meiner Bäume waren so dicht, dass man kaum den Himmel sah. Meine Mutter war, von den Früchten gelockt, im Geäst weiter hinaufgestiegen und im Blattwerk verschwunden. Sie rüttelte an den Ästen, und plötzlich bombardierten fallende Äpfel mit dem Namen Geflammter Kardinal die unten wartenden Damen. Als es still wurde, plötzlich kein Mucks mehr in der Baumkrone zu hören war, kein Blatt sich mehr regte, rief ich in die Krone hinauf: »Alles in Ordnung, Mama?« Doch anstatt zu antworten, hörte man mehrmals ein knackiges Abbeißen und das beherzte Zerkauen von Fruchtfleisch. Es wurde gelacht und geduldig auf meine Mutter gewartet, die hoch oben im Baum vor sich hin schmatzte. Mit einem ganzen Korb der prächtigsten Äpfel, die wie in rotes Wachs getunkt glänzten, kam sie die Leiter herunter. »Schaut euch diese Früchte an! Die kann man doch nicht hängen lassen!« Es wurden zwei Kuchenbleche mit Apfelspalten belegt, und während sie im Ofen buken, knallte meine Mutter den Korken aus einer Sektflasche und versorgte ihre Gäste. Mich faszinierte die Fähigkeit der hochbetagten Schar zur Geselligkeit, ihre ungebrochene Lebenslust. Dass den meisten von ihnen die Männer gestorben waren, schien keine schwerwiegenden Spuren hinterlassen zu haben. Ich deckte den Tisch ab, und ganz anders als beim Sommerfest machte es mir Freude, an den Unterhaltungen teilzunehmen. Da rief eine von ihnen: »Schaut mal, wie Susanne guckt. Es ist Zeit, dass wir gehen.« Alle kannten das Gesicht, das meine Mutter machte, wenn sie keine Lust mehr auf Trubel hatte. Ihr Blick wurde stechend, taxierte die Besucherinnen, und ihr Mund wurde klein und geriffelt wie ein Pfirsichkern. Fünf Minuten später waren alle mit Körben beladenen Kleinwagen verschwunden.

Auch nachdem sämtliche Verwertungen der Äpfel ausgeschöpft waren, hingen weiterhin Massen von ihnen in den Bäumen. Selbst wenn ein hundert alte Damen zählender Riesenchor zum Erntefest angereist wäre, hätten die Bäume noch längst nicht leer gepflückt werden können. Meine Mutter und ich aßen ununterbrochen Apfelmus und Apfelpfannkuchen. Am Ende eines weiteren Erntetages verstiegen wir uns, durch mehrere Gläser Whisky stimuliert, zu dem hochprozentigen Plan, in die Calvados-Produktion einzusteigen. Meine Mutter war nicht mehr zu bremsen. Sie liebte es, Dinge zu planen, die eine abwegige Herausforderung darstellten. Wir ereiferten uns, fielen einander ins Wort, lachten und tranken Whisky. Wir beide waren gut darin, die Dinge, die wir uns vorstellten, sehr wahrhaftig vor uns zu sehen. Eine eigene Marke wollten wir produzieren, einen Calvados des Nordens kreieren. Wir stritten uns lustvoll über den besten Platz für die Destille. Ich recherchierte auf dem Handy den Fertigungsprozess und fand heraus, dass Calvados aus Cidre gemacht wurde. »Umso besser«, rief meine Mutter, »Cidre machen wir dann auch.« So wiegelten wir uns gegenseitig auf. Ich sah den Alkohol in den Glasröhren aufsteigen, roch bereits den Schnaps, den wir brennen würden, was allerdings auch am Whiskyglas in meiner Hand liegen konnte.

Doch auch in diesem Apfelherbst würde es so enden wie stets. Die letzten Schubkarren wurden zu einer nahe gelegenen Koppel gefahren und dort den Pferden serviert, die ihr Glück kaum fassen konnten, mit derart deliziösem Obst verwöhnt zu werden.

Mutter verliebt sich

Während eines Spazierganges eröffnete mir meine Mutter, dass sie sich spontan entschieden habe, zu verreisen. »Wie toll, Mama!«, sagte ich und fragte: »Wo soll es denn hingehen?« »Nach Marokko.« Damit hatte ich nicht gerechnet. Wenn meine Mutter verreiste, waren dies meist Reisen nach München, um sich dort um das Haus meiner Großeltern am Schlosspark Nymphenburg zu kümmern oder um Freunde zu treffen. »Warum denn nach Marokko?« »Ich kenne seit vielen Jahren jemanden in Schleswig, der dort am Schloss Gottorf Führungen macht. Und als ich gestern bei der Ausstellungseröffnung war, haben wir uns wiedergesehen. Wir sind zusammen durch das Museum gegangen. Er liebt Bilder, überhaupt Kunst, genauso wie ich. Hat unglaublich viel Ahnung von den Künstlern und ihren Biografien. Das war schön. So ein angeregtes Gespräch hatte ich lange nicht mehr.« Ich lief neben meiner Mutter her, die von den offensichtlich angenehmen Erinnerungen an die gestrige Begegnung immer langsamer wurde. »Und plötzlich hat er mich gefragt, ob ich nicht Lust hätte, mit ihm auf eine Reise zu gehen. Er hat da wohl ein sehr gutes Angebot für zwei bekommen. Ich war völlig überrascht. Bisschen seltsam ist das ja schon.« »Ich finde das eine großartige Idee. Ich kümmere mich um das Haus und den Garten, und du fährst nach Marokko. Wann soll es denn losgehen?« »Montag. In drei Tagen.« Ich klatschte in die Hände und applaudierte. Sie war stehen geblieben und sah mich an. »Soll ich das wirklich machen?« »Na klar. Die Äpfel sind geerntet, der Rasen wächst nur noch spärlich. Es regnet ununterbrochen hier, und ich bin da und kann mich um alles kümmern.« »Ich hab eh schon zugesagt.«

Während der nächsten Tage telefonierte meine Mutter mehrmals mit ihrem Reisegefährten, und ich hörte an ihrer Stimme, dass er ihr außerordentlich gefiel. Ihr Lachen hatte freudige helle Obertöne, und auch in der Tiefe klang ihre Heiterkeit voll und rund. Am Abend bekam sie wieder Bedenken aus einem, wie ich fand, abenteuerlichen Grund, der ihr aber vollkommen ernst war. »Er ist allerdings wesentlich jünger als ich«, sagte sie mit haderndem Unterton und schüttelte dabei den Kopf. »Dein Reisebegleiter?« Sie nickte. »Wie alt ist er denn?« »Drei Jahre jünger.« Ich lachte auf. »Was?«, rief ich. »Dreiundachtzig? So ein junger Hüpfer? Wie kannst du nur?« »Lach nicht. Er ist ein gut aussehender Mann und in Schleswig sehr begehrt, umschwärmt geradezu.« »Aber er hat dich gefragt. Du siehst fantastisch aus. Er kann froh sein, wenn du mitkommst.«

Wir fuhren mit dem Auto zum Bus nach Schleswig, der sie zum Flughafen nach Hamburg fahren würde. Meine Mutter lenkte den Wagen noch impulsiver als sonst, und mehrmals verdrehte sie den Rückspiegel in ihre Richtung, um sich zu betrachten, und jedes Mal schien sie ihr Spiegelbild zu ernüchtern. Sie schminkte sich auf einer Geraden die Lippen nach und zog sich mit einer Hand das Gesicht glatt, strich sich die Falten von Wangen und Stirn. Einmal hörte ich sie das Wort »Schnapsidee« flüstern. Alle paar Minuten riss sie sich den Sicherheitsgurt von der Brust, kurbelte die Scheibe hoch und runter. Ich hatte es mir abgewöhnt, ihre waghalsigen Manöver zu kommentieren oder sie zu einer gemäßigteren Fahrweise aufzufordern. Schicksalsergeben kauerte ich im roten Auto und übte mich in der Praxis des Loslassens.

Vor dem Bus hatte sich die Reisegesellschaft bereits versammelt. Man kannte sich offensichtlich gut. Einige der ausnahmslos betagten Reisenden machten Gymnastik, um sich auf das längere Sitzen vorzubereiten. Ein Mann kam auf meine Mutter zu und begrüßte sie freudig per Handschlag und mit einer zackig angedeuteten Verbeugung. Auch ich wurde mit einem kurzen, sehr offenen Blick und mit festem Händedruck willkommen geheißen. Er sah tatsächlich blendend aus, und sein dichtes graues Haar beeindruckte mich. Er trug eine helle Hose, ein Hemd unter dem Jackett und unterschied sich dadurch wohltuend von den anderen Reisenden, die ausschließlich in atmungsaktive beigefarbene Funktionswäsche gekleidet waren. Meine Mutter und er sahen eher so aus, als würden sie gemeinsam in ein Konzert gehen denn auf eine langwierige Reise. Während der Herfahrt hatte sie erstmals seinen Namen genannt. Bernhard. Als sie sich auf den Weg machen wollte, ihren Koffer im Busbauch zu verstauen, intervenierte Bernhard mit einem »Darf ich?« und griff nach dem Gepäckstück. Es gab ein minimales Gerangel der Hände um den Koffergriff. Meiner Mutter war es höchst suspekt, sich helfen zu lassen. Er lächelte sie an und wiederholte mit Nachdruck seine Bitte »Darf ich?«. Es klang geradezu feierlich, eher wie eine Aufforderung zum Tanz. Zögerlich löste sich die Mutterhand vom Griff, was Bernhard mit einem Nicken quittierte. Während er mit dem Koffer davonging, den er trug und nicht zog, sah mich meine Mutter fragend an und lüpfte ein wenig die Augenbrauen in die Höhe. Ich tat es ihr gleich, und wir beide verbrüderten, oder richtiger: »vermutterundsohnten« uns mit diesem blitzschnell zwischen uns hin- und hergeworfenen Blick der

Anerkennung für Bernhards Zuvorkommenheit. Kurz darauf wurden die Reisenden vom Busfahrer aufgefordert einzusteigen. Ich umarmte meine Mutter, küsste sie auf den Kopf. »Hab eine wundervolle Reise, liebste Mutter. Heute Abend bist du schon in Marrakesch. Und schreib mir mal eine Nachricht, wie es dir geht.« »Das mache ich natürlich.« »Hast du deinen Pass? Dein Geld? Dein Handy?« Sie klopfte auf ihre Handtasche und nickte. »Du musst unbedingt die Gelbe Tonne heute noch an die Straße stellen. Du könntest auch schon mal die Säcke über die Rosen machen, falls es Frost gibt. Iss den Heringssalat auf. Mäh bitte nicht Rasen, während ich weg bin. Der wächst eh kaum noch. Das mach ich dann, wenn ich wieder da bin. Da hab ich dann was, worauf ich mich während der Reise freuen kann.« Wieder umarmten wir uns, und ich hob sie kurz in die Luft. Das war ein jahrzehntealter Brauch zwischen uns. Meine Mutter war sich nie ganz sicher, ob sie es mochte, und strampelte empört, bis ich sie wieder absetzte. Bei der nicht ganz niedrigen Schwelle der Bustür half Bernhard ihr durch einen stabilisierenden Arm am Ellenbogen und bugsierte sie so die Metalltritte hinauf. Abermals sah ich, als sie sich zu ihm umblickte, Verwunderung über seine zupackende Hilfsbereitschaft in ihren Augen. Plötzlich war da jemand, der Koffer trug und einem die Treppe hinaufhalf. Ich lief am Bus entlang und versuchte, durch die getönten Scheiben hindurch zu erkennen, wo sie sich hinsetzten. Doch sie waren verschwunden, und als der Bus vom Parkplatz fuhr, winkte ich ihm nach, ohne zu wissen, ob meine Mutter mich noch sah.

Mehr als zwei Monate war ich tagein, tagaus mit ihr zusammen gewesen, und schon in diesem allerersten Moment, da ich sogar den Bus noch sah, wie er sich entfernte, spürte ich etwas auf mich zukommen, das sich bedrohlich anfühlte, eine Ahnung von Verlust. Ich ging zum Auto, in dem massiv der Mutterduft festhing, und nahm die Kissen vom Fahrersitz.

Auf dem Land angekommen, zog ich meine rote Latzhose und mein Thermohemd an, nahm einen Eimer und lief zu meinen Apfelbäumen, um die letzten Äpfel vom Boden aufzulesen. Wäre meine Mutter da gewesen, hätte ich ihr den Eimer gezeigt oder sie wäre zu mir gekommen, um mir zu helfen. Wir hätten in die Äpfel gebissen und ewig darüber geredet, welche Sorte welchen Geschmack hatte, welche mehr Aromen hatte, welche mehr Süße, welche besser für Apfelmus war und welche besser zum Lagern. Das Nichtstattfinden des Gesprächs war omnipräsent in der Stille der Natur, die mich umgab. Ich arbeitete und schrieb den Tag über vor mich hin. Sah auf meinem Handy eine Nachricht meiner Mutter, dass der Flug von Hamburg nach Marrakesch eine Stunde Verspätung haben würde. Meine Mutter hatte ein Klapphandy, und ihre Nachrichten waren, da auf jeder Taste mehrere Buchstaben lagen und es lange dauerte, die Worte zusammenzusetzen, stets eher Telegramme als ausführliche Nachrichten. Auch schlichen sich durch das komplizierte Prozedere des Schreibvorgangs Fehler ein. Vom Flughafen schrieb sie:

Flug verspätet mich eine Stunde
Bin mit Bernburg beim Bier
Gelbe Tonne

Ich schenkte mir einen Whisky ein, ging zum Steg hinunter. Ein unangenehmer Wind wehte, und der Stuhl war noch nass vom letzten Regen. Ich wischte ihn mit meiner Mütze trocken und setzte mich. Ich ließ meinen Blick über den Garten schweifen und begriff, dass dieser Park das Lebenswerk meiner Mutter war. Dadurch, dass ich selbst wochenlang hier gearbeitet hatte, verstand ich zum ersten Mal, was es hieß, sich um dieses Grundstück zu kümmern. Hunderte Stunden, Tausende Stunden hatte sie hier verbracht und dieses Refugium geschaffen. Ich betrachtete die akkuraten, lang gezogenen Holzstapel, die gepflegten Rabatten und Beete, die zig verschiedenen Rosen an den Rankgittern, von denen tagtäglich die verwelkten Blüten geschnitten wurden. Jede dieser Rosenranken war zigmal durch die Hände meiner Mutter gegangen. Alles, was ich von meinem Platz aus sah, war mit den Mutterhänden vertraut. Sie war ein Teil dieser Gartenlandschaft geworden, war gegenwärtig im Weiß der Birkenstämme genauso wie in den aufgeschichteten Steinen der Feuerstelle, gegenwärtig in den vom Unkraut frei gehaltenen Zäunen genauso wie in der geweißelten Stallwand. Ich machte einen Rundgang, verschloss alle Stalltüren, stellte die gelbe Tonne für die Müllabfuhr an den Straßenrand und ging ins Haus. Es gab in diesem Haus keine einzige Wand, die nicht dicht an dicht mit Bildern behängt war. Meist dekorative Landschaften. Niemals hätte meine Mutter sich mit verstörenden Gemälden umgeben. Jahrelang hatte ich sie immer wieder aufgefordert, doch mal etwas zu malen, das nicht ein Meer oder ein Rapsfeld oder ein Wolkenhimmel war. Sie hatte mir halb belustigt, halb irritiert von einem Traum erzählt, in dem sie einen Dackel gebissen hatte. »Mit beiden Händen habe ich den Hund gehalten«, sie hatte es mir vorgespielt, »so wie man ein zu großes Sandwich hält, und ihm in die Schnauze gebissen.« Der Dackel habe furchtbar gewinselt, sie aber habe immer weiter gebissen, und ich hätte an ihr gezerrt und sie beschimpft. Damals hatte ich sie aufgefordert, von diesem Traum ein Bild zu malen. Doch sie lehnte es kategorisch ab und wurde zornig, als ich sagte, dass das mal ein anderes Motiv wäre als immer nur Meer, Wiesen und Himmel. Ich öffnete mir eine Flasche Rotwein und machte den Fernseher an, um Nachrichten zu gucken. Ich häufte mir den

Rest Heringssalat auf den Teller. Meine Mutter mochte es nicht, vor dem laufenden Fernseher zu essen, und auch mir kam es in diesem Augenblick traurig vor. Ich schaltete das Gerät ab und wechselte an den Tisch hinüber. Ich trank und kaute und fühlte überdeutlich, wie meine Mutter genau auf diesem Platz Hunderte Stunden gekaut und getrunken hatte. Ich hielt inne, und die Stille legte von allen Seiten ihre großen weichen Hände auf mich. Hände legten sich auf meine Schultern, meinen Rücken, meine Brust, mein Gesicht und um meinen Hals. Alle Gegenstände um mich herum, im Esszimmer der Mutter, schienen aufgegeben zu haben und sich von mir abzuwenden. Mir, ihrem Sohn, schien es völlig unmöglich zu sein, diesen Ort mit Leben zu erfüllen. Und da fühlte ich plötzlich, wie es sein würde, wenn sie nicht mehr da wäre, nicht nur abwesend, sondern wirklich und unwiderruflich verschwunden wäre. Ich hatte es mir schon häufig vorgestellt, dass sie sterben würde, so wie ich es mir leider Gottes bei allen nahen Menschen und auch bei mir selbst ununterbrochen vorstellen musste. Aber in diesem Augenblick wusste ich unumstößlich, wie es sein würde, wenn sie nicht mehr lebte, wenn sie stürbe, wenn sie tot wäre. Schockartig erfüllte, ja überflutete mich diese Wahrheit, denn ich hatte doch immer eher vermutet, dass mich der Tod meiner Mutter äußerst traurig machen würde, aber nicht, dass ich derart verzweifelt sein könnte. Ich wusste genau, dass der Augenblick, da ich exakt so an diesem Tisch sitzen und sie nicht mehr leben würde, sich genauso anfühlen würde wie jetzt. Die Vorstellung ihres Todes und ihr tatsächlicher Tod waren dasselbe geworden. Die unzähligen Landschaftsbilder rutschten ohne den liebenden Blick der Mutter in die totale Mittelmäßigkeit ab, und ich begriff, dass mich der Tod meiner Mutter in den Grundfesten meiner Existenz erschüttern würde. Ich stemmte mich in die Höhe, schob den von der

Roten Beete des Heringssalates blutig gefärbten Teller beiseite, erhob mich unter der Schwere der mich niederdrückenden Stille und riss die Terrassentür auf. Es war noch hell und sehr windig, geradezu stürmisch. Der Garten lag vor mir, doch wohin ich auch sah, alles schien vom Kummer um die Mutter erfüllt zu sein. Im Haus hörte ich mein Handy vibrieren. Eine Nachricht von ihr:

Gelandet in Marrakesch
Überall Menschen
Sehnsucht nach Sohn
Gelbe Tonne

In den nächsten Tagen und Nächten rutschte ich in eine Phase stabiler Trauer, die keinerlei körperliche Betätigung aufzulösen vermochte. Mit versteinertem Gesicht hockte ich schwitzend, aber innerlich wie tot in der viel zu heißen Sauna. Vor Kälte gerötet stieg ich aus dem eisigen Meer und fühlte keinerlei Erfrischung. Auf der großen Laufrunde blieb ich plötzlich stehen und fand keinen Sinn darin, auch nur einen einzigen Meter weiterzujoggen. Weder Bücher zu lesen noch selbst zu schreiben, war möglich. Vor einem mit Unkraut überwucherten Komposthaufengestell, dessen Freischneiden mir meine Mutter aufgetragen hatte, ließ ich die Gartenschere fallen. Was geht mich dieses Unkraut an, dachte ich, in kürzester Zeit wäre es sowieso wieder nachgewachsen. Ich vermied es sogar, mit meiner Familie zu telefonieren, da mich aufmunternde Worte nur noch mehr bekümmerten. Hin und wieder schrieb ich meiner Mutter eine Nachricht, doch ihre Antworten ließen lange auf sich warten, und es war offensichtlich, dass sie Besseres zu tun hatte. Einmal schrieb ich: »Darf ich Rasen mähen?« – Da allerdings dauerte es nur zehn Minuten, bis die Antwort kam: »Bitte nicht!!«

Ich war frustriert, dass es mir nicht besser gelang, mit der Einsamkeit umzugehen. Immer wieder in meinem Leben hatte ich mich danach gesehnt, auch mal ganz allein zu sein, und jetzt, da es für zwei Wochen der Fall war, war ich unfähig, mich zu behaupten. Ich hatte von einer Familie gehört, die nur noch diejenigen Dinge abwusch, die sie unmittelbar brauchte. Das hatte mir gut gefallen, und jetzt verstand ich es umso besser. Alle Töpfe, Pfannen, Teller, Tassen und alles Besteck standen und lagen verkrustet und dreckig herum. Brauchte man etwas, wusch man es ab. Das war vielleicht näher an der Wahrheit des Lebens dran, dachte ich, als Schränke voll sauberen Geschirrs. Meiner Mutter war es unmöglich, zu Bett zu gehen, solange auch nur ein einziger Teelöffel noch unabgewaschen in der Spüle lag. Alles musste jeden Abend vollkommen gereinigt und aufgeräumt werden, damit der nächste Tag wirklich von vorne beginnen konnte. Auch wenn sie wusste, dass man am nächsten Tag den Garten wieder mit dem Schlauch würde wässern müssen, wurden von ihr am Abend alle Schläuche sorgsam im Hof zu großen Schlauchschnecken zusammengerollt. Jeden Abend musste die Tischtennisplatte abgebaut, zusammengeklappt und in den Stall gefahren werden, auch wenn es sicher war, dass wir am nächsten Tag wieder spielen würden.

Meine Mutter war auch mit sechsundachtzig Jahren eine hervorragende, reaktionsschnelle Tischtennisspielerin. Es war schwer, gegen sie zu spielen, da sie mit den Windverhältnissen bestens vertraut war. Je stärker der Wind blies, desto besser wurde sie. Sie vermochte Schmetterbälle in absurde Richtungen abzufeuern, die dann durch eine unvermittelte Sturmbö dennoch auf die Tischtennisplatte getragen wurden. Mutter und der Sturm waren ein kaum zu bezwingendes Tischtennisduo.

Alles immer von vorne, jeden Tag aufs Neue von vorne zu beginnen, war für sie zu einer unantastbaren Selbstverständlichkeit geworden. Ich begriff, dass das neben der nie versiegenden Emsigkeit der Schlüssel ihrer Widerstandskraft war. Auch war ihre völlige Unfähigkeit zu jammern ein wahrer Lebensquell. Ihre Mutter, meine Großmutter, war eine große Tragödin gewesen, die voller Manierismen steckte und permanent ihr Leid zelebrierte. Meine Mutter dagegen kannte kein Lamentieren. Und es war nicht so, dass sie es sich nicht zugestand oder unterdrückte. Sie wusste ganz einfach nicht, wie es geht, sich zu beklagen.

Ab dem Moment, da meine Mutter das Haus verlassen hatte, schien die Natur ihre Chance zu wittern, sich auszubreiten und zum Angriff zu blasen. Schlagartig wucherten Quecken und Brennnesseln los, und ich kam kaum hinterher, sie zurückzudrängen. Überall tauchten Nacktschnecken auf, und die Maulwürfe trauten sich so nah an das Haus heran, wie es in Anwesenheit meiner Mutter nie vorgekommen war. Auf den Holzstelen des Steges saßen, schwarz und starr, zu jeder Tageszeit Kormorane und lauerten auf Beute im Wasser. Des Nachts polterten übermütig Marder auf dem Dachboden herum, es konnte kein Zweifel daran bestehen, dass sich die Abwesenheit meiner Mutter rasend schnell bei Flora und Fauna herumgesprochen hatte. Jeder Tag wurde zum mühsamen Herunterzählen der Stunden, jede Nacht zum Herbeisehnen des Morgens. Bis zur Abreise meiner Mutter hatte ich das Landleben als Wohltat empfunden, doch nun verkehrte sich die Idylle in eine mir feindlich gesinnte Tristesse.

Als ich meine Mutter nach zwei Wochen vom Bus abholte, stieg sie strahlend, vor Erlebnissen leuchtend aus dem Bus. Es war nicht zu übersehen, dass Bernhard und sie sich auf der Reise nähergekommen waren. Hand in Hand kamen sie auf mich zu. Meine Mutter umarmte mich, zog meinen Kopf mit den Händen zu sich herunter und küsste mich auf die Wangen. »Es war eine fantastische Reise, lieber Sohn. Ich wollte gar nicht mehr zurück.« Bernhard reichte mir die Hand und schwärmte ebenfalls von Marokko. Ich nahm meiner Mutter den Koffer ab und machte mich auf den Weg zum Auto. Als ich mich umsah, umarmten sich meine Mutter und Bernhard, lange und innig.

Von diesem Augenblick an ging es Schlag auf Schlag. Bereits am übernächsten Tag kam Bernhard zu uns aufs Land gefahren, und meine Mutter und er liefen händchenhaltend über das Grundstück. Alle paar Meter blieben sie stehen und redeten, und meine Mutter zeigte hierhin und dorthin oder bückte sich, um etwas zu pflücken. Blätter wurden zwischen den Fingern zerrieben, es wurde an letzten Rosen gerochen und in letzte Äpfel gebissen. Ich saß an meinem Schreibtisch und genoss das stumme Schauspiel, wenn zwei Menschen sich mögen und noch voneinander überrascht sind, wenn in jeder Geste ein Angebot steckt und keine Abgrenzung.

Wir fuhren zum Strand, und meine Mutter und Bernhard stiegen gemeinsam in die Fluten. Nie hatte sie meine Hand genommen, um sich über die Steine ins tiefere Wasser helfen zu lassen. Aber nun griff sie ganz selbstverständlich nach der Hand des neuen Mannes und suchte Halt. Zum allerersten Mal überhaupt wirkte meine Mutter eine Spur gebrechlich auf mich. Ich versuchte zu verstehen, was ich sah. Wie konnte es sein, dass meine Mutter noch am Tag zuvor ohne einen einzigen Wackler über die Steine balanciert war und nun geradezu hilfebedürftig wirkte. Hatte die Zuneigung sie altern lassen? Die Ostsee war eisig geworden und Badende bereits eine von warm angezogenen Spaziergängern bestaunte Attraktion. Hand in Hand wateten die beiden weiter hinaus. Ich saß am Ufer und sah ihnen zu, wie sie prustend zur Gänze ins Wasser glitten. Meine Mutter tauchte, und Bernhard war verwirrt, wie lange sie unter Wasser bleiben konnte. Er suchte die Oberfläche nach ihr ab und applaudierte, als sie viele Meter entfernt von ihm auftauchte. Und dann tauchte er zu ihr, und sie applaudierte ihm. Na, da haben sich ja zwei gefunden, dachte ich am Strand sitzend. Kopf an Kopf schwammen sie ein Stück hinaus, und da die Sehstärke meiner Brille schon lange nicht mehr an meine Sehschwäche angeglichen worden war, konnte ich sie plötzlich nicht mehr voneinander unterscheiden, wusste nicht mehr, welcher ergraute Haarschopf der meiner Mutter und welcher Bernhards war. Ich ging zum Imbisswagen. Es dauerte ewig, bis das in die Jahre gekommene junge Glück sich zu mir gesellte. Beide bestellten sich eine Currywurst und ein Bier.

Am nächsten Tag kam Bernhard mit einem kleinen Köfferchen zu Besuch und blieb über Nacht. Ausführlich erzählten die beiden von ihrer Reise, der Lebendigkeit der Städte und ihren gemeinsamen Erkundungen. Immer öfter hätten sie sich von der Reisegruppe entfernt, um ungestört zu sein. »Wir haben eine Moschee besucht, durch die ein Bach floss«, schwärmte meine Mutter. »Unser Reiseführer war schon gut, aber Bernhard wusste so viel mehr über die Städte.« Meine Mutter sah zu ihm hinüber. »Dir kann ich stundenlang zuhören. Mein Gott, haben wir viel geredet.« »Deine Mutter ist die beste Reisegefährtin, die ich je hatte. Unermüdlich und neugierig. Und ich habe das Whiskytrinken von ihr gelernt.« Er erhob sein Glas und prostete ihr zu. Ich ging früher zu Bett und hörte beide noch lange lachen, und mehrmals drangen die Namen fremder Länder an mein Ohr. Ganz offensichtlich wurden bereits die nächsten Reiseziele besprochen.

Ich freute mich von ganzem Herzen für meine Mutter, und gleichzeitig konnte es keinen Zweifel daran geben, wie sehr sich die Konstellation verändert hatte. Als ich am nächsten

Morgen am Schreibtisch saß, konnte ich beobachten, wie meine Mutter Bernhard in die Kunst des Rasentraktorfahrens einwies. Mit Gesten von großer Bestimmtheit winkte sie ihn zwischen den Birken hindurch und um die Platanen herum, dirigierte ihn über das Gelände. Ich saß grinsend hinter meinem Computer und war, wie soll ich sagen, freudig erschüttert, wie leicht meine Mutter ihr Hoheitsgebiet an ihn abgetreten hatte. Ich flüsterte: »Bernhard darf mähen.« In diesem Augenblick wusste ich, dass es an der Zeit war, nach Berlin zurückzukehren. Am selben Abend telefonierte ich mit meinem Sohn.

»Papa, wann kommst du denn endlich wieder nach Hause?«

»Ganz bald.«

»Warum bist du denn nicht hier?«

»Ich wollte mal bei meiner Mutter sein und ihr helfen. Sie ist immer so viel allein und ja auch schon sehr alt.«

»Ich bin hier aber auch allein ohne dich.«

»Du hast doch Mama und viele, viele Freunde.«

»Anton hat mich die Treppe runtergeschubst und William meine Torwarthandschuhe über den Zaun geworfen. Die sagen immer, dass ich nicht gut im Tor bin.«

»Ich hab dich doch spielen gesehen. Du bist super im Tor.« Ich hörte, wie seine Stimme dünner wurde und er zu weinen begann.

»Nicht weinen, mein Kleiner, ich komme ganz bald.«

»Ja, aber wann denn? Ich weiß doch, Papa, warum du nicht mehr hier sein willst.«

»Ach ja? Warum denn?«

»Weil du dich schämst. Weil du auf meinem Geburtstag so gemein warst.«

»Ja, das tut mir leid. Das war wirklich dumm von mir.«

»So schlimm war es jetzt auch nicht.«

»Ich fand, schon.«

»Ich finde viel schlimmer, dass du nicht zurückkommst. Du hast noch nicht mal mein Aquarium gesehen. Ich will unbedingt einen Barsch, einen Buntbarsch. Falls die Guppys Junge bekommen, frisst der die. Da muss man aufpassen.«

»Stört dich das Geblubbere nicht nachts?«

»Nein, das ist schön, als würde ich an einem Bach übernachten.«

»Ich komm bald, versprochen.«

»Gehen wir dann in die Trampolinhalle? Ich will doch Salto üben.«

»Ja, das machen wir.«

»Versprochen?«

»Versprochen.«

»Nächste Woche?«

»Ja.«

»Du kommst nächste Woche?«

»Ich komme morgen.«

Ich hörte, wie er überglücklich in die Wohnung brüllte:

»Papa kommt morgen, Mama! Papa kommt! Er hat es versprochen! Morgen!«

»Gib mir mal deine Mutter.«

Es dauerte eine Weile, bis Sophie sich meldete.

»Ja bitte. Wer spricht da?«

»Sehr witzig. Ich bin es.«

»Oh, der Herr Einsiedler. Na, wie geht's?«

»Ganz gut eigentlich. Würde es dich freuen, wenn ich morgen nach Berlin komme?«

»Kommt drauf an.«

»Auf was?«

»Ob du uns in dieser Stadt noch mal eine Chance gibst.«

»Ich werde es versuchen.«

»Hast du einen Bart?«

»Ein wenig. Aber ich trage nur noch Latzhosen und Thermohemden. Beides in Rot.«

»Nur zu. In Berlin kann jeder machen, was er will.«

»Ich freue mich auf zu Hause. Auf dich.«

Sophie schwieg für einen Augenblick, sagte das, was sie dachte, ganz offensichtlich nicht, dafür aber »Bis morgen«, und beendete das Telefonat.

Mutter hört zu

Zehn Wochen hatte ich bei meiner Mutter auf dem Land verbracht. Sie fuhr mich zum Bahnhof. Ich hatte mich an ihre rasante, ja fahrlässige Fahrweise gewöhnt und genoss es, wie im Flugzeug aller Verantwortung über Leben und Tod enthoben zu sein. Meine Hände waren von der Gartenarbeit schwielig und kräftig geworden. Auf der Rückbank lag mein Rucksack und darin ausgedruckt alles, was ich in diesen Wochen geschrieben hatte. »Wenn ich in Berlin bin, Mama, werde ich ins Theater gehen und kündigen. Soll ich das machen?« »Na unbedingt!«, stimmte sie mir zu. »Weißt du eigentlich, dass du mir nie erzählt hast, warum genau du aus Berlin weg bist? Was da auf dem Kindergeburtstag vorgefallen ist?« Tatsächlich waren die Wochen vergangen, ohne dass ich von meinem Wutanfall erzählt hatte. »Soll ich dir jetzt noch davon berichten? Als krönenden Abschluss?« »Wenn du magst. Ich bin ja auch ein bisschen neugierig.« »Gut«, sagte ich, »ich erzähle es, aber nur, wenn du mich dabei nicht anguckst, sondern auf die Straße siehst. Ich will nicht beichten und sterben gleichzeitig.« »Versprochen.«

»Also, mein lieber Sohn ist neun geworden und hat sich eine Übernachtungsparty gewünscht. Wir haben dann verhandelt mit ihm, dass zehn Kinder zu viel seien und wir es auf zwei Wochenenden verteilen. Fünf Kinder sind zu uns gekommen, und ich hatte einen Platz in einem Trampolinpark gemietet. Wir wurden mit dem Großraumtaxi abgeholt. Ich hatte nicht gewusst, dass es zwei dieser Parks gibt mit unterschiedlichen Adressen. Einen eher in der Nähe und einen am anderen Ende der Stadt. Ich sah auf mein Handy, in die Mails, fand die Buchung, die ich schon bezahlt hatte, und nannte dem Fahrer die Adresse. ›Oh, das ist aber ein Stück. Da sind wir eine Stunde unterwegs.‹ Da saßen die Kinder alle schon im Auto und warfen mit einem kleinen Ball herum. Dieser Ball machte mich unverhältnismäßig nervös. Er war voller bunter Knubbel, ein eckiger Flummi. Hart und unberechenbar. Ich bat die Kinder freundlich, damit aufzuhören, wurde aber ignoriert. Ich rief im näher gelegenen Trampolinpark an, und mir wurde gesagt, dass sie leider ausgebucht seien. Also fuhren wir quer durch die ganze Stadt. Ein paarmal bat ich um Ruhe, aber die Kinder waren aufgekratzt und hielten es kaum aus, so eingepfercht zu sein. Ich rechnete und rechnete. Ich hatte eine exakte Zeit gebucht. Neunzig Minuten. Als wir endlich bei der Trampolinhalle ankamen, waren bereits dreißig Minuten der Hüpfzeit verstrichen. Die Fahrt kostete siebzig Euro. Es war brechend voll. Als Nächstes musste ich mich anstellen und allen Kindern rutschfeste Socken kaufen und mich dann abermals in die Schlange einreihen, da ich Kleingeld für die Schließfächer brauchte. Als alle fertig umgezogen waren, blieben noch vierzig Minuten zum Hüpfen. Ich sah Sophie lesend in der Cafeteria sitzen, sie war mit der U-Bahn viel schneller gewesen als wir, und bat sie, kurz rausgehen zu dürfen. Der Parkplatz war dicht an dicht mit Autos vollgestellt, auf deren Dächer die Sonne knallte. Gegenüber der Trampolinhalle sah ich einen Teppichgroßhandel. Ich ging hinein und wanderte zwischen den Teppichstapeln herum. Ich strich links und rechts mit den Handflächen über die verschiedenen Texturen, spazierte durch die Abteilungen mit Sisalteppichen, Auslegware, Berberteppichen, Kelims und alten chinesischen Wandteppichen. Ein Verkäufer kam und begann ein Gespräch. Doch da ich einsilbig antwortete, ließ er mich allein weiterschlendern. Ich sah auf mein Handy und machte mich auf den Weg zum Ausgang. Da sah ich im Büro, in dem zwei weitere Männer saßen, an der Wand einen Teppich hängen, der mich verwunderte.« Meine Mutter unterbrach mich in meinem Bericht. »Ah, ich weiß schon. Der Flugzeugteppich! Davon hast du mir ja ein Bild geschickt.« »Genau, Mama, das Flugzeug einer kanadischen Airline, von der ich noch nie gehört hatte: Wardair Canada. Dieser Teppich machte etwas mit mir. Die Männer im Büro müssen gedacht haben, dass ich spinne, weil ich so konzentriert zu ihnen hineinstarrte. Einer kam zu mir und fragte mich, ob er mir helfen könne. ›Was ist das für ein Teppich?‹ Ich zeigte auf das Flugzeug. Der Mann nahm mich mit hinein und erzählte mir, dass der Teppich ein Unikat aus Pakistan sei, aus echter Wolle. Er habe einem Mitarbeiter gehört, der sei aber gestorben. Dieser Teppich, Mama, zog mich magisch an. Das Flugzeug fliegt über den Himalaya, und die Berge sind fantastisch gewebt, schimmern blauschwarz. Ich fragte, ob ich den Teppich kaufen könne. Die Männer sahen sich an, und einer nickte. Er nannte mir einen Preis, der abenteuerlich war.« »Wie viel?«, wollte meine Mutter wissen. »Das kann ich dir nicht sagen. Du würdest mich für verrückt erklären. Aber er war eine Antiquität. Aus den Siebzigern und reine Schurwolle. Ich sagte ihnen, dass ich gleich wiederkommen würde, und lief rüber zur Trampolinhalle. Dort hatten Elliot und seine Gäste das Springen nach nur zwanzig Minuten abgebrochen, da er umgeknickt war. Nun tranken alle bunte Getränke aus zerstoßenem Eis. Sophie sah mich fragend an. ›Wo warst du denn? Wir müssen ja gleich schon wieder los.‹ Ich sagte, dass ich nur noch mal kurz rüber in den Teppichladen müsse, da ich etwas Unfassbares entdeckt hätte. Ihr Gesichtsausdruck war gleichermaßen neugierig wie mitfühlend. Ich wusste, Mama, dass ich in etwas Verschrobenes geriet, etwas, das ich nicht wirklich kontrollieren konnte. Aber ich musste diesen Teppich haben. Alles schien davon abzuhängen. Die Männer hatten den Teppich in der Zwischenzeit abgehängt und vor dem Büro auf den Boden gelegt. Er war größer, als ich gedacht hatte. Die zig verschiedenen Blautöne und darin das weiße Flugzeug mit der roten Linie am Flugzeugbauch überwältigten mich. Einer der Männer – ich erinnere mich an kein einziges Gesicht, Mama, da ich immer nur nach unten auf die Teppichgebirge mit dem Flugzeug sah –, einer der Männer sagte: ›Wir haben, als Sie weg waren, noch mal gesprochen. Der Preis war zu niedrig.‹ Und dann begann ich mit ihnen zu handeln, erregte mich, beruhigte mich, wurde sauer und willigte schließlich ein. Dass ich sie wieder auf den ursprünglichen Preis gedrückt hatte, hielt ich für eine Glanztat. ›Gut‹, sagte ich, ›dann nehme ich den Teppich jetzt mit, und Sie schicken mir eine Rechnung.‹ Alle drei lachten und einer sagte seltsam gedehnt: ›Nur in bar. Ist eh ein Sonderpreis.‹ Ich rannte aus dem Teppichladen. Im Großraumtaxi warteten bereits alle Kinder. Ich stieg ein und suchte per Handy den nächsten Geldautomaten. Sophie fand es völlig irrsinnig, mit allen Kindern jetzt noch eine Extrarunde zu drehen, nur damit ich in Berlin-Hellersdorf einen skurrilen Teppich kaufen konnte. Ich war schon da andauernd zu laut, aufgekratzt und voller erratischer Energie. Ich bestand auf einem Schlenker. Der Taxifahrer brachte mich zu einer Bank, wo ich aber natürlich nicht den ganzen Betrag abheben konnte. Trotzdem fuhren wir zurück. Die Kinder hatten Hunger, und mein liebster Sohn war sauer auf mich, da ich durch die falsche Halle und meine Eskapaden so viel kostbare Geburtstagszeit verschwendete. Zurück im Laden gelang es mir, die Verkäufer zu einer Anzahlung zu überreden. Der Teppich wurde zusammengerollt, verschnürt und mir auf die Schulter gewuchtet. Ich rannte los und drückte mit der Teppichrolle die Tür auf, so heftig, als wollte ich mit einer Ramme ein Burgtor einrammen. All die Stressenergie hatte sich in Triumphenergie umgewandelt. Ich hatte ihn, Mama, ich hatte ihn. Es war mühsam, den Teppich im Auto zu verstauen, da der Kofferraum winzig war. Die Kinder mussten sich an die Seiten quetschen, damit der Teppich zwischen die Sitzreihen passte. Die Rückfahrt dauerte eine weitere Stunde, und der gesamte Zeitplan des Kindergeburtstages war aus den Fugen geraten. Seltsamerweise war die Rückfahrt zwanzig Euro billiger als die Hinfahrt. Zu Hause angekommen, rief ich: ›Und jetzt schaut euch mal alle an, was ich gekauft habe!‹ Ich durchschnitt die Schnüre, und wie ein Magier entrollte ich mit Schwung mein neustes Ein und Alles. Die Kinder waren sprachlos, Sophie holte tief Luft und sagte leise: ›Speziell.‹ Du kannst dir gar nicht vorstellen, Mama, wie mich das geärgert hat. Keiner von denen, dachte ich zornig, begreift, was ich da ergattert habe. Es musste schnell gekocht werden. Ich bin berühmt unter Kindern für meine Schinken-Käse-Toasts. Meine gute Laune, mit der ich mich in die Toastfabrikation stürzte, hatte etwas Schrilles. Ich spüre das ja immer genau, Mama, wenn ich in solche Zustände gerate, aber ich kann das dann trotzdem nicht abwenden. Ich brutzelte und briet und warf die Toasts in die Luft. Sophie versuchte, mich zu beruhigen, gegenzusteuern, aber ich war da schon kurz vorm Explodieren. Die Kinder schrien herum, und es kommt mir dann immer so vor, als würde all der Lärm in meinem Kopf landen und sich dort stauen. Wie einen Luftballon bläst der Lärm meinen Kopf auf, und ich hab dann kein Ventil, um den Druck abzulassen. Die gesättigten Kinder durften auf dem Beamer einen Film anschauen. Aber auch da gab es jede Menge Stress, da sie alle etwas Unterschiedliches sehen wollten. Es gibt Neunjährige, die schon alle

Teile von *Star Wars* und *Harry Potter* gesehen haben, obwohl die erst ab zwölf oder sogar ab sechzehn sind, und dann gibt es die Überbehüteten, die sich sogar bei *Pippi Langstrumpf* fürchten. Es war unmöglich, alle zufriedenzustellen. Aber bevor zarte Kinderseelen auf dem Kindergeburtstag meines Sohnes unauslöschliche Traumata erleiden würden, schob ich lieber etwas Harmloses in das Gerät. *Der kleine Nick*. Zwei riefen Hurra, der Rest brach vor Enttäuschung zusammen. Es dauerte bis nach Mitternacht, bis die minderjährigen Gäste aufgehört hatten, sich gegenseitig immer wieder zu wecken, und kreuz und quer wie ein Wurf Welpen auf dem Matratzenlager eingeschlafen waren. Eigentlich lief bis zu diesem Zeitpunkt alles noch in einem soliden bürgerlichen Rahmen ab. Die Kinder kamen aus liebevollen Verhältnissen und strotzten nur so vor Selbstvertrauen. Aber ich kam nicht mehr herunter von meiner verbissenen Umlaufbahn. Die ganze Nacht fand ich keinen Schlaf, da mir dämmerte, dass ich einen völligen Irrsinnspreis für eine Teppichabnormität bezahlt hatte. Ich überlegte hin und her, zergrübelte mich und entwarf Szenarien, wie ich aus der Sache wieder herauskommen könnte. Aber dann knipste ich das Licht an, besah mir meinen Kauf, den ich direkt vor dem Bett ausgerollt hatte, und fand ihn grandios und einzigartig. Ich schlief ein und wurde von beißendem Gestank nach Verbranntem geweckt. Brannte die Wohnung? Waren die Kinder in Gefahr? Ich sprang aus dem Bett, rannte übers Flugzeug und stürzte in den Flur. Überall Rauch. Die Geburtstagsgesellschaft stand in der Küche. Elliot mit der Pfanne in der Hand, die er unter den Wasserhahn hielt. Es zischte und rauchte. Die Schlafanzüge der Kinder waren voller Mehl, der Herd voller Teig, auf dem Boden lagen Eierschalen. ›Was macht ihr denn hier?‹, rief ich und merkte bereits, wie ich meine Lautstärke bändigen musste. ›Bitte sei nicht böse, Papa. Ich mache Palatschinken für meine Gäste.‹« Meine Mutter lachte laut auf und rief: »Das ist doch eine gute Antwort! Warum regst du dich denn da so auf? Kann man doch alles wieder sauber machen.« »Ich weiß es doch, Mama. Aber du hättest das mal sehen sollen. Diese bemehlte, verschmierte Horde. Elliot hatte Teig aus zwei Litern Milch und zehn Eiern gemacht. Eine zähflüssige Pampe. Ich versuchte mich zu beruhigen. Ich war todmüde. Es war halb sechs, Mama! ›Bitte geht ins Kinderzimmer‹, bat ich freundlich. ›Ich räume hier mal auf.‹ Ohne einen Funken Einsicht zogen sie beleidigt ab. Ich versuchte, Eigelb aus den Bezügen der Küchenstühle zu waschen und den Teig zu strecken, um ihn nicht wegschütten zu müssen. Aber er schmeckte ekelhaft. War überzuckert und gesalzen. Das hat er übrigens von dir, Mama. Dass in Pfannkuchenteig eine Prise Salz gehört!« »Na, tut es ja auch! Erzähl weiter. Beeil dich ein bisschen. Wir sind schon gleich am Bahnhof!« »Ich musste zwei randvolle Schüsseln Teig ins Klo kippen. Es rumpelte. Im Teig waren lauter kleine Löffel versenkt, die ich nicht gesehen hatte und die ich jetzt aus dem trüben Klowasser fischen musste. Elliot kam, umarmte mich fest und entschuldigte sich. Er wollte Filloas backen, hat er mir erklärt. Das sind spanische Crêpes, Mama. Er und seine Freunde von der spanischen Schule lieben die. Die bekommen sie an besonderen Tagen in ihrer Kantine. Aber man darf nicht Kantine sagen. Die nennen sie Comodor. Mit gerolltem R.« »Comedor«, unterbrach mich meine Mutter, »das heißt auf Spanisch Speisesaal. Das kenne ich aus einem Hotel auf Lanzarote, in dem ich mal war. Ist das eigentlich eine gute Schule?« »Ja, das ist toll da, und ich dachte ja auch, das könnte ein Anreiz für mich sein, eine neue Sprache zu lernen. Aber es ist absolut peinlich. Ich bringe ihn da andauernd hin und hole ihn wieder ab. Fast alle Eltern sind Spanier, und ich kann nach vier Jahren immer noch kein Wort. Immer sage ich nur ›Hola!‹ und ›Hasta luego!‹. Die ersten Monate habe ich andauernd

›Hasta la vista!‹ gerufen, bis ein Vater so freundlich war, mich darauf hinzuweisen, dass das kein Spanier jemals sagen würde, außer, um einen Witz zu machen. Jeden Morgen, Tag für Tag, Mama, spüre ich da wieder, was für ein Schulversager ich war. Aber Elliot spricht fließend Spanisch. Sophie und er unterhalten sich oft auf Spanisch. Sie klingen dann ganz rau und kehlig und viel geerdeter als sonst. Oft reden sie über mich, werfen mir kleine belustigte Blicke zu, um mich zu necken, und ich verstehe kein Wort.

Also ich habe das Geburtstagsfrühstück gemacht, Mama. So schön ich konnte. Mit aufgebackenen Brötchen, geschnittener Melone, Konfetti und verstreuten Gummibärchen. Sophie kam verschlafen in die Küche und öffnete das Fenster, da es immer noch nach Rauch roch. Mit müder Stimme fragte sie, ob mir was angebrannt sei, und lobte mich für den Frühstückstisch. Die Kinder kamen zurück, hungrig, wild und laut. Sophie sah, wie sehr ich litt, und bat um Ruhe, aber ich lachte und rief: ›Ach, lass sie doch. Ist doch schön, wenn mal was los ist.‹ Ich sah auf die Uhr. In zwei Stunden würden die Kinder abgeholt werden. Zwei Stunden! Elliot rief über den Tisch: ›Papa, wo sind denn die Filloas? Das hast du doch versprochen!‹ ›Ich kann nur Pfannkuchen!‹, schrie ich geradezu. ›Wir wollen Pfannkuchen.‹ Plötzlich stimmten alle Kinder mit ein und hieben ihre Fäuste im Takt auf den Tisch: ›Pfannkuchen! Pfannkuchen!‹ ›Ja, mach ihnen doch Pfannkuchen‹, rief nun auch Sophie. Ich sah im Kühlschrank nach, ob noch Eier da waren, fand vier Stück und auch etwas Milch. ›Okay‹, rief ich, ›okay, ich mache Pfannkuchen.‹ Die Kinder jubelten und begannen, sich kreuz und quer Gummibärchen in die offenen Münder zu schleudern. Ich wusch die Pfanne ab, eine große Schüssel und backte Pfannkuchen, was mich tatsächlich zu beruhigen schien. Doch dann ging es nicht schnell genug, und ich versuchte die Kinder dadurch zu erfreuen, dass ich den Pfannkuchen in die Höhe schleuderte, um ihn zu wenden. Es misslang, und der Teigfladen klatschte auf den Boden, was zu einem enormen Heiterkeitsausbruch aller Anwesenden führte. Ich lachte mit. Immer lache ich noch mit, wenn mir schon lange nicht mehr nach Lachen zumute ist. Ich rührte mehr Teig an, nahm eine weitere Pfanne dazu, wischte einen umgekippten Saft zwischen den Tellern auf. Die Kinder riefen mich, brauchten dies und das. Und dann sagte Elliot zu seinen Freunden in lässigstem Spanisch irgendetwas mit ›papa‹ und ›servidor‹, worauf sie alle in grölendes Gelächter ausbrachen und mit den Fingern in meine Richtung schnipsten. »Was hast du da gerade gesagt?«, fuhr ich Elliot an, und er grinste frech und übersetzte: ›Mein Vater ist ein super Diener. Bei dem könnt ihr alles bestellen. Der macht alles.‹ Es war überhaupt nicht böse gemeint von ihm. Es war nichts weiter als ein Witz. Ja eigentlich auch ein stimmiger Witz, da ich wie eine Aufziehmaus überall herumwuselte und versuchte, es allen recht zu machen. Ich hörte es, Mama, und erstarrte, glotzte bewegungslos auf die Pfanne runter, meine Hand umklammerte den Griff, und dann bin ich explodiert. Ich erinnere mich nicht mehr genau, was ich gebrüllt habe. Irgendein dämliches Zeug. Immer wieder schrie ich: ›Diener! Diener! Servidor! Von wegen!‹ Und dann noch etwas, was ich kaum schaffe zu wiederholen, Mama, da ich mich so schäme. Ich hab Elliot angezischt, dass es mir peinlich sei, so einen Sohn zu haben, der sich so schlecht benimmt, der solche Sachen sagt.« »Das hast du zu ihm gesagt? Vor all den Kindern?« »Ja, hab ich. Sophie hat mich aus der Küche geschmissen. Aber ich hab noch die Blicke der Kinder gesehen. Du kannst dir nicht vorstellen, Mama, wie die mich angestarrt haben. So etwas hatten die einfach noch nie erlebt. Das lag völlig außerhalb dessen, was sie für möglich hielten. Elliot sah mich so voller Verzweiflung an. Es war schrecklich.

Ich bin im Schlafzimmer auf und ab gegangen, wie ein Häftling in seiner Zelle und immer noch voller Zorn, ohne jede Einsicht. Irgendwann hab ich mich dann auf dem Flugzeugteppich zusammengerollt, meine Zähne haben geklappert, und ich wurde einfach diesen Zorn nicht los. Sophie fand mich dort nach einer gefühlten Ewigkeit und war fassungslos, dass ich überhaupt noch in der Wohnung war und ihren Rausschmiss missdeutet hatte. Im Stehen, von oben, hat sie mir die Leviten gelesen.« »Was hat sie denn gesagt?«, wollte meine Mutter wissen. »Erinnerst du dich noch daran?« »Na klar. Wie könnte ich das vergessen. Jedes Wort. ›Du hast unser Kind zutiefst erschüttert‹, hat sie mir vorgeworfen, ›und zwar aus reiner Eitelkeit. Ihn vor seinen Freunden so anzubrüllen und zu verletzen, ist unverzeihlich.‹ Sie hat mich richtig zur Schnecke gemacht: ›Du willst es immer allen recht machen, aber wehe, wenn du dann nicht als der Größte gefeiert wirst. Das sind Kinder. Du bist von einer Unberechenbarkeit, die an Grausamkeit grenzt. Du hast ihm das Gefühl gegeben, nicht gewollt zu werden. Das gehört zum Schlimmsten, was Eltern tun können. Und das an seinem Geburtstag. Dem Tag, von dem er sich das ganze Jahr über ausmalt, wie toll er werden wird. Ich weiß, wie sehr du Elliot liebst, Joachim, aber ein vollkommen gefühlloser Arsch hätte sich das nicht besser ausdenken können. So geht es nicht weiter.« Zwei, drei Kurven blieb meine Mutter stumm, dann machte sie: »Puhhh«, und sagte: »Ach du und dein Zorn. Das ist wirklich eine unheilvolle Sache.« »Ja, Mama, ich weiß. Am Abend bin ich dann in Elliots Zimmer gegangen, um mich zu entschuldigen. Ohne mich anzusehen, sagte er: ›Raus.‹ Ich sah, dass ihm der Schock in jeder Faser saß, zusammengekauert lag er da, und ich schloss behutsam seine Kinderzimmertür. Es hat Tage gedauert, bis sich das zwischen ihm und mir wieder beruhigt hat. Sophie hat ununterbrochen vermittelt. Ich bin ihr so dankbar dafür. Aber sie hat auch gesagt, dass so etwas niemals wieder geschehen dürfe. Elliot morgens in die Schule zu bringen, war jedes Mal ein Spießrutenlauf. Alle Eltern wussten, was sich ereignet hatte, und begegneten mir unterkühlt oder sahen an mir vorbei. Ich zog die Kapuze tief in mein Gesicht und wagte kaum, vom Boden aufzuschauen. Und dann bin ich zu dir aufs Land gekommen.« Wir schwiegen, und meine Mutter fuhr nun erstaunlich langsam. »Seit Jahren habe ich das Gefühl, dass sich etwas zuzieht, Mama, dass ich in etwas Dunkles hineingerate. Ich versuche ununterbrochen alles, um es abzuwenden. Mich zu wappnen und stark zu bleiben. Ich versuche, für alle da zu sein. Für meine Kinder, für die Menschen um mich herum, für Sophie, für alle, die ich liebe. Der Schlaganfall hat mich viel Kraft gekostet, mich durchgeschüttelt, und auch dieser Wechsel von Wien nach Berlin. Nie hätte ich es für möglich gehalten, dass mich das so entwurzelt. Aber die Zeit bei dir, die hat mich gerettet. Es geht mir wirklich viel besser. Ich werde am Theater kündigen. Das habe ich beschlossen. Seit über dreißig Jahren bin ich immer fest im Engagement. Ich bin sechsundfünfzig und muss einen Urlaubsschein ausfüllen, wenn ich abends ins Kino gehen möchte. Ich habe Bücher geschrieben. Ich habe zwei Familien in zwei Städten und zwei Berufe. Habe meine Kinder durch existenzielle Krisen begleitet. Es geht einfach nicht mehr, das hab ich jetzt begriffen. Durch dich. Danke, Mama.« »Durch mich? Ach, ich hab doch nichts gemacht.« »Doch, Mama, du hast viel gemacht. Alleine, dass du so bist, wie du bist. Dass ich mit dir so reden kann. Ich bin so beeindruckt, wie du dein Leben lebst. Wie selbstbestimmt du bist und glücklich.« Sie sah zu mir herüber und strahlte. »Ja, da hast du allerdings vollkommen recht. Es überrascht mich selbst, aber es stimmt. Ich mache, was ich will, und je älter ich werde, desto glücklicher werde ich. Jeden Tag werde ich ein wenig froher.« »Und jetzt hast du sogar jemanden getroffen, mit dem du auf Reisen gehen kannst. Das hast du ja immer gewollt. Ich finde, ihr passt gut zusammen.« »Diese Reise nach Marokko war wirklich einmalig schön. Weißt du, ich hab so wenig von der Welt gesehen, und Bernhard war schon überall. Wir wollen vielleicht nach Toledo und Bilbao. Und nach Ägypten. Die Schlösser an der Loire würden wir auch gerne mal besuchen.« »Unbedingt, Mama. Das solltest du unbedingt alles machen.« Ihr Tonfall veränderte sich. »Ich weiß ja selbst, dass das alles ein wenig verrückt ist mit sechsundachtzig. Und der Mann ist auch noch drei Jahre jünger. Mir ist das ein Rätsel, was er an mir findet.« »Mir nicht!«, unterbrach ich sie. »Und übrigens, ich muss dir noch was erzählen: Der Verlag hat angerufen. Dieses Ehepaar von der Buchhandlung aus Lübeck hat sich gemeldet und von dir geschwärmt. Sie wollen unbedingt, dass du wiederkommst. Und nicht nur die. Sie haben anderen Buchhändlern von dir erzählt. Ich hab drei Anfragen für Lesungen für dich.« Meine Mutter ließ das Lenkrad los und klatschte in die Hände: »Das mach ich. Na klar mach ich das. Jederzeit. Bernhard kann mich doch da hinfahren. Das wird ihm gefallen. Er fährt so gut Auto. Nicht so lahm wie ich. Auf unserer Reise hat er mir alles abgenommen. Ich bin das ja nicht gewohnt, dass mir irgendjemand behilflich ist. Ich halte das ja eigentlich nicht aus. Aber er macht das so selbstverständlich und unaufgeregt. Wenn ich nur versuche aufzustehen, rennt er schon los und holt mir, was ich brauche. Das ist wirklich mal angenehm. Aber auch gefährlich. Ehe ich mich versehe, werde ich faul und liege nur noch herum und lasse mich bedienen. Aber ein wenig Hilfe kann ich schon gebrauchen. Er hat wirklich gut gemäht. Nicht ganz so gut wie ich. Aber er ist ja auch noch ein Anfänger. Glaubst du, er kann das?« »Na klar. Ich finde, Mama, du hast genug gemäht in deinem Leben, jetzt dürfen auch mal andere auf den Traktor.« »Ungern«, sagte sie mit gespielter Ernsthaftigkeit. »Äußerst ungern!«

Wir bogen auf den Parkplatz des Bahnhofs ein und stiegen aus. Da wir zeitig da waren, saßen wir, ohne zu reden, auf einer Bank, bis der Zug einfuhr. Wir umarmten uns lange. Ihr Kopf lag auf meiner Brust. Sie sagte: »So, genug jetzt! Sonst fang ich an zu weinen!«, und sah mich an. »Hab eine gute Zugfahrt. Kümmere dich gut um die Menschen, die dich lieben, und komm bald wieder. Es gibt noch so wahnsinnig viel zu tun für dich hier.« Ohne sich umzudrehen, eilte sie davon, zog ihr Portemonnaie aus der Tasche und ging auf den Imbiss zu. Ich stieg ein, suchte mir einen Platz und wartete auf die Abfahrt. Ich hielt nach ihr Ausschau. Doch das Auto hatte den Parkplatz bereits verlassen. Ich hörte Hupen, beugte mich vor und sah zur Kreuzung hinüber. In leichter Schräglage sauste der knallrote Wagen um die Kurve und verschwand.

Mutter und ich

Am Abend vor meiner Abreise war ich bei scheußlichem Wetter ein letztes Mal Laufen gegangen. Seit Tagen hatte es geregnet, und das Grundstück hatte sich in eine Matschlandschaft verwandelt. Wenn ich mit meiner Mutter über die Wiesen lief, sank ich mit den Gummistiefeln tief ein. Andauernd blieb ich stecken und musste die Stiefel schmatzend aus dem triefend nassen Boden ziehen. Meine Mutter allerdings sank kaum ein. Natürlich war sie leichter als ich, aber das allein konnte nicht der Grund sein. Nach dem Spaziergang musste ich meine verklumpten Gummistiefel mit einem Spachtel mühsam vom lehmigen Panzer befreien. Die Gummistiefel meiner Mutter hingegen waren noch genauso sauber wie vor dem Rundgang. Ich fand keine schlüssige Erklärung für das Phänomen. Doch eines stand außer Frage: Meine Mutter konnte über Matsch wandeln.

Ich wollte mich vom grauschweren Himmel nicht vom Laufen abhalten lassen und machte mich auf den mir liebsten Weg zum Meer. Wie immer verabredete ich mit meiner Mutter, dass sie mich dort nach einer Dreiviertelstunde mit dem Auto abholte. Seit vielen Jahrzehnten handhabten wir es so. Ich bat sie, mir warme Sachen und ein Handtuch einzupacken. Denn auch ins Meer wollte ich ein allerletztes

Mal. Ich joggte locker los und genoss es, nicht schon nach hundert Metern in Atemnot zu geraten. Ich lief vorbei an gepflügten Äckern und zwei schönen Gutshöfen. Besonders mochte ich an diesem Weg, dass er ein paar sanfte Steigungen hatte, an deren Scheitelpunkten von fern das Meer zu sehen war. Ich passierte ein Häuschen, welches vollkommen verfallen war. Jahrelang hatte ich meinen Kindern erzählt, dort würde eine Hexe mit dem Namen Sycorax wohnen. Ihre Leibspeise seien zuckrige Schaummäuse. Wenn wir vor dem Hexenhaus hielten, stieg ich aus, rannte zur Bruchbude hinüber und tat so, als würde ich klingeln und mich mit jemandem unterhalten. Ich reichte das Tütchen mit den Mäusen in die Dunkelheit des Flures hinein und ließ es einfach fallen. Meine Kinder liebten es, sich zu gruseln. Sie liebten es, zu spielen, dass es die Hexe gab, und gleichzeitig zu wissen, dass es sie nicht gab, und es ganz tief in ihrem Inneren doch für möglich zu halten. Meine Oberschenkel brannten vor Anstrengung, als ich den Strand erreichte, es nieselte leicht, und die Horizontlinie zwischen Meer und Himmel war im Grau verwischt. Ich zog mir die verschwitzte Kleidung aus. Zum Hinausschwimmen war mir das Wasser bereits zu kalt, aber da ich die letzten Wochen täglich mit meiner Mutter gebadet hatte, war ich gut an die niedrige Temperatur gewöhnt. Ich tauchte einmal unter, und die Kälte umschloss meinen kahl rasierten Kopf. Ich paddelte ein paar Minuten herum und ging zurück ans Ufer. Obwohl es immer noch nieselte und ein kräftiger Wind blies, war mir herrlich warm. Mein ganzer Körper war von Wohlgefühl durchströmt. Ich stellte mich nackt frontal in den Wind, breitete die Arme aus. Es hörte auf zu regnen, und nach und nach trocknete ich. Von fern sah ich meine Mutter auf mich zukommen. Ich winkte ihr zu, und auch sie hob den Arm. Ich flüsterte, ohne recht zu verstehen, warum:

»Das ist meine Mutter. Das ist meine Mutter. Meine liebste und einzige Mutter.«

»Bin ich zu spät?«

»Nein, absolut nicht. Es war herrlich.«

»Hier sind deine Sachen. Ist dir nicht kalt?«

»Nein, kein bisschen. Gehst du noch ins Wasser, Mama?«

»Nein. Dieses Jahr nicht mehr.«

Ich zog mich an und setzte mich neben meine Mutter in den ein wenig feuchten Sand.

»Morgen fährst du.«

»Ja.«

»War so schön, dass du da warst. Mal richtig mit Zeit.«

»Ja.«

»Bist du zufrieden mit dem, was du geschrieben hast?«

»Hm.«

»Glaubst du, es wird ein Buch?«

»Ich weiß es nicht, Mama.«

»Ich würde, ehrlich gesagt, lieber doch nicht drin vorkommen.«

»Na bravo.«

Joachim Meyerhoff führt seinen Ich-Erzähler aus der norddeutschen Provinz in die Weiten des amerikanischen Westens – eine mitreißende Geschichte von Liebe, Fremde, Verlust und Selbstbehauptung.

»Mit unbefangenem, staunendem Blick, einer subtilen Komik und in ironischer Distanz betrachtet Meyerhoff den modernen Taugenichts, der er war.« *Frankfurter Rundschau*

Leseproben und mehr unter www.kiwi-verlag.de

Ist das normal? Zwischen körperlich und geistig Behinderten als jüngster Sohn des Direktors einer Kinder- und Jugendpsychiatrie aufzuwachsen? Der junge Held in Joachim Meyerhoffs Roman kennt es nicht anders – und mag es sogar sehr.

»Ein mitreißender, bewegender, lebenskluger und romantischer Roman« *Christoph Schröder, Zeit online*

»Tragikomisch, voller Zuneigung und sehr berührend« *Antje Deistler, WDR 2 Bücher*

Wanderer zwischen den Welten: tagsüber verwirrter Schauspielschüler, abends umsorgter Gast bei den geliebten Großeltern. Bestsellerautor Joachim Meyerhoff verbindet erneut auf grandiose Weise Komik und Tragik miteinander.

»Der großartige Schauspieler Joachim Meyerhoff ist auch ein großartiger Autor.« *Stern*

»Meyerhoff ist ein begnadeter Fabulierer; er hat ein Gespür für das Szenische, für die Pointe.« *Frankfurter Rundschau*

Endlich verliebt! In Hanna, Franka und Ilse.
Eine blitzgescheite Studentin, eine zu Exzessen neigende Tänzerin und eine füllige Bäckersfrau stürzen den Erzähler in schwere Turbulenzen. Die Gleichzeitigkeit der Ereignisse ist physisch und logistisch kaum zu meistern, doch trotz aller moralischer Skrupel geht es ihm so gut wie lange nicht. Die Frage ist: Kann das gut gehen? Die Antwort ist: nein.

Was passiert, wenn man durch einen gesundheitlichen Einbruch auf einen Schlag aus dem prallen Leben gerissen wird? Kann das Erzählen von Geschichten zur Rettung beitragen? Und kann Komik heilen?

Joachim Meyerhoff zieht alle literarischen Register und erzählt mit unvergleichlicher Tragikomik gegen die Unwägbarkeiten der Existenz an.